실사구시 제창자 양득중

실사구시 제창자
양득중

김태희·김승대·김용흠·최윤정·이경화 지음

景仁文化社

책머리에

　이 책은 지난 3월 13일에 실학박물관(관장 : 김태희)과 한국실학학회(회장 : 안병걸)의 공동주최로 열린 학술대회(제목 : '실사구시 제창자, 덕촌 양득중')의 발표문을 엮은 것입니다. 여기에 발표자 가운데 두 분이 다른 곳에서 이미 발표한 논문도 각 1편씩 추가되어 모두 7편이 수록되었습니다.

　덕촌 양득중은 영조에게 '실사구시'를 각인시키고, 『반계수록』을 추천했습니다. '실사구시'는 실학의 대명사로서 중요한 의미를 갖는데, '실사구시'를 본격적으로 제창한 양득중에 대한 연구가 그 중요도에 미치지 못했던 것 같습니다. 다행히 2015년 그의 문집인 『덕촌집』의 번역이 있었고, 최근 반계 유형원과 『반계수록』에 관한 연구가 다시 촉진되는 것과 발맞추어 양득중에 대한 연구도 활발해졌습니다. 이 책은 그 성과의 일부를 담은 것입니다.

　첫 번째 글(「실학담론의 재구성과 양득중의 실사구시론」)은 필자의 글로 학술대회의 구색을 갖추기 위해 포함되었습니다. 이미 발표한 두 글에서, 양득중이 피력했던 실사구시론 부분과, 실학담론의 재구성을 시도한 부분을 합성했습니다. 약간의 문장 보완만 했을 뿐, 최근의 논의를 더 살펴 반영할 겨를을 갖지 못했습니다. 기획자의 요구에 충분히 갖추지 못한 채 참여한 것이 민망하긴 하지만, 차제에 21세기 실학담론 논의에 조금이라도 기여하면 좋겠다는 바람이 있습니다.

　두 번째 글(김승대, 「덕촌 양득중의 가계와 추숭에 관한 연구」)은 가계분석으로 양득중 연구의 기초 정보를 제공해줄 것입니다. 가학의 전통, 성혼 학맥과의 연결, 아천 박태초와 명재 윤증 두 스승과의 관계, 양명학적 경향, 소론계 인물로서의 위상, 부안 우반동 유형원의 제자인 김서경과의 연결 등이 가계 속에서 해명되고 있습니다. 『덕촌집』의 간행과 뒤늦은 난곡 이건방의 묘갈명에 관한 경위, 그리고 그의 유적지가 공주·부안·해남·보성 등지에 산재한 상황도 소개하고 있습니다.

세 번째 글(김용흠, 「덕촌 양득중의 실사구시 학문관과 탕평론」)은 양득중의 정치사상과 활동을 당시의 정치적 상황과 연관하여 해석하고 있습니다. 양득중은 숙종대 박세채가 제출한 황극탕평론을 구성하고 있던 왕권론과 조제론(調劑論), 그리고 변통론(變通論)을 실사(實事)에 나아가서 실천에 옮겨야 한다고 본 원칙적 탕평론자였으며, 탕평의 주체가 군주임을 분명히 하였으며, 영조를 '군사(君師)'로 인정하였다고 평가하고 있습니다.

네 번째 글(최윤정, 「덕촌 양득중의 문학 연구」)은 『덕촌집』에 실린 글을 분석한 것입니다. 10권 5책으로 구성된 『덕촌집』의 글은 문예적인 것보다는 정치사상적 논설이 많은 것이 특징입니다. 이 가운데 주로 권4~권6의 잡저(雜著)에 수록된 것을 대상으로 분석하여, 양득중 문학의 주제별 특징을 크게 세 가지로 정리하였습니다. 첫째 치심(治心)과 지족(知足)의 삶을 추구하였다, 둘째 혼란한 세태 속에서 일어나는 일에 대해 언젠가 진실이 밝혀질 것을 믿으며 자성하고 소통하는 작품을 남겼다, 셋째 의리에 맞는 판단을 내리고자 하였고 허위가 아닌 실상에 부합하는 삶을 추구하였다 등입니다.

다섯 번째 글(최윤정, 「덕촌 양득중의 논설류 작품 연구」)은 동일 필자의 것으로, 네 번째 글보다 먼저 쓴 것입니다. 양득중의 관점이 선명하게 드러나는 논설류(論說類) 세 편을 분석하였는데, 「알묘설(揠苗說)」에서는 허위 의식에 대한 비판이 두드러지게 나타났고, 「상향이곡설(相向而哭說)」에서는 진정한 예(禮)의 추구가 강조되었고, 「명대의변(明大義辨)」에서는 대명(對明) 의리의 실상을 파악하여 비판하였다고 정리하였습니다.

여섯 번째 글(김승대, 「지역학 저변으로 바라본 덕촌 양득중」)은 해남 영신리를 비롯한 해남·화순 지역, 공주 덕촌을 비롯한 공주·부안 지역에 있는 양득중 유적의 현황을 소개하였습니다. 그리고 『덕촌집』이외 저작물의 집적화와 최근 발굴된 고문서의 번역, 덕촌의 학통과 문인에 대한 본격적인 연구작업, 해남 영신리 '실사구시' 마을을 비롯한 지역학 차원에서의 양득중 연구 및 활용, 그리고 호남실학 차원에서의 접근 등 네 가지를 제언하고 있습니다.

일곱 번째 글(이경화, 「덕촌 양득중 초상의 제작과 봉안」)은 해남군 옥천에 위치한 덕촌사에 봉안된 양득중 영정에 관한 것입니다. 스승 윤증의 도상을 차용한 것을 윤증의 학문적·정치적 계승자로서의 의지를 표상한 것으로 해석하고 있습니다. 다만 양득중 영정이 제작 당시의 원형을 그대로 보존한 것이 아니고, 보수와 재제작을 통해 현재에 이르고 있다는 점에서, 관련된 여러 쟁점을 검토하고 있습니다.

좋은 원고를 집필하고 내어준 필자와 학술대회에 참여한 토론자 여러분에게 감사합니다. 아울러 '양득중'을 주제로 선정하여 학술대회를 잘 이끌어준 한국실학학회 안병걸 회장님께 깊이 감사하며, 앞으로도 신임 회장인 윤재민 교수님의 리드로 한국실학학회와 실학박물관의 협력이 지속되어 학문 발전에 함께 기여할 수 있기를 바랍니다.

끝으로 일정에 맞춰 책을 잘 만들어준 실학박물관 김명우 선생님과 경인문화사 담당자에게도 감사합니다. 아무쪼록 이번에 발간한 책이 관련 연구자의 연구에 도움이 되길 바랍니다. 나아가 우리 사회에 '실사구시 작풍'이 진작되는 데 도움이 되길 바랍니다. 대단히 감사합니다.

2021년 7월
필진을 대표하여 김태희 삼가 씀

목 차

실학담론의 재구성과
양득중의 실사구시론*

김태희**

* 이 글은 이미 발표한 두 원고(「조선후기 상업진흥론과 실학담론의 재구성」, 『한
국동양정치사상사연구』, 2017. 「양득중의 실사구시와 『반계수록』 추천」, 『반계
유형원과 동아시아 실학사상』, 2018.)에서 관련 부분을 학술대회 취지에 맞춰
결합하되, 다소 수정·보완한 것이다.
** 실학박물관장

Ⅰ. 머리말

실학 개념에 대한 논쟁은 일찍이 있었지만 최근에 와서는 실학담론의 '위기'라 할 만한 상황에 이르렀다. 이는 실학담론 자체의 '역사성'에서 기인한 것이다. 그동안 근대와 민족 지향의 실학담론이 기여한 바가 컸다. 그러나 근대화론의 유효성 감소와 민족주의의 역기능 등으로 실학담론의 한계가 드러난 실정이다. 이로 인해 여러 의견이 제시되고 있지만, 그동안 근대주의의 시각에서 부각되는 면 위주로 보아왔던 조선후기 실학자들의 사상을 좀 더 폭넓은 시각에서 바라보면서 실학담론을 '재구성'할 필요가 있다는 게 필자의 생각이다. 실학담론의 논의에 일조하기 위해, 기왕의 실학을 중심으로 한 학문적 성과를 살리면서 동시에 실천적 견지에서 여전한 실용성을 유지하기 위해 실학담론의 내용을 재구성해보았다. 실학의 개념요소나 개념범주를 달리 확정하려기보다는, 종래 실학담론의 문제의식에 포함되었던 주요 내용을 재편하여 세 가지 명제로 구성해보았다.

재구성한 실학담론의 세 명제 가운데 하나가 '실사구시'이다. '실사구시'는 실로 실학의 대명사와 같은 것이다. 그런데 정작 실사구시란 용어가 일반적으로 사용된 것은 아니었다. 대체로 '실심(實心)'·'실사(實事)'·'실공(實功)' 등 '실'과 결합된 명사가 사용되었는데, 이를 '실사구시'의 맥락으로 이해할 수 있다. 실사구시 용어가 사용된 대표적 예는 덕촌 양득중(1665~1742)과 추사 김정희(1786~1856)에 의해서였다.1) 전자는 '허위지풍'에 대한 대립어로 사용했고, 후자는

---

1) 양득중의 '실사구시'를 비롯한 '실사구시' 용어의 사용례에 관해서는, 임형택,

오늘날의 '실증주의'의 의미로 이해할 수 있다. 실학담론에서의 실사구시 의미는 아무래도 덕촌의 실사구시론에 입각해야 할 것이다. 이렇게 보면 덕촌의 실사구시론은 실학담론에서 대단히 중요한 의미를 갖는데, 덕촌이 영조에게 실사구시론을 피력한 후에 반계 유형원(1622~1673)의 『반계수록』을 추천한 일까지 고려하면 더욱 그렇다.

II. 실학담론의 역사성과 위기

실학은 문리적으로 '허학(虛學)'의 상대개념이다. 보통명사로 사용된 경우다. 그 의미는 시대에 따라 달라졌다. 조선초기에는 현실 문제를 해결하는 학문이란 뜻에서 유학 내지 성리학을 실학이라 했다. 당시 종교성이 강한 불교와 대립시킨 것이었다. 다음엔 화려한 문장을 구사하는 사장학(詞章學)과 대립시켜 유학 경전의 뜻을 제대로 아는 경학(經學)이야말로 실학이라는 주장이 나왔다.

지금 고유명사로 통용되는 '실학' 개념은 조선후기의 개혁적 학풍을 가리키는데, 후대에 일정한 역사적 과정을 거쳐 성립되었다. 대한제국기(1897~1910)에 박은식·장지연 등이 유형원-이익-정약용을 계보화하는 한편, 김육·박지원 등을 추가하여 주목했다. 아직 오늘날과 같은 실학개념으로 구성되지 않았고, 근대계몽의 일환으로 대한제국기의 실학을 모색하고 진흥하려는 차원이었다. 1920년대에 조선시대 전 시기로 확대하여 경세론자를 모두 '실학파'로 호칭한 일인학자도 있었다. 1930년대 '조선학 운동'이 본격화되면서 유형원을 비조로 하여 이익·홍대용·박지원·정약용 등을 실용과 실증을 갖춘 '실학파'

2000, 「실사구시의 학적 전통과 개화사상」, 『실사구시의 한국학』, 창작과비평사 참조.

로 파악하게 되었다. 최남선·정인보 등이 선도적 역할을 했다. 1950~
1970년대에 와서는 실학을 근대지향, 민족지향으로 집약했고, 논자에
따라 실용지향을 추가하기도 했다. '경세치용학', '이용후생학', '실증
주의학'으로 분류하기도 했다. 다른 한편 유학과의 연관성을 밝힌 연
구도 있었다.[2]

　1930년대 무렵에 틀을 갖추고 1970년대에 통념화된 실학담론은
역사적 소산이었다. 이제 그 실학담론을 둘러싸고, 개념에 대한 논쟁
이 재론되는가 하면 시효가 다됐다는 평가도 나타났다.[3] 개념 논쟁
은 고유명사로 개념을 설정할 때부터 시작된 것이고, 시효는 근대와
민족이라는 과제에 적극 부응했던 실학담론의 역사성에 따른 귀결이
다. 그 과제를 어느 정도 달성한 지금에는 더 이상 매력이 없게 된 것
이다. 더욱이 민족주의의 폐해와 서구근대주의에 대한 반성, 그리고
탈근대의 과제가 제기되고 있는 마당에 근대·민족 지향의 실학담론
은 설 자리가 좁아진 것이다. 이제 위기에 처했다.

　그러나 조선후기 실학이 근대지향과 민족지향으로 전부 설명될 수
있었던 것은 아니었다. '경세치용'이란 단어로 포섭할 수 있는 제도개
혁사상, '이용후생'의 기치를 내건 기술개발과 민생을 위한 주장, 공
허한 이론과 허구적 이념에 대한 '실사구시'의 주장, 인순고식에 대한
'법고창신'의 접근 자세, 주체의 각성과 세계 인식 등. 조선후기 상황
에서 배태된 깊은 사상적 고민을 쉽게 흘려보낼 것은 아니다. 시야를

──────────

2) 실학의 개념에 대해서는, 『연세실학강좌』1(혜안, 2003)과 『다시 실학이란 무엇
　인가』(푸른역사 2007), 그리고 임형택, 『21세기에 실학을 읽는다』(한길사,
　2014) 등 참조.

3) 2016년 9월 실학학회 등이 "'실학'을 다시 생각한다"는 제목으로 학술회의를
　개최했다. 10년 전인 2006년에도 '실학 개념의 재정립'을 주제로 학술회의가 열
　린 바 있었다. 실학담론의 역사에 관해 최근 글로는 『한국학 학술용어 : 근대
　한국학 100년의 검토』, 한국학중앙연구원(2020)에 실려 있는 「실학」(이경구
　집필)이 있다.

넓혀보고 시각을 달리할 필요가 있다. 이제 실학담론의 재구성은 불가피한 실정이다. '법고창신'의 자세가 필요하다.

III. 실학담론의 세 가지 명제

그간 논의된 실학담론의 내용을 세 가지 문제의식으로 다시 정리할 수 있다. 첫째, '경세치용'이나 '이용후생'의 주장이다. 경세치용은 '시무(時務)·경세(經世) 지향'으로 제도적 개선을, 이용후생은 물질적(物質的) 조건의 개선을 의미하는 것으로, 그 논리적 배경은 유학에 있었다. 이것은 정신과 물질의 조화와 균형의 문제로 바라볼 수 있다. 둘째, 중국 중심을 벗어나 우리 것에 관심을 두고 주체 의식을 고양하는 경향과 조선의 낙후를 극복하고자 외국의 선진문물을 적극적으로 수용하자는 주장이다. 이것은 '세계와 주체의 관계 설정 문제' 또는 '보편성과 고유성의 조화와 균형 문제'라고 할 수 있다. 셋째, '실사구시'다. 이것은 '관점과 실천의 준거' 또는 '일을 행하는 태도(작풍)'와 관련한 문제다.

1. 정신과 물질의 문제 : 도기상수道器相須(도기불상리道器不相離)

'경세치용(經世致用)'과 '이용후생(利用厚生)'은 그간 실학담론에서 핵심적 내용으로 간주되어 왔다. 실학의 대표적 그룹인 '성호학파'를 '경세치용(학)파'라고도 하며, 또 다른 대표적 그룹인 이른바 '연암그룹'을 '이용후생(학)파'라고도 한다. 그리고 정약용에 대해서는 '경세치용론'과 '이용후생론'을 종합한 '실학의 집대성자'라고 평가하고 있다.

'경세치용'의 '경세'는 '수기치인(修己治人)'의 '치인'에 해당한다. '경세치용'은 유학의 핵심 교지인 '수기치인'의 개념으로 설명할 수 있다. 그런데 수기치인을 둘러싸고 도덕적 자기 수양[수기修己]을 강조하느냐 사회적 차원의 물질·제도의 향상[치인治人]을 강조하느냐에 따라 조선시대에 두 가지 흐름이 있었다.

조선중기 이후 주자학을 존숭했던 조선의 주류 유학자들은 수기(修己)를 강조했다. 군주가 마음을 바르게 하면 세상은 잘 다스려진다고 역설했다. 따라서 치인(治人)은 도덕적 교화의 의미가 강했다. 도덕적 수양인 수기의 연장이었던 것이다. 인의를 강조하면서 이익 추구를 경계했다. 도덕지상주의요, 의리명분론자였다. 결과적으로 민생과 경세에 소홀한 경향을 보였다.

이에 반해, 치인(治人)을 강조한 흐름이 있었다. 우리가 '실학파'로 분류하는 사람들이 주장했던 바다. 학문은 모름지기 세상을 경영하는 데 쓸모가 있어야 한다는 것인데, 바로 '경세치용론'이다. 시폐(時弊)를 제거하기 위해, 민생을 안정시키기 위해 제도개혁론(경장론)을 주장하고 제안했다. 또한 정덕(正德)을 위해서는 우선 쓰임에 이롭고 민생이 넉넉해야 한다는 주장, 즉 '이용후생론'도 이 범주에 포함된다. 본디 '정덕·이용·후생'으로 사용되던 개념에서 도덕과 물질을 구분하여 후자의 '이용후생'을 강조하는 개념으로 사용하게 되었다.

수기치인론의 논리구조는 본말론(本末論) 내지 도기론(道器論) 내지 체용론(體用論)의 논리구조로 치환하거나 그에 상응시켜 논의할 수 있다. 도기(道器)의 도(道)는 형이상자(形而上者), 기(器)는 형이하자(形而下者)로 풀이한다.[4] 이 단어가 등장한 『주역(周易)』「계사전(繫辭傳)」의 풀이다.

경세치용과 이용후생은 용어상 '용(用)'을 강조한 개념이지만, 통

---

4) 『周易』, 「繫辭傳」. "形而上者謂之道, 形而下者謂之器."

상적인 용어 용법상, 본本(또는 도道·체體)이 중요하며 말末(또는 기器·용用)은 그에 수반되는 지엽적인 것으로 인식된다. 그러나 일찍이 본(또는 도·체)과 마찬가지로 말(또는 기·용)의 중요성을 강조하는 주장이 있었다. 본(또는 도·체)과 말(또는 기·용)을 구분하되, 양자가 별개의 것이 아니고[불상리不相離] 서로 보완적 관계[상수相須]라는 주장이다.

임진왜란 이후, 민생이 피폐해지고 재정이 악화되어, 민생 회복과 국가재정 확보가 긴급한 과제로 떠올랐다. 이때 농업 위주의 산업론을 탈피하여 농업·상업·공업에도 힘써야 한다고 주장하면서 무본보말론(務本補末論)이 등장했다. 주된 주장자가 북인·남인계 인사들이었다.5) 이지함(李之菡, 1517~1578)은 다음과 같이 말했다.

> 대저 덕(德)이란 것은 본(本)이요 재(財)란 것은 말(末)이니, 본(本)과 말(末)의 한쪽에 치우쳐 한쪽을 폐해서는 안 된다. 본(本)으로써 말(末)을 제(制)하고 말(末)로써 본(本)을 제한 연후에야 인도(人道)가 궁하지 않게 된다. 생재지도(生財之道) 또한 본말(本末)이 있는데 가색(稼穡)으로 본(本)을 삼고 염철(鹽鐵)로 말(末)을 삼아 본(本)으로써 말(末)을 제(制)하고 말(末)로써 본(本)을 보완(補完)한 연후에야 백용(百用)이 결핍되지 않는다.6)

유몽인(1559~1623)도 같은 주장을 했다. "우리나라 백성이 가난하고 고통스러운 것은 팔도가 다 그러하니, 농업생산으로써 본(本)을 삼을지만 알지 상업유통의 말(末)로써 돕지 않기 때문이다. 천하의

5) 백승철, 2000, 『조선후기 상업사연구』, 혜안, 86쪽 이하 참조.
6) 『土亭先生遺稿』卷上,「莅抱川時上疏」."大抵德者 本也, 財者 末也, 而本末 不可偏廢. 以本制末 以末制本 然後人道不窮. 生財之道 亦有本末 稼穡爲本 鹽鐵爲末. 以本制末 以末補本 然後百用不乏."

일에 본(本)만 있고 말(末)이 없는 것은 없다."[7]

　　실학의 비조로 일컬어지는 반계 유형원은『반계수록』서문(「서수록후書隨錄後」)에서 이렇게 말했다.

　　　천지의 이(理)는 만물에 드러나니, 물(物)이 아니면 이(理)가 드
　　러날 곳이 없고, 성인의 도(道)는 만사에 행해지니, 일이 아니면 도
　　가 행해질 곳이 없다. … 천하의 이(理)는 본(本)과 말(末), 대(大)와
　　소(小)가 서로 떨어진 적이 없다. 눈금이 잘못된 자는 자 노릇을 할
　　수 없고, 눈금이 잘못된 저울은 저울 노릇을 할 수 없다.[8]

　　유형원은 「서수록후」에서, 대체(大體)만 강조하다 막상 실제의 사업을 시행해 들어가 보면 조서(條緒)와 절목(節目)의 합당함을 잃어 낭패를 보는 현실을 지적하며, 구체적 방안의 필요성을 강조했다. 그러고는 말(末)과 소(小)의 중요성, 그리고 경전의 용(用)을 강조했던 것이다.『반계수록』은 소(小) 내지 절목에 해당했다.

　　『반계수록』의 의미를 밝힌, 오광운(1689~1745)의『반계수록』서문은 이렇게 시작한다. "도덕은 하늘에 바탕을 두고 정치 제도는 땅에 바탕을 두니, 하늘만 본받고 땅은 모르거나 땅만 본받고 하늘은 모르면 옳겠는가?" 그리고 "맹자가 왕도(王道)를 논할 때 반드시 정전(井田)을 말했으니, 도(道)와 기(器)를 분리하여 말한 적이 없었다"고 말했다. 정자와 주자 같은 이가 도에 대해서는 상세하면서도 기에

7)『於于集』後集 卷5, 雜著,「安邊三十二策 贈咸鏡監司韓益之」. "我國之民 所以貧竇困苦 八道同然者, 以其只知種作爲本 而不以貿遷之末助之也. 天下之事 未有徒本而無末者."

8)『磻溪隨錄』卷26,「書隨錄後」. "天地之理, 著於萬物, 非物 理無所著. 聖人之道, 行於萬事, 非事 道無所行. … 天下之理, 本末大小, 未始相離 寸失其當, 則尺不得爲尺. 星失其當, 則衡不得爲衡."

대해서는 빠뜨린 까닭은 진·한 이후 도가 무너져 도의 회복이 시급한
탓에 기에는 겨를이 없었기 때문이라고 보았다.

오광운은 도기론의 관점에서 『반계수록』의 위상과 의의를 밝혔다.
또한 『반계수록』을 읽은 뒤 반계의 다른 논설을 구해 읽어보고는 도
(道)와 기(器)가 서로 분리될 수 없음을 더욱 믿게 되었다고 말했다.[9)]
유형원의 주장, 즉 본과 말, 대와 소가 떨어진 적이 없다는 주장은 바
로 오광운이 파악한 '도기불상리(道器不相離)'와 같은 의미였다.

정약용(1762~1836)은 자신의 저서를 개관하기를, "육경사서(六經
四書)로써 수기(修己)하고, 일표이서(一表二書)로써 천하·국가를 다
스리니 본(本)과 말(末)을 갖춘 것이다"고 했다.[10)] 다산의 학문은 육
경사서의 경학(經學)과 일표이서의 경세학(經世學)으로 구분할 수 있
으며, 그의 경세학은 경학을 바탕으로 하고 있다. 그리고 경학으로 수
기(修己)를 하고, 경세학으로 치인(治人)을 도모한다고 했다. 요컨대
다산의 방대한 저서와 학문은 '육경사서＝경학＝수기(修己)＝본(本)'
과 '일표이서＝경세학＝치인(治人)＝말(末)'로 구성되었다는 것이다.

정약용이 자신의 학문체계를 설명한 데서 알 수 있듯이, 수기와 치
인의 구분이 다시 수기와 치인의 상호 완성을 위한 상보적 관계로 간
주되었던 것을 알 수 있다. 정약용이 자신의 일표이서, 즉 경세학을
'말'로 표현했지만, 그것을 결코 무시하는 의미는 아니었다. 본과 말
양자를 모두 중요하게 보았던 것이다.

---

9) 『반계수록』 권1, 「수록서」. "道德原乎天, 政制本乎地, 師天而不知地, 師地而不知
天可乎？ … 孟子論王道, 必曰井田, 未嘗離道器而言之. … 磻溪柳先生隱居著書,
以寓夫拯捄慨悝之志, 名曰隨錄. 其書以田制爲本, 不畫井形而得井田之實, 然後養
士選賢任官制軍禮敎政法規模節目, 不泥不礙, 沛然皆合於天理. 愚一覽其書, 而已
窺先生之天德, 已而得先生所著理氣人心道心四端七情兌讀之. 其純粹精深, 非近世
諸儒所可及. 於是益信道器之不相離也."

10) 『與猶堂全書』 文集 卷16, 「自撰墓誌銘(集中本)」. "六經四書, 以之修己, 一表二書,
以之爲天下國家, 所以備本末也."

　두 가지 흐름 가운데 주류라 할 수 있는 도덕지상주의 입장에서는 수기·도·체가 중요하고 치인·기·용은 수기 등에 따르는 하위의 지위에 있게 된다. 이는 도덕과 정치, 또는 도덕과 경제의 일체화를 의미한다. 그러나 치인 내지 경세를 강조하게 되면 수기와 치인을 구분하여 대등하게 볼 수 있다. 이는 도덕과 정치, 또는 도덕과 경제의 구분을 의미한다. 이러한 구분적 접근을 하게 되면, 치인의 영역은 도덕적 교화가 아닌 법과 제도의 문제가 된다. 내면의 수양에 침잠하는 정신적 영역이 아닌 물질적 조건의 문제가 된다. 후자의 흐름이 바로 실학파의 입장이었다.

　이처럼 실학자들의 사유 체계를 보면 전통적인 수기치인론 내지 도기론·체용론의 프레임을 사용하고 있음을 알 수 있다. 그리고 실학자들이 치인·경세·물질·민생 등을 강조했다고 해서 수기·도덕의 중요성을 무시한 것은 아니었고 양자의 상관성을 중요하게 여겼다. 성호 이익(1681~1763)이 부국강병에 법가의 공효를 인정하면서도,[11] 인의를 외면하고 부국강병만 추구한다면 실패한다고 경계했던 점도 그 예다.[12] 이 점에서 기존 실학담론이 실학자의 주장 가운데 근대에 부합하다고 여기는 요소만 주목하거나 강조하지 않았나 반성해볼 수 있다. 부국강병론이나 물질주의 경향에 주목하더라도 그 맥락과 비중을 온당하게 평가해야 할 것이다.

　여기서 쟁점 하나, 실학과 주자학과의 관계를 어떻게 볼 것인가? 종래 실학을 반(反)주자학, 탈(脫)주자학으로 설명하는 견해가 있었다. 그러나 주자학적 요소가 있느냐 없느냐보다는, '오로지 주자학만 고수하느냐' 아니면 '주자학 이외의 학문에도 유용성을 인정하여 개방적이냐'가 실학이냐 아니냐를 결정짓는 것으로 보아야 한다. 실학

---

11) 『星湖僿說』 卷23, 經史門, 「商鞅餘烈」.
12) 『星湖僿說』 권26, 經史門, 「商鞅亡秦」.

자들은 주자학 독존에 머물지 않고 경세의 방략을 구하고자 제가(諸家)의 사상을 활용하는 경향을 보였다. 물론 여전히 실학자들의 사고의 틀은 유학의 수기치인이었지만, 사상적 유연성 내지 개방성을 보였던 것이다.

또 하나, 실학자들의 제도개혁론 사이에 상당한 차이점이 존재하는 것을 어떻게 볼 것인가? 예컨대 토지개혁론에 관해서도 유형원은 공전제, 이익은 한전제, 정약용은 여전제와 정전제를 주장했다. 상업진흥론에 관해서도 이익의 입장과 박제가의 입장은 상당한 차이가 있다. 그것은 제도개혁론이란 것이 구체적 상황에서의 실천 문제이기 때문에 당연한 것이다. 얼마든지 주장자에 따라 차이가 있을 수 있으며, 실학의 범주 내에서 파악할 수 있는 것이다.

기(器) 없는 도(道)는 공허하고, 도 없는 기는 맹목이 될 수 있다. 실학은 수기와 치인, 도와 기, 체와 용, 본과 말 사이에 조화를 이루고, 양자의 불균형을 바로잡고자 한 것으로 평가할 수 있다. 형이상자(形而上者)의 도(道)와 형이하자(形而下者)의 기(器)를 각각 정신과 물질의 문제로 대치시킨다면, 실학은 과도한 도덕지상주의에서 벗어나 정신과 물질의 조화와 균형을 도모한 것이라 볼 수 있다. 지금에는 오히려 과도한 물질주의를 바로잡는 균형을 도모하는 관점으로 받아들일 수 있다. 정신과 물질의 조화 문제나, 사람이냐 제도냐 하는 문제는 오늘날에도 중요한 문제이기에 조선후기 실학자들의 고민은 귀중한 역사적 자산이 될 수 있다.

2. 세계와 주체의 문제 : 화이일야(華夷一也)

기존의 실학담론이 주목하는 실학자들의 민족주의적 요소는 '세계성과 주체성' 내지 '보편성과 고유성'의 조화 문제와 관련이 있다. 이

주제는 오래된 것이다. 중국 중심의 세계질서 속에서 중국의 동쪽에 위치한 우리 공동체의 생존을 확보하고 활로를 모색하는 것은 대단히 중요한 문제였다. 특히 몽골 세계제국의 침략을 받았을 때와 명·청 교체와 같은 중원의 변역(變易)이 벌어졌을 때 이런 문제가 심각하게 제기되었다.

이미 몽골 세계제국의 침략 아래 공동체 생존의 논리를 개발한 바 있다. 몽골지배기에 형성된 단군(檀君)·기자(箕子) 조선론은 토속적인 고유문화 내지 주체성과 유교 내지 선진문화를 적절히 결합한 기제라 할 수 있다. 당시의 지식인들은 세계 보편성과 공동체의 고유성을 조화시켜서 국제 질서 속에 생존과 발전을 도모했다. 그런데 이후 시대에 따라 보편성의 기자조선과 고유성의 단군조선 사이에 길항관계를 보였다.

조선전기의 사상적 기조는 양자가 조화를 이루었다고 볼 수 있다. 중국문명 중심의 세계질서 속에서 우리 고유의 문화를 발전시킬 수 있었던 것이다. 그러나 중기 이후 단군조선론은 약화되고 기자조선론이 주조를 띠게 되었다. 중국문명 중심적 사고가 농후해지고 유교 이외의 사상은 점차 이단시되었다.

명·청 교체의 대변역을 맞이해 오히려 중화주의 편향이 강화되었다. 조선의 주자학자들은 이미 멸망한 관념 속의 명나라를 중화로 떠받들고, 청조 중국의 현실은 무시했던 것이다. '소중화주의' 내지 '조선중화주의'는 민족주의적 색채가 있어 중화주의와 달라 보이지만 근본적으로 중화주의 내지 화이론의 틀을 벗어나지 못한 것이다. 현실을 외면한 소중화의식은 자존감을 지킬 수 있었을지 모르나 자폐와 낙후를 초래할 수 있었다.

다른 한편, 우리의 것을 주목하고 우리 역사·언어·지리를 연구하는 흐름이 나타났다. 성호학파의 우리 역사·지리 연구 등이 그 예다.

또한 중국이 중심이고 중화가 문명이라는 '화이론'을 벗어나는 주장들이 등장했다. 주장자마다 편차가 있었지만, 우리는 이런 동향을 '실학'으로 포섭했다. 탈중화주의의 결정판은 역시 담헌 홍대용(1731~1783)의 '화이일야론(華夷一也論)'이었다. '중화와 오랑캐가 한 가지'라는 '화이일(華夷一)' 사상은 중국이 문명이고, 다른 지역은 야만이라는 도식을 벗어날 뿐만 아니라 아예 문명과 야만을 구분하는 프레임 자체를 부정한 것이다. 모든 주체의 가치를 인정하고 공존을 추구할 수 있는 사상이다.

한편 '이용후생론'을 편 '북학론(北學論)'은 어떻게 볼 것인가? '북학'13)이란 단어에서는 보편적인 선진문명의 수용이라는 '개방성'의 의미도 담고 있다. 내부단속용에 불과한 허구적 북벌론(北伐論)에서 벗어나 현실의 중국으로부터 선진문물을 배우고 민생을 도모해야 한다고 주장했다. 북벌을 위해서라도 '북학'을 해야 한다고 주장했다. 그렇지만 그 선진문명이란 것을 중화문명으로 고정하여 인식하게 되면 중화주의의 의미도 띠게 된다. 한인 중화가 청조 중화로 달라졌을 뿐 중화주의에 포섭되는 것이다. 그렇다면 과연 북학론은 민족주의적인가, 중화주의적인가? 북학파가 당시 북벌론적 사고를 유지하던 조선중화주의자와 분명히 대립되는 모습을 보여주었지만, 결국 조선중화주의에서 다시 중화주의로 회귀하는 것은 아닌가. 여기서 이른바 '북학파'라 불리는 멤버들 사이에 상당한 스펙트럼 차이가 존재한다는 점을 상기하지 않을 수 없다. 『북학의』를 쓴 박제가(1750~1805)와 그 서문을 쓴 박지원(1737~1805) 사이에는 차이가 없다고 하더라도, 홍대용은 청 왕조와 중원의 문물을 분리하여 북학론의 논거를 제

---

13) 北學이란 말은 중국 남쪽의 楚나라 출신인 陳良이 주공과 공자의 도를 기쁘게 따라서 북으로 중국에 배우러 간 데서 유래했다. 즉 선진문물을 배운다는 뜻이다. 『맹자』「滕文公」上. "陳良, 楚産也. 悅周公仲尼之道, 北學於中國."

시했지만 북학파로 묶을 수는 없다는 견해가 있다.14)

세계성 내지 보편성을 추구하는 것이 자칫 종속을 낳고, 주체성 내지 고유성을 추구하는 것이 자칫 자폐에 빠질 수 있다. 양 편향을 극복하고, 어떻게 양자를 조화롭게 하느냐 하는 것은 우리의 오래된 과제였다.

19세기 조선은 개방(開放)과 해방(海防)을 동시적 과제로 맞고 있었다. 정약용과 제자 이강회의 저술에서도 이러한 문제의식을 도출할 수 있는데, 이 문제는 박규수(1807~1876)에 이르러 더욱 긴박해졌다. 박규수는 제너럴셔먼호의 횡포를 화공으로 응징하였지만 세계정세를 살피며 개방을 모색한 자주적 개방론자였다. 19세기 말, 막판에 몰리면서 결과적으로 두 가지 과제를 제대로 수행하지 못했다. 박규수의 사랑방에 드나들던 젊은 개화파(開化派)들을 '실학의 가교'로 설명하기도 한다. 북학파의 전통을 이었다고 볼 수도 있다. 그러나 개화파를 '실학의 가교'로 자리매김하는 것은 동의하기 어렵다. 외부세력에 휘둘리는 결과를 낳았듯이, 실학의 풍부한 논의와 지향을 왜곡시킬 수 있기 때문이다. 한편, 척화론을 주장한 위정척사파(衛正斥邪派)는 소중화주의의 전통을 이었다고 볼 수 있다. 배외의식이 충만하여 대외항쟁에 에너지를 모을 수는 있었다. 그렇지만 개혁·개방이라는 시대적 과제와 거리가 있었다.

실학을 단순히 근대 민족주의적 관점으로만 재단하는 것은 너무 좁은 생각이다. 더욱이 민족주의가 침략에 놓인 공동체를 결속시키는 데 힘을 발휘했지만 이제는 그 역기능도 무시할 수 없다. 평등과 우호의 세계를 열어나가는 데에 민족주의로는 한계가 있다. 또한 과거

---

14) 이용후생의 지향에서는 차이가 없다 하더라도 홍대용이 물질문명에 편향되지 않았던 점도 하나의 논거다. 박희병, 2013, 「홍대용의 사회사상과 북학론의 관련」, 『범애와 평등』, 돌베개, 193~228쪽 참조.

에 중화주의의 극복이 과제였다면, 오늘날에는 서구중심주의의 극복이 과제가 되었다. 평화와 우호의 세계를 지향하고 주체성을 확보하는 길은, 문명과 야만을 구별하지 않고 각 주체의 가치를 인정하는 '화이일' 사상에서 출발해야 할 것이다.

　요컨대 세계와 주체의 관계 설정 문제는 우리 역사에서 중요한 과제였다. 보편성은 어떤 것이냐, 외래문명을 어떻게 수용·변용할 것인가, 개방 속에 세계의 보편성을 적극 수용하면서도 우리 공동체의 고유성과 독립성을 어떻게 지켜나갈 것인가 등등. 여전히 유효한 과제이며 그 해답을 실학자들의 고민에서 찾을 수 있다.

3. 준거 내지 작풍의 문제 : 실사구시(實事求是)

　실학에서 중요한 개념이 '실사구시(實事求是)'다. 실제의 일[실사實事]에서 옳음[시是]을 구한다, 진리와 실천의 준거를 '실제의 일'에 둔다는 정도로 풀이할 수 있다. 이것은 또한 태도 또는 작풍(作風)의 문제이기도 하다.

　실사구시는 앞의 두 명제에서도 작동한다. 민생을 외면하는 도덕지상주의는 비현실적인 것이다. 물질적 안정을 갖추지 못하고 도덕을 요구할 수 없다. 제도적 개선을 도모하지 못하고 오로지 인간의 선의에 의해서 공동체나 기구가 제대로 작동할 것을 기대할 수 없다. 국제관계 속에서 현실적 힘을 갖추지 못하고 의리명분론만으로 공동체 내지 주체의 존립을 도모할 수 없다. 고립되어서는 더더욱 존재할 수 없다.

　실사구시의 태도를 견지하는 사람은 사상적으로 유연할 수밖에 없다. 대표적 실학자 성호의 태도를 보면 알 수 있다. 유학 경전의 해석의 권위에 무조건 복종하지는 않았다. 권위자의 말이라도 회의를 품었고, 스스로 터득하고자 했다. 유학자였으면서도 한비자·순자 등 제자(諸子)의 사상에도 열려 있었고, 한역서학서를 읽고 서양의 것에서도 취할 바를 취했다. 홍대용은 중국 견문을 하면서, 중국 지식인에 대해서 처음엔 전형적 주자학자의 모습을 보여주었지만 교우(交友)를 통해 차츰 사상적 포용성을 보여 주었다.

송나라에서 시작된 주자성리학이 중국에서는 이미 양명학·고증학 등에 의해 독점적 지위를 상실했건만, 조선에서는 주류 사상으로 자리 잡으면서 사상적 배타성을 띠었다. 권력 현상이기도 했지만, 이념적·관념적 태도가 심각해지며 현실을 직시하는 데 장애가 되었다. 적실성 있는 경세론이 나오기 어렵게 했으며, 외부와의 관계를 적절하게 조성하는 것을 어렵게 했다. 이런 상황을 극복하기 위한 출발점이 실사구시적 태도였다.

그런데 실제로 '실사구시'란 용어가 많이 사용되지 않았다.[15] 이른바 실학자들은 '실심(實心)'·'실사(實事)'·'실공(實功)' 등과 같이 '실(實)'과 결합된 단어들을 이모저모로 사용했을 뿐이다. 문헌에 등장하는 대표적 용례는 덕촌 양득중의 '실사구시'와 추사 김정희의 '실사구시'다. 전자는 '허위지풍(虛僞之風)'과 대립되는 뜻으로 사용되었고, 후자는 학문방법론상 '실증주의'의 의미가 강하다. 실학담론에서 논의되는 의미로는 전자가 더 적합하다. 실증주의 의미의 실사구시는 실사구시의 한 양상으로 위치 지을 수 있겠다.

이상의 세 가지 명제는 연관되고 중첩된다. 경세치용론 내지 이용후생론의 구체적 내용은 실사에서 확보되어야 한다. 기술개발과 제도개혁은 외부 문물의 적절한 수용과 변용을 통해 풍부해질 수 있었다. 수용과 변용의 준거를 정하는 데는 실사구시적 태도가 필요하다. 위

---

15) 노관범, 2020, 「조선시대 이용후생의 용법과 어휘 추세」, 『한국실학연구』(제40호).

세 가지 명제는 조선후기 실학의 중요 관심이었을 뿐만 아니라, 오늘날에도 여전히 중요한 명제이다. 실학담론의 재구성은 역사적 실제를 바탕으로 하면서도 실천적 관점을 견지하기 위한 것이다.

　기존의 실학담론과 무엇이 달라졌나? 경세치용과 이용후생의 이름 아래 근대적 물질문명과 부국강병만을 주목했던 것에 대해, 물질문명과 함께 도덕사회를 구현하려는 목표를 상기하고 부국강병의 바탕이 될 인의를 상기한다. 그리하여 정신과 물질의 조화와 균형을 추구하는 것에 주목한다. 주체성을 확보하려는 노력 속에서도 민족주의의 한계와 폐단을 경계하며 대외협력적 관계를 지향한다든가, 개방적 세계를 지향하면서도 평등과 공존의 세계질서를 추구한다든가 하는, 세계와 주체의 조화와 균형을 추구하는 것에 주목한다.

　이상의 논의에서 실학에서 중요한 키워드의 하나인 '법고창신(法古創新)'이 빠져 있다. 법고창신은 문장론에 그치지 않는다. 유형원은 『반계수록』에서 제도개혁을 제안할 때, 제도사적 고찰로 뒷받침했다. 정약용은 경세론을 펼 때 고대의 육경 경전을 해석하는 가운데 해법을 찾았다. 우리가 아는 실학자들은 늘 고전 속에서 새로운 길을 모색했다. 다름 아닌 법고창신의 발로인 것이다. 실학담론에서도 법고창신의 정신을 발휘해야 한다.

Ⅳ. 양득중의 실사구시론

1. 실사구시론

　덕촌 양득중[16]은 1665년(현종 6, 을사년) 전라도 영암 영계리에서

---

16) 덕촌 양득중에 관한 연구로는, 유명종, 1976, 「덕촌 양득중의 실학사상 - 양명

태어났다. 어려서 총명하여 13세 때(1677, 숙종 3), 영광에 유배와 있던 구천 이세필의 주목을 받았다. 17세 때(1681, 숙종 7) 아천(鵝川) 박태초(朴泰初, 1646~1702)를 만나 가르침을 받았다. 30세 때(1694, 숙종 20), 박세채와 남구만의 천거를 받았고, 40세 때(1704, 숙종 30) 명재 윤증(1629~1714)의 문인이 되어, 소론계 인물로 분류되었다. 그리고 58세 때(1722, 경종 2) 세제익위사(世弟翊衛司) 사어(司禦)·익위(翊衛)에 제수되었으며, 60세 때에는 세제익위사 익찬(翊贊)에 제수되었다. 또 김제군수 등을 역임했다.

덕촌이 처음 영조(1694~1776, 재위: 1724~1776)를 만난 것은 영조가 왕세제인 때였다. 이때 영조는 덕촌이 질실(質實)한 사람이라는 신뢰를 갖게 되었다. 덕촌이 공격을 받자 그가 소론이라는 당색이 작용한 것이라 여겼다. 영조는 또한 그가 경술(經術)이 있다고 평가했다.[17] 조정의 신료들은 덕촌을 시골뜨기 정도로 얕잡아보았는데, 영조는 그런 태도를 일축하고 시종 그를 예우하고 그의 주장을 경청했다.[18]

64세 때(1728, 영조 4, 무신년) 영조는 그에게 사헌부 장령을 제수했다. 이 해는 이인좌의 난으로 영조가 즉위 초기 최대의 위기에 처했던 시기다. 이후 영조가 덕촌에게 벼슬을 주고 불러서 만남으로써 덕촌은 발언 기회를 얻게 되었다. 특히 이듬해 기유년에 덕촌은 경연

학과 실사구시의 절충」, 『한국학보』(6) ; 한정길, 2013, 「덕촌 양득중 학문의 양명학적 성격에 관한 연구」, 『양명학』(34) ; 이미진, 2019, 「덕촌 양득중의 趙苞 고사 인식과 그 의미」, 『어문연구』 47, 한국어문교육연구회 ; 최윤정, 2020, 「덕촌 양득중의 논설류 작품 연구」, 『동양고전연구』 78, 동양고전학회 ; 김승대, 2020, 「덕촌 양득중의 가계와 추숭에 관한 연구」, 『양명학』 58 등이 있다.

17) 『영조실록』 권58, 영조 19년 9월 5일(갑신).
18) 『영조실록』 권55, 영조 18년 1월 4일 갑자 1번째 기사 ; 『영조실록』 55권, 영조 18년 4월 5일 갑오 2번째기사 / 전 승지 양득중의 졸기 ; 『영조실록』 127권, 부록 / 영조 대왕 행장(行狀)

에 참가하여 허위의 폐단 등 세 가지 설을 진언하는 등 활발한 활동을 했다.

65세 때(1729, 영조 5, 기유년) 1월 14일에 광흥창 수가 되어 숙배하면서 영조를 만난 덕촌은 탕평(蕩平)과 양역(良役)에 관해 소견을 피력했다. 이밖에 화폐와 염우(廉隅)에 관해 영조의 질문이 있었다. 다시 2월 5일에 종부정 겸 춘추관 편수관으로 이배되어, 2월 7일에 숙배하고서 경연에 참여했다. 여기서 두 가지 설을 되풀이하여 보완했다.

첫째, 탕평에 관한 것으로, 아무리 좋은 취지라도 조급하게 억지로 조장하면 역효과가 날 것을 경계하며 물정물조장설(勿正勿助長說)을 제시했었는데,[19] 여기에 화이부동(和而不同)을 덧붙여 주장을 되풀이하며 보충했다. 덕촌은 '의리가 지극한 곳에는 스스로 인심이 같아지는 바가 있으므로, 이치에 닿는 말에는 동의하지 않을 수 없다'는 점을 강조했다. 그래서 조금도 사의(私意)를 개입시키지 않고 지성(至誠)으로 행하며 세월을 두고 고생한다면 탕평을 기약하지 않아도 저절로 점차 탕평의 경지에 이를 텐데, 얼른 탕평의 효과를 얻으려 대들면 이견을 말하지 않아 의리의 궁극점이 자리 잡을 시간이 없게 된다는 것이다.[20] 둘째, 양역 변통의 대책에 관한 것으로 율곡 이이

19) 덕촌은 첫 대면에서, 덕촌은 그 취지에 찬동하면서도 탕평을 일부러 표방하지 않고 의리가 귀착되는 취지를 강론하여 신료들이 각자의 의견을 충분히 개진한 후 마음으로 동의하게 만들 것을 권한 바 있었다. 『德村集』 卷3, 「登對筵話」. "第伏念欲施蕩平之化, 不須預將'蕩平'二字, 作爲標榜, 但於遇事之時, 講論義理之歸趣而已. 事到面前, 宜令大少臣僚齊會於殿下之前, 使之各陳其意見. … 今日行一事, 明日行一事, 事事如此, 使遠近大小, 擧皆心悅而誠服, 則不期於蕩平而自底蕩平之域矣."
20) 『德村集』 卷3, 「登對筵話」. "義理之極處, 自有人心之所同然, 理到之言, 不得不服. … 不以一毫私意介於其間, 至誠行之, 磨以歲月, 則不期於蕩平而自然漸至於蕩平之境矣. 此所謂'順而循之', 自有無限滋味. 苟爲不然而先以'蕩平'二字, 作一箇標榜, 必欲於目前見蕩平氣像, 卽今得蕩平效驗, 則同異之見, 無自以陳, 義理之極, 無

의 해법을 소개했던 것인데, 『동호문답』의 한 단락을 글로써 추가하
여 보충했다.

그러고는 세 번째로 '실사구시'를 얘기했다.

두 견해가 이와 같은데, 이것을 하는 데는 도(道)가 있으니, 실심
(實心)으로 실사(實事)를 행하는 것을 말합니다. 『중용』에 말하기를,
'성(誠)이란 사물의 끝과 처음이니, 성(誠)하지 못하면 사물도 없다
[성자물지종시誠者物之終始 불성무물不誠無物]'고 했습니다. 천하의
일에 어찌 성(誠)하지 않고서 이룰 수 있는 게 있겠습니까?21)

근래 허위지풍(虛僞之風)은 위로 공경(公卿)부터 아래로 사림(士
林)까지 헛되이 명호(名號)만 꾸미며 표치(標致)를 높게 하고서는 자
기 분수에 '실사구시'의 뜻은 전혀 마음에 두지 않습니다. 『한서(漢
書)』에 하간헌왕(河間獻王)의 행동을 칭찬하여 말하길, '수학호고
(修學好古) 실사구시(實事求是)'라 했습니다. 이는 일마다 자신의 심
신에 돌이켜보아 그 실시(實是)를 구했다는 말입니다. … 금세의 허
위지풍은 실사구시의 뜻이 있다는 것을 전혀 모르면서 공공연히 헛
된 곳으로 치달립니다. 이는 대체로 국가에 숭유중도(崇儒重道)의
문화가 오래되어 생긴 폐단에서 온 것이며, 조장(助長)의 병이 있어
이와 같은 데 이른 것입니다.22)

時歸宿, 依違羈縻, 淬過時日. 自外觀之, 雖似稍有蕩平之漸, 而儘有無限病敗藏在
其中. 此臣所以必以'勿正勿助長'之說仰白者也."
21) 『德村集』 卷3, 「登對筵話」. "此兩說如此, 而爲此者有道, 以實心做實事之謂也. 『中
庸』日誠者物之終始, 不誠無物, 天下之事, 豈有不誠而可做者乎？" 중용장구 25장.
22) 『德村集』 卷3, 「登對筵話」. "近來虛僞之風, 上自公卿, 下至士林, 莫不虛冒名號,
高作標致, 而於自己分上實事求是之義, 全不留意. 『漢史』稱河間獻王之行曰: '修
學好古, 實事求是.' 此言每事, 反之吾心身, 求其實是也. 河間盛德, 謂禮樂可興,
而以此四字, 形容其德, 此非等閒語也. 今世虛僞之風, 全不知有實事求是之義, 而

덕촌은 탕평과 양역에 공통되는 자세로서 실심으로 실사를 해야 한다고 했다. 이어서 '실사구시'라는 단어를 소개하면서, 그 의미를 해석하기를, "일마다 나의 심신에 비추어 그 실시(實是)를 구한다[매사每事 반지오심신反之吾心身 구기실시求其實是]"고 했다. 여기서 실사구시의 위상을 알 수 있다. 탕평과 양역이라는 구체적 정책에 관해 논설한 다음, 그것들을 하는 데는 '도(道)'가 있다면서 실사구시를 제시한 것이다. '도'란 요령 내지 자세라 풀이할 수 있다.

또한 허위지풍의 원인으로 숭유중도(崇儒重道)의 문화를 지적했다. 숭유중도란 본디 자랑스럽게 여기는 문화다. 그런데 그 문화로 명교(名敎)가 크게 밝혀졌지만 오래되자 폐단이 생겼다는 것이다.

덕촌은 숭유중도의 문제점을 이듬해 올린 상소문에서 부연하여 설명했다. 옛날 삼대(三代)에는 천하에 선비[유儒] 아닌 사람이 없었고, 일용(日用)에 도(道) 아닌 것이 없었는데, 무엇을 숭상하고 무엇을 중요시한다는 것이 말이 되느냐고 묻는다. "사람은 각기 본성에 따라 도를 삼는데 누구를 중요시하며, 사람은 각기 도를 닦아 가르침을 삼는데 누구를 높일 것인가? 이것이 바로 실사(實事)요, 그 사이에 조금의 허위(虛僞)도 허용하지 않았다." 그런데 후대에 내려와 유자(儒者)가 있어 따로 높이고, 도(道)가 있어 따로 중요시하는 숭유중도의 상황이 생겼다. 그 결과, "유학은 우리의 별다른 물사(物事)가 되고, 우리의 도는 몸 밖의 물건이 되었다"는 것이다.[23]

公然馳騖於虛無空中. 此蓋由於國家崇儒重道之化久而生弊. 有助長之病而至於如此也."

23) 『덕촌집』 권2, 「辭召旨疏」(庚戌). "昔者三代盛時, 聖王之爲天下也, 自王宮、國都, 以及閭巷, 莫不有學, 自天子之子, 以至於凡民俊秀, 莫不入學. 當是之時, 天下無非儒也, 日用無非道也, 尙何崇與重之可言哉? 人各率其性而爲道, 爲誰重之, 人各修其道而爲敎, 爲誰崇之? 此便是實事, 不容一毫虛僞於其間. 降及後世, 始有崇儒重道之號, 則已是衰世之意, 而卽而去古漸遠, 世道益下, 至於今日, 則旣有儒者, 而又別有所謂重之者. 旣有道矣, 而又別有所謂重之者. 於是儒學爲吾人別件物

같은 상소문에서 덕촌은 이(理)와 의리에 관한 입장을 피력했다. "천하의 이(理)는 일본만수(一本萬殊)이고, 일본의 이(理)는 각기 내 몸에 있다"고 주장했다. 양심(良心)과 진정(眞情)이 성대하게 발하여 가까운 곳에서 먼 곳으로 절로 차등이 있으니 이를 일러 일본(一本)이라 하고 이를 일러 거짓 없음[무위無僞]이라 한다는 것이다. 그런데 일본이 내 몸에 있지 않는다면 처한 곳마다 스스로 일본을 만들어야 하고 처한 곳마다 따로 의리를 강구해야 한다. 이것이 이른바 이본(二本)이요, 이것이 이른바 거짓[위僞]이라는 것이다.[24]

덕촌은 또한 허위지풍의 원인으로 군신의 일과 도(道)를 분리하는 태도를 비판했다. 모든 관직은 하늘의 일을 대신하는 것이라 군신 상하가 각자 직분을 다하면 하늘의 도가 밝아지고 하늘의 도가 행해질 터이다. 그런데 하늘이 준 지위에서 하늘의 일을 맡은 사람이 눈앞의 직분에 도가 있는 것을 모르고, 도라는 것은 사림(士林)의 부류에 있다고 여긴다. 출사하여 군주를 섬기고 세상일을 담당하면 속류(俗流)라 말하고, 사림이 주장하는 언론을 도가 존재하는 곳이라 말하여, 세상일[세무世務]과 도[오도吾道]를 구별하여 둘로 만든다.[25] 그래서 본디 명리를 좇는 사람은 말할 것도 없이 명검(名檢)을 소중히 여기는 사람도 눈앞의 자신의 일을 버려두고 사림이 주장하는 언의(言議)에 힘쓴다.

事, 而吾道便作身外之物矣."

24)『덕촌집』권2, 「辭召旨疏」(庚戌). "蓋天下之理, 莫非一本萬殊, 而一本之理, 莫不各在吾身. 良心眞情, 藹然而發, 由近及遠, 自有差等, 是之謂一本, 是之謂無僞也. …自其一本而推之, 故推之萬事, 無處不達, … 一本旣不在吾身, 則身外一步地, 氣脈已不相關, 尙何有可推之路乎? 氣脈不相關, 一本推不去, 則只得隨處自作一本, 隨處別討義理, 以濟一己之私而已, 此所謂二本也, 此所謂僞也."

25)『德村集』卷3, 「登對筵話」. "今世之居天位任天職者, 不知其目前職業, 便是道之所存, 以爲所謂道者, 乃在於士林之流, 以己之出身事主擔當世務, 謂之俗流, 而以士林之主張言論, 謂之道之所存, 以世務與吾道, 判而爲二."

　　이른바 사림(士林)도 바람에 휩쓸려 자기 직분(職分)의 일을 버
리고 종신토록 사람의 장단점을 논하고 정법(政法)의 시비를 가리
느라 분주합니다. 그러면서 이를 세도(世道)를 지키고 세교(世敎)를
붙든다고 말하니, 사풍(士風)의 야박함이 날로 심해짐을 이루 다 이
를 수 있겠습니까?[26)]

　일반의 선비[사士]에게서도 허위지풍은 나타난다. 선비의 일은 농
사를 짓고, 경전을 송독(誦讀)하고 수기치인의 도를 강(講)하는 것이
다. 선비의 행신(行身)·절도(節度)는 출(出)과 처(處) 두 가지로, 궁
하면 홀로 자신을 선하게 하고, 영달하면 겸하여 천하를 선하게 하는
것이다. 그런데 자신이 있고 가정이 있음을 알지 못한다. 독서·강학의
일이 아닌 다른 일에 분주하다.

　　상하가 선동하여 그 생업은 버리고 자기 심신은 잊은 채 다른 일
에 분주합니다. 허위지풍은 오랜 습관으로 익숙해져 전전(輾轉)하여
명리의 진흙탕[명리도장名利塗場]을 만들고, 윗사람을 속이고 사리
(私利)를 꾀하기에 이르기까지, 이를 수 없는 데가 없어 이를 괴이
하게 여기지 않게 되었다.[27)]

　덕촌은 지방 현지에서 발생한 구체적 사례를 들기도 했다. 흥학
(興學)의 실적을 내고자 현장의 실정에 맞지 않는 공문을 내린 결과
전혀 실효성 없는 일이 된 사례였다. "만약 조금이라도 실지(實地)에

---

26) 『德村集』 卷3, 「登對筵話」. "所謂士林, 亦爲其所風動, 捨自己職分內事, 終身奔走
　　於論人長短是非政法之間. 因謂之衛世道, 扶世敎, 而士風之偸薄, 日甚一日, 可勝
　　喩哉？"
27) 『德村集』 卷3, 「登對筵話」. "上下煽動, 棄其業次, 舍自己身心而奔走於外事. 虛僞
　　之風, 積習恬安, 輾轉作名利塗場, 以至於誣上行私, 無所不至而莫之爲怪."

발을 딛는 데 유의하여 자기 일처럼 했다면, 어찌 그것이 결국 근거할 데가 없는 일임을 모르겠습니까? 이것이 어찌 허위의 심함이 아니겠습니까? 이것이 신이 반드시 실사구시의 주장을 아뢰는 까닭입니다."[28]

영조는 매우 흡족했다. 이미 질실하다는 것을 알고 있었으나 산림을 자처하지 않음에서 더욱 질실의 뜻을 보았고, 더욱이 논의에 식견이 뛰어남을 알게 되었다고 말했다. 그러고는 '실사구시' 넉 자를 벽에 걸어두고 보고자 했다. 사람을 시켜 당호(堂號)처럼 작은 크기로 적어 올리도록 했다.

덕촌이 이어서 폐해를 바로잡는 계책이라며 말했는데, 다른 특별한 것이 아니고 마음이었다. "자기의 병통을 알고 없애려 한다면 바로 그 마음이 곧 약이 된다"는 주자의 말을 인용했고,[29] 맹자의 과화존신(過化存神)과 그에 관한 주자의 주석을 인용했다.[30] 또 "아랫사람이 윗사람을 따르는 것은 그림자나 메아리보다 빠르다", "백성들은 뜻을 따르지, 명령을 따르지 않는다" 등의 말을 했다.[31] 모두 마음을 중요시하는 말이었다.

앞에 소개한 경연의 대화에 관해서 실록 기사는 간략하게 이렇게 기록하고 있다.

---

28) 『德村集』 卷3, 「登對筵話」. "若少留意於脚踏實地, 如自己事, 則豈不知其終無可據之地乎? 此豈非虛僞之甚乎? 此臣所以必以實事求是之說仰白者也."

29) 『德村集』 卷3, 「登對筵話」. "所謂救弊之策亦非別有他道也. 朱子曰: '知其病而欲去之, 便是能去之藥.'"

30) 『德村集』 卷3, 「登對筵話」. "聖人過化存神之妙, 元來如此." "所過者化 所存者神"라는 구절이 『맹자』 「진심 상(盡心上)」에 나옴. 주자의 주는, "所過者化 身所經歷之處 卽人無不化 … 所存者神 心所存主處 便神妙不測 …"

31) 『德村集』 卷3, 「登對筵話」. "古語曰 '下之化上, 捷於影響', 又曰 '百姓從其意, 不從其令', 理自如此, 不可誣也."

> 덕촌: "사문시비(斯文是非)가 하나의 번복기괄(翻覆機括)을 만듭
>   니다. 이른바 '세도를 붙들고 사문을 지킨다[부세도위사문
>   扶世道衛斯文]'는 여섯 글자는 참으로 허위요 가식일 뿐입
>   니다."
>
> 영조: "그대[유신儒臣]의 말은 시의(時議)를 크게 놀랍게 함을 면
>   치 못할 것 같소. 나는 그대의 마음을 알고 있소."
>
> 덕촌: "근래 허위(虛僞)가 널리 풍속을 이뤘습니다. 하간왕(河間
>   王) 덕(德)은 한(漢)나라 때의 어진 공족(公族)이었는데,
>   그의 말에 '실사구시(實事求是)'라 했으니, 참으로 격언(格
>   言)입니다."
>
> 임금이 승지에게 '실사구시(實事求是)' 네 글자를 써서 들이라고
> 명했다.[32]

'사문시비(斯文是非)'의 본질을 매우 날카롭게 지적하자, 영조가
뜨끔했던 모양이다. 오히려 그대 마음을 안다고 두둔했다. 덕촌이 보
기에, 사문이니 세도니 의리니 내세우지만, 기실은 허위요 가식이었
던 것이다. 상대방을 공격하고 권력을 쥐기 위한 구실이었던 것이다.
영조가 시의를 놀랍게 할 것이라 평가했던 것은 주류인 노론을 의식
했을 것이다. 덕촌의 지적은 노론의 행태를 겨냥하는 말임을 짐작할
수 있기 때문이다.[33]

이와 같은 경연에서의 대화 내용은 뒤이은 상소문에서 반복되어

---

32) 『영조실록』 21권, 영조 5년 2월 6일 신사 1번째 기사(1729년) ○辛巳/行召對,
    引見宗簿正梁得中, 得中言: "斯文是非, 作一翻覆機括. 所謂扶世道衛斯文六字, 眞
    虛假耳." 上曰: "儒臣之言, 似不免大駭時議, 而予則知儒臣之心矣." 得中又言: "近
    來虛僞成風. 河間王 德, 漢世賢公族, 其言曰實事求是, 眞格言也." 上命承旨, 書四
    字以入.
33) 한정길, 2013, 앞의 글, 92쪽 같은 취지.

덕촌의 의도를 살필 수 있다. 그는 '실사구시'로 허위의 폐단을 바로 잡는 요결로 삼아야 한다고 했다.34) 영조가 지적한 문승(文勝)에 대해서, 덕촌은 허위와 문승을 구별했다. 문승은 꾸밈[문文]이 바탕[질質]보다 지나쳐 불균형인 것을 말하지만, 허위는 꾸밈이 바탕을 멸하여 문도 더불어 허위로 돌아가는 것이라 설명했다.35)

덕촌은 거듭되는 상소문에서 허위 풍조를 누차 지적했다. "허위의 풍조는 인심(人心)을 구렁에 빠뜨리고 세도(世道)를 무너뜨리는 근본"이며, 국세(國勢)와 민생(民生)이 이 지경에 이른 것은 오로지 이 때문이라는 것이다.36) 또한 "의리의 담론이 끊이지 않지만 의리가 어둡고 꽉 막힌 때가 지금과 같은 때가 없었고, 언필칭 염우(廉隅)이지만 염치의 도가 상한 것이 지금보다 심한 적이 없었다"며, 의리로써 천하가 어지럽게 되었다고 했다.37)

> 그 구호를 들으면 아름답고 그 외양을 보면 의리가 밝게 걸려 있어서 천고에 일찍이 없었던 것이나 그 근본이 없음은 어찌하겠습니까. 그 거짓되어 진실하지 않음은 어찌하겠습니까? 이것이 곧 금세(今世)의 대의리(大義理)가 인심(人心)을 빠뜨리고 세도(勢道)를 무너뜨리는 창귀(倀鬼)가 되었다는 것입니다. 이것이 신이 말하는 '의

---

34) 『德村集』卷1, 「辭掌令疏」(己酉). "頃日筵對時, 臣以近日虛僞之弊仰達, 而仍以實事求是四字, 爲救弊之要訣."

35) 『德村集』卷1, 「辭召旨疏」(己酉). "若夫虛僞之風之說, 則所謂虛僞與文勝有異. 文勝云者, 文勝於質而不能彬彬也. 虛僞云者, 文滅其質, 而并與其文而歸於虛僞也."

36) 『德村集』卷1, 「辭召旨疏」(己酉). "其中虛僞之風之一說, 乃陷人心壞世道之本根. 而國勢民生之所以至於此極, 所關專在於此."

37) 『德村集』卷1, 「辭召旨疏」(己酉). "目今大同之俗, 口不絶義理之談, 而義理晦塞, 莫此時若. 言必稱廉隅, 而廉恥道喪, 未有甚於今日." 같은 내용이 「相向而哭說」에서도 강조된다. 송시열이 주자의 문자를 빌었지만 명실이 상부하지 않은 주장이라고 비판한 「明大義辨」도 같은 맥락이다.

리로써 천하를 어지럽히는 것'이 실로 천지가 있고서 아직 없었던
세변(世變)이라는 것입니다. 이래서 사람은 내 마음이 의리를 지님
을 모르고, 의리가 내 마음속에 있음을 모르고, 또 천하국가가 모두
내 몸에 근본하는 것임을 모릅니다. 허위로 치달아 마침내 풍속을
이루고, 백 가지 폐단이 함께 생겨나 그치지 않아서, 현란하고 장황
하게 윗사람을 속여 사리를 꾀해도 그 잘못을 자각하지 못합니다.[38]

이른바 허위의 풍조라는 것은 오늘날 백 가지 폐단의 근원이며
유래가 이미 오래 되었습니다. … 의리를 가탁하고 허위를 높여 꾸
미며, 대소가 서로 취하여 각자 욕구를 채웁니다. 명리를 좇는 것이
이미 습속으로 이뤄졌고, 권세가 있는 곳에 영합하지 않음이 없습
니다.[39]

언필칭 의리(義理), 사문(斯文)을 내세우던 당시였다. 그런데 의리
의 목소리가 무성하지만, 오히려 의리가 어둡고 꽉 막혔으며, 대의리
가 인심과 세도를 무너뜨린다는 덕촌의 지적이 날카롭다. 의리를 말
하지만 허위이기 때문이다. 명(名)을 말하지만 실(實)이 없고, 문(文)
은 있지만 질(質)이 없기에 허위가 된 것이다. 또 의리란 내 마음에
있다는 설명이 주목된다. 실시(實是)를 내게서 찾는 것과 유사한 논
법이다.

---

38) 『德村集』 卷1, 「辭召旨疏」(己酉). "聞其號則美矣, 觀其外則義理之昭揭, 千古之所
未有, 而其如無本何? 其如僞而不誠何? 此乃今世之大義理, 而爲陷人心壞世道之
倀鬼. 此臣所謂 '以義理而亂天下, 實有天地以來, 所未有之世變也'. 由是而人不知
吾心之有義理, 又不知義理之在於吾心. 又不知天下國家之皆本於吾身. 馳騖虛僞,
遂成風俗, 百弊俱生, 靡有止屆, 以至於眩耀張皇, 誣上行私, 而不自覺其爲非."
39) 『德村集』 卷1, 「辭召旨疏」(己酉). "若夫所謂虛僞之風, 則乃今日百弊之源, 而流來
旣久. … 假托義理, 崇餙虛僞, 大小相挻, 各充其欲. 名利所趨, 俗化已成, 勢之所
存, 無不迎合."

　　덕촌은 자신의 문집에서 20편의 상소문을 실은 후, 자신의 상소를 총괄하여 부기했다. 그 목표가 허위 풍조를 말하는 데 있었다는 것이고, 의리를 가탁하고 허위를 숭상하면서 각각 그 문호를 경영하여 그 무리가 실로 많음이 곧 지금의 고질적인 폐단이라고 진단했다.[40]

　　덕촌은 영조에게 실사구시를 진언한 뒤 이어진 소에서 부연하기를, 실사구시를 진실무망(眞實無妄)의 성(誠)이라 풀이하고, 성(誠)이 사물의 시작과 끝이라고 덧붙였다.[41]

　　　실사구시(實事求是) 네 글자는 진실무망(眞實無妄)의 성(誠)이
　　며, 인군(人君)이 나라를 다스리는 근원이 될 것이니, 이 또한 오직
　　전하의 일심(一心)에 달려있습니다. 엎드려 바라건대 전하께서는 격
　　물치지(格物致知)와 성의정심(誠意正心)의 공부에 더욱 매진하시고
　　또 실사구시 넉 자로써 백관을 책려하시어 그들로 하여금 각각 그
　　직분을 다하게 하십시오.[42]

---

40)　『덕촌집』에 권1과 권2에 걸쳐 상소문이 모두 20편이 실려 있다. 마지막 편에
　　다음과 같이 부기하여 정리했다. 『德村集』 卷2 「又辭疏」(辛酉). "前後諸疏, 其
　　大指惟在於虛僞之風之說, 而其設弊則每以祠宇書院爲言, 人之見之者, 皆以爲當今
　　時弊, 其無大於此者乎. 而究其實則假義理崇虛僞, 各營門戶, 寔繁有徒, 乃當今之
　　痼弊. … 噫！所假者聖賢之義理；所憑者吾君之寵靈；所盜者國家之物力, 而陷人
　　心壞世道, 至於此極, 此豈細故而可以忽之哉？"

41)　『德村集』 卷,1 「辭召旨疏」(己酉). "此臣之所以必以實事求是之說仰達, 而終以 '誠
　　者物之終始' 一語, 仰贊聖學徹上徹下之功者也."

42)　『德村集』 卷1, 「告歸疏」. "伏望殿下於愚臣之前日所達三說者, 勿以人而廢言, 深留
　　睿思, 實區區犬馬之至願也. 若夫其中'實事求是'四字, 乃眞實無妄之誠, 而爲人君
　　出治之源, 亦惟在於殿下之一心. 伏願殿下日加工於格致誠正之功, 而又以實事求是
　　四字, 責勵群工, 使之各盡其職. 殿下又以其大公至正之心, 恭己於上而照臨之, 一
　　誠所立, 百揆皆貞. … 夫然後向所謂蕩平之典, 良役之政, 與凡殿下之所欲云云者,
　　方可有著手處矣. 子思曰：'誠者物之終始, 不誠無物.'"

덕촌은 의리의 시대에 의리의 이름을 빌어 무리를 이뤄 명리와 권세를 추구함으로써 세상을 어지럽게 한다고 보았다. 의리를 말하지만, 그것은 허위요 가식일 뿐이었다. 그러한 허위지풍을 일소하는 것이 실사구시였다. 실사구시의 뜻을 대략 풀이해보면 다음과 같다. '실심(實心)으로 실사(實事)를 하는 것이다', '하는 일마다 자신의 심신에 돌이켜보아 그 실시(實是)를 구하는 것이다', '실지(實地)에 발을 딛고서 자기 일처럼 하는 것이다' 등이다. 여기서 실심(實心)은 진실무망의 성(誠)으로 내 마음에 달렸다. 실사(實事)란 특별한 것이 아니고 자기 직분의 일이다. 이로써 실사구시란 자기 직분의 일을 성심껏 다하는 것이라고 풀이할 수 있다.

2. 『반계수록』 추천

덕촌이 영조에게 『반계수록』을 소개한 것은 나이 77세 때다. 78세로 세상을 뜨기 한 해 전이었다. 이 사실은 신유년(1741, 영조 17) 실록 기사에 나와 있다.[43] 그 내용은 『덕촌집』에 「소명을 사양하는 상소문[우사소又辭疏]」(신유辛酉)으로 실려 있다. 『덕촌집』에 실린 20편의 상소문 가운데 마지막 편이다. 연보 기록에 따르면, 생애 마지막 상소로 보인다.

덕촌은 경연에서 『주역』이나 『주자어류』를 진강한다는 사실을 비판했다. 경연에서 강설이 부족한 것이 문제가 아니라 강설만 있고 시행이 없는 것이 문제인데, 그런 책을 강설하는 것이 실사(實事)에 도움이 되지 못하며, 그 책을 강하는 것이 급선무가 아니라는 것이다. 그것보다 실사에 도움이 되는 『반계수록』을 구비해 을람(乙覽)하고, 옥당에서 강론하게 하고, 중외에 분포하여 시행하면 다행이겠다고 했

---

43) 『영조실록』 53권, 영조 17년 2월 23일(무오) 3번째 기사.

다.44) 『반계수록』이 완성(1670, 현종 11)된 지 71년 만의 일이었다.

　덕촌은 『반계수록』을 거명하면서 간략하게 소개하기를, 법제(法制)를 강구하여 전제(田制)로부터 시작하여 설교(設敎)·선거(選擧)·임관(任官)·직관(職官)·녹제(祿制)·병제(兵制) 등에 이르기까지 세세하게 구비했다고 했다.45) 그에 앞서 먼저 『맹자』의 말을 인용했다. "요순의 도(道)로도 인정(仁政)을 쓰지 않으면 천하를 평화롭게 다스릴 수 없다[요순지도堯舜之道 불이인정不以仁政 불능평치천하不能平治天下]"(「이루離婁 상上」)는 말과, "인정은 경계(經界)로부터 시작된다[인정필자경계시仁政必自經界始]"(「등문공滕文公 상上」)는 말이다. 전자는 '제도화'의 필요성이고, 후자는 '토지제도'의 중요성이었다.46)

　『반계수록』은 바로 '경계(經界)', 즉 토지문제를 제1주제로 다루었다. 책의 제1편 「전제(田制)」편은 이렇게 시작한다. "옛 정전법은 지극하다. 경계가 한 번 바로 서면 만사가 끝난다. 백성은 항업(恒業)을 갖게 되고 병사는 수괄(搜括)하는 폐단이 없어져 귀천(貴賤)·상하(上下)가 각기 그 직업을 갖지 않는 사람이 없게 될 것이다."47)

---

44) 『덕촌집』권2, 「又辭疏」(辛酉). "逐事論思. 日不暇給. 何暇遽及於周易與語類耶. 臣竊以是而揣摩之. 則可以知其 經筵之上. 不復知講學有論思之實事矣. 此臣前疏 所謂今日之所欠. 不在於講說之不足. 惟在於徒講而不行之爲病也. 無補於講學之實事. 而貪戀 恩寵. 憧憧往來. 內而欺其心. 外而欺 朝廷. 上而欺吾君. … 伏望殿下特命其邑守臣, 就其子孫之家, 取其書來獻, 以備乙覽. 仍令儒臣齊會玉堂, 極意講明, 分布中外, 以次施行, 不勝幸甚."

45) 『德村集』卷2, 「又辭疏」(辛酉). "近世有湖南儒生柳馨遠者. 乃能爲之講究法制. 粲然備具. 始自田制. 以至於設敎選擧任官職官祿制兵制. 纖微畢擧. 毫髮無遺. 書旣成而名之曰隨錄. 凡十三卷."

46) 『德村集』卷2, 「又辭疏」(辛酉). "臣謹按孟子曰. 離婁之明. 公輸子之巧. 不以規矩. 不能成方圓. 堯舜之道. 不以仁政. 不能平治天下. 又曰. 仁政必自經界始. 是知經界之於仁政. 猶規矩之於方圓. 此五帝三王爲生民開物成務之第一義也. 古人大事. 專在於此. 大禹之卑宮室而盡力乎溝洫者此也."

47) 『磻溪隨錄』卷1, 「田制」上, 「分田定稅節目」. "古井田法至矣. 經界一正而萬事畢. 擧民有恒業之固, 兵無搜括之弊, 貴賤上下, 無不各得其職."

덕촌은 또한 스스로 『반계수록』을 이렇게 평가했다. "천리자연(天理自然)의 공(公)이 있고 인위안배(人爲安排)의 사(私)가 없으며, 질서정연한 조리가 있어 어지럽지 않고 빛나는 문채가 있어 싫증나지 않는다." 또한 쉬워서 알기 쉽고, 간단해서 따르기 쉽다고 상찬했다.[48] 여기서 '천리자연'과 '인위안배'를 대립시킨 덕촌의 말은 평소 주장한 '물정물조장설(勿正勿助長說)'을 연상시킨다. 실사구시와 물정물조장설은 덕촌이 이미 누차 영조에게 진언했던 주장이다.

덕촌이 별도의 경세서를 쓰지는 않았다. 그러나 그는 제도와 법의 중요성을 인식했다. 즉 제도화의 필요성과 토지제도의 중요성을 충분히 인식하고, 그 구체적 방안으로 자신의 저서는 아니지만 『반계수록』을 추천했던 것이다. 반계수록 추천은 실사구시론을 누차 피력한 후에 이뤄졌는데, 당색을 뛰어넘어 『반계수록』을 추천한 사실도 그의 실사구시적 태도를 보여준다. 실학의 핵심 개념인 '실사구시'의 의미는 덕촌 양득중의 실사구시에서 찾아야 한다.

V. 맺음말

근대와 민족지향의 실학담론은 역사적 진전에 따라 한계에 이르렀다. 이제 지금 시대에 맞는 실학담론이 필요한 때다. 종래 실학으로 파악했던 내용을 세 가지 명제로 재구성해보았다.

첫째 도기상수론(道器相須論, 도기불상리론道器不相離論)으로, 정

---

48) 『德村集』卷2,「又辭疏」(辛酉). "臣亦嘗得其書而私自細繹. 則有天理自然之公. 無人爲安排之私. 秩然有條而不亂. 煥然有文而不厭. 易曰. 乾以易知. 坤以簡能. 易則易知. 簡則易從. 信乎其易知而易從. 深得乾坤易簡之理. 益信亡師之言爲不誣矣." '乾以易知 坤以簡能 易則易知 簡則易從'은 『주역』「계사전 상(繫辭傳上)」에 나오는 말.

신과 물질의 조화와 균형을 지향하는 것이다. 개인의 도덕성과 공동체의 개선에 관한 문제이기도 하다.

제도개혁·기술개발 등 물질적 조건의 개선을 포함하여 경세·시무·민생 지향의 논의를 종래 '경세치용론'과 '이용후생론'으로 파악했다. 그 논리적 배경은 유학에 있었다. 지금에도 중요한 논의를 담고 있다. 다만 기존의 실학담론은 근대화에 부합한 물질적 조건을 중시했던 논의에 치우친 감이 있다.

실학은 도(道, 수기·체·본 등)와 기(器, 치인·용·말) 양자를 충실히 하면서 조화를 이루고자 한 것으로 평가할 수 있다. 형이상자(形而上者)의 도(道)와 형이하자(形而下者)의 기(器)를 각각 정신과 물질의 문제로 대치시킨다면, 실학은 과도한 도덕지상주의에서 벗어나 정신과 물질의 조화와 균형을 도모한 것이다. 물질만 강조하는 기존의 해석은 조정할 필요가 있다. 지금에는 오히려 과도한 물질주의를 바로잡는 균형의 논리로 삼을 수 있다.

둘째 화이일야론(華夷一也論)으로, 모든 공동체와 문명의 가치를 평등하게 보는 관점이다. 이는 '세계와 주체의 관계 설정 문제' 또는 '보편성과 고유성의 결합 내지 조화 문제'다. 우리 공동체의 생존과 활로와 관련되어 항상 제기되었던 과제였다.

본디 단군조선과 기자조선이라는 프레임을 통해 고유성과 보편성의 조화를 기했는데, 조선중기 이후 점차 중화주의가 강해졌다. 양란을 겪고 중화주의는 조선중화주의와 이를 바탕으로 한 북벌론으로 변화했다. 이에 대해 우리 고유의 것에 관심을 두고 주체 의식을 고양하는 움직임과 외국의 선진문물을 적극적으로 수용하자는 북학론이 등장했는데, 이러한 흐름을 종래 실학으로 파악했다. 각각 민족주의와 근대화론에 부합하는 면이 집중적으로 부각되었다.

그러나 고유성의 고집이 자칫 자폐와 낙후의 위험이 있었고, 반면

개방은 자칫 대외종속으로 흐를 위험이 있었다. 양 편향을 극복하고 양자를 어떻게 조화롭게 결합할 것인가. 19세기 조선은 개방(開放)과 해방(海防)의 이중과제를 제대로 수행하지 못했다. 오늘날에는 서구 중심주의가 중화주의를 대체했다. 평화와 우호의 세계와 함께하고 우리 공동체의 고유성과 독립성을 지켜나가는 길은, 문명과 야만을 구분하는 프레임 자체를 극복한 '화이일(華夷一)' 사상에서 출발해야 한다.

셋째 실사구시론(實事求是論)으로, 실사구시를 관점과 실천의 준거로 삼는 자세 또는 작풍(作風)이다. 실학자들은 '실심(實心)'·'실사(實事)'·'실공(實功)' 등과 같이 '실(實)'과 결합된 단어들을 사용했을 뿐이다. 문헌에 등장하는 대표적 용례는 덕촌 양득중의 '실사구시'와 추사 김정희의 '실사구시'다. 전자는 '허위지풍'과 대립되는 뜻으로 사용되었고, 후자는 학문방법론상 '실증주의'의 의미가 강하다. 실학담론에서 논의되는 의미로는 전자가 더 적합하다.

실학사에서 덕촌 양득중의 기여는, 첫째 '실사구시'의 제창이요, 둘째 『반계수록』 추천이었다. 덕촌은 당시 허위지풍의 폐단을 지적하고 실사구시로 바로잡을 것을 주장했다. 사문이니 세도니 의리니 내세우지만 실은 허위요 가식이어서, 다시 말하면 의리를 가탁하고 허위를 숭식(崇飾)하며 명리와 권세를 좇을 뿐이어서, 도리어 세도가 무너지고 의리가 어두워졌다는 것이다. 덕촌에게 실사구시란 실심(實心)으로 실사(實事)를 행하는 것이었다. 진실무망의 성(誠)이요, 자기 직분의 일을 다하는 것이었다. 덕촌은 별도의 경세론을 제시하지 않았지만, 영조에게 제도 특히 토지제도의 중요성을 강조하며 『반계수록』을 추천했다. 이 추천은 당색을 초월하는 실사구시의 정신과 전통을 보여주는 것이었다.

위 세 가지 명제는 연관되고 중첩된다. 경세치용론이나 이용후생론의 구체적 내용은 실사에서 확보되어야 하고, 대외적으로 선진 기술과 제도에 대한 개방성이 중요하다. 세계정세를 파악하고, 시대적 과제를 바라보고, 공동체의 활로를 모색하는 등의 일에는 실사구시적 태도가 필요하다.

　재구성한 실학담론은 기존의 담론과 무엇이 달라졌나? 경세치용과 이용후생의 이름 아래 근대적 물질문명과 부국강병만을 주목했던 것에 대해, 정신과 물질을 서로 보완적으로 보고 양자의 충실에 노력하는 것에 주목한다. 주체성을 확보하면서도 대외협력적 관계를 지향하고, 개방성을 지향하면서도 평등과 공존의 세계질서를 추구하는, 양자의 조화로운 결합을 도모하는 노력에 주목한다. 또한 실사구시의 의미는 양득중의 실사구시론에서 구한다.

　위 세 가지 명제는 오늘날에도 여전히 중요한 명제이다. 조선후기 실학자들의 고민은 귀중한 역사적 자산이 될 수 있다. 실학담론의 재구성은 오늘의 실천적 관점을 견지하기 위한 것이다. 우리가 아는 실학자들은 고전 속에서 새로운 길을 모색했다. 다름 아닌 법고창신의 발로였다. 마찬가지로 오늘의 실학담론에서도 법고창신의 정신을 발휘해야 한다.

〈참고문헌〉

『土亭先生遺稿』『於于集』『明齋遺稿』『磻溪遺録』『德村集』『星湖僿說』『與猶堂
　　全書』『숙종실록』『영조실록』

김낙진, 1996, 「실학적 경세치용학의 대두(기호남인학파)」, 『조선 유학의 학파들』,
　　예문서원.

김승대, 2020, 「덕촌 양득중의 가계와 추숭에 관한 연구」, 『양명학』 58.

김용흠, 2011, 「조선후기 사상사에서 명재 윤증의 위상」, 『민족문화』.

김태희, 2017, 「조선후기 상업진흥론과 실학담론의 재구성」, 『한국동양정치사상
　　사연구』.

김태희, 2009, 「근대 이전 시기의 동인의식의 구조와 그 변천」, 『한민족연구』.

김태희, 2018, 「양득중의 실사구시와 『반계수록』 추천」, 『반계 유형원과 동아시
　　아 실학사상』.

노관범, 2020, 「조선시대 이용후생의 용법과 어휘 추세」, 『한국실학연구』 40.

백승철, 2000, 『조선후기 상업사연구』, 혜안.

연세대학교 국학연구원 편, 2003, 『연세실학강좌』 1, 혜안.

유명종, 1976, 「덕촌 양득중의 실학사상 - 양명학과 실사구시의 절충」, 『한국학
　　보』 6.

이경구, 2020, 「실학」, 『한국학 학술용어 : 근대 한국학 100년의 검토』, 한국학중
　　앙연구원.

이미진, 2019, 「덕촌 양득중의 趙苞 고사 인식과 그 의미」, 『어문연구』 47, 한국
　　어문교육연구회.

임형택, 2000, 「실사구시의 학적 전통과 개화사상」, 『실사구시의 한국학』, 창작과
　　비평사.

임형택, 2014, 『21세기에 실학을 읽는다』, 한길사.

최윤정, 2020, 「덕촌 양득중의 논설류 작품 연구」, 『동양고전연구』 78, 동양고전

학회.

한영우 외, 2007, 『다시 실학이란 무엇인가』, 푸른역사.

한정길, 2013, 「덕촌 양득중 학문의 양명학적 성격에 관한 연구」, 『양명학』 34.

덕촌 양득중의 가계와 추숭에 관한 연구

김승대*

* 전북도청 학예연구관

Ⅰ. 들어가는 말

덕촌(德村) 양득중(梁得中, 1665~1742)은 한국 사상사에서 조선후기 실학·양명학과 관련하여 조망받고 있는 인물이다. 그는 허위에 가득 찬 당대의 조선사회를 개혁하기 위해서 우리 역사상 처음으로 '실사구시(實事求是)'를 본격 주창하였고, 유형원의 국가 개혁서인 『반계수록』의 가치를 영조에게 상소하여 국가에서 간행하고 관료들에게 읽혀 국가경영에 반영할 것을 처음으로 제기한 인물이다. 영조는 그의 참됨을 알고 '실사구시' 넉 자를 벽에 걸고 관성(觀省)하였고, 『반계수록』은 마침내 간행시켜 국가 정책에 모범으로 자리매김하게 되었다.

덕촌에 대한 연구는 그동안 그의 사상적, 학문 연원적 측면에서 주로 진행되어 왔다. 유명종은 덕촌을 '양명학과 실사구시의 실학을 절충한 인물'로,[1] 최영성은 덕촌을 '양명학과 실학을 매개시켜 기초 지은 학자'로 평가했다. 그는 덕촌의 학문이 첫 스승 박태초의 양명학적인 성격을 기반으로 정제두와 교분이 깊던 윤증과 박세채 등의 가르침을 통해 더욱 심화하였고, 이러한 양명학을 바탕으로 하여 실학을 연결, 회통하였다고 주장했다.[2] 박석무는 덕촌을 '18세기의 조선 실학의 큰 선구자', '실사구시의 실천가', '소론계 대표적인 인물'로 평가했다.[3]

---

1) 유명종, 1977, 「덕촌 양득중의 실학사상 – 양명학과 실사구시의 절충」, 『한국학보』 6, 일지사.
2) 최영성, 1995, 『한국유학사상사』 Ⅲ, 아세아문화사.
3) 박석무, 1998, 「17~8세기 호남유학의 전통」, 『한국한문학연구』 21, 한국한문학회.

이상성은 스승 명재 윤증과의 연관성을 중심으로 연구했다. 그는 덕촌은 윤증의 고제(高弟)이며, 영조에게 '실사구시'의 정신을 강조한 인물로서, 스승 명재와 함께 성리학을 본령에 정통하면서도 양명학이나 실학 등 다양한 학문을 배워 현실에 적용하고자 했음을 강조했다.4) 한정길은 덕촌의 양명학적 성격을 좀 더 심도있게 연구했는데, 그는 덕촌의 학문을 '양명학적 실심(實心)에 기반한 실학(實學)'으로 규정하였다.5) 김태희는 제도개혁론인 『반계수록』을 소론의 명재와 덕촌이 높이 평가하고 추천하게 된 것은 사상과 당색을 초월한 '실사구시'의 구체적인 경세론을 제시하고 있었기에 가능했다는 점에 주목했다.6)

최근에 이미진7)과 최윤정8)의 연구에서는 『덕촌집』에 실린, '덕촌의 조포(趙苞) 고사 인식과 그 당대적 의미'와 '덕촌의 논설류(論說類) 작품을 통한 당대의 허위의식과 문제점을 고사(故事)를 인용하여 의리와 실상을 중요시하는 논리적 비판'에 주목하여 서술하고 있다.

기존연구의 성과를 바탕으로 필자는 덕촌이 살았던 시간적·공간적 범위를 종횡으로 넓혀 다룰 필요성을 느꼈다. 그의 문집인 『덕촌집』 이외에는 덕촌에 대한 다각적인 연구에 한계가 있었고, 덕촌이 남긴 발자취가 생각보다 적게 남아 있다는 사실을 확인하면서부터이

---

4) 이상성, 2007, 「명재 윤증과 덕촌 양득중의 학문 교류고」, 『한국사상과문화』 40, 한국사상문화학회.

5) 한정길, 2013, 「덕촌 양득중 학문의 양명학적 성격에 관한 연구」, 『양명학』 34, 한국양명학회.

6) 김태희, 2017, 「반계 유형원과 덕촌 양득중의 실사구시」, 『반계 유형원과 동아시아 초기실학』, 한국실학학회 학술대회 논문집.

7) 이미진, 2019, 「덕촌 양득중의 趙苞 고사 인식과 그 의미」, 『어문연구』 47, 한국어문교육연구회.

8) 최윤정, 2020, 「덕촌 양득중의 論說類 작품 연구」, 『동양고전연구』 78, 동양고전학회.

다. 특히 반계 유형원의 사상을 계승한 호남 실학의 선구자로서, 난곡 이건방이 흠모한 양명학적 성격의 근원을 찾고 싶었다.

따라서 이에 대한 기초작업의 일환으로 그동안 덜 조명된 덕촌의 가계분석과 사후(死後) 추숭(追崇)에 관한 연구를 통해 덕촌의 삶과 사상을 재조명하는 데 일조하고자 한다. 이 글에서는 그에 대한 문집과 보학적(譜學的) 자료, 그리고 관련 유적에 대한 현장답사, 사료 발굴 등을 통해 실체파악에 한걸음 더 나아가고자 한다.

II. 양득중의 가계 분석

1. 양득중의 선대 가계 분석

양득중은 제주양씨로 고려조 유격장군(遊擊將軍)을 역임한 양보숭(梁保崇)의 17세손이다. 양보숭의 후손들은 전라도 나주·영암·화순 일대에 주로 거주하며, 문과에 급제하여 관직을 역임한 인물들이 많았다. 조선조에 들어서는 8세손 양사위(梁思渭)가 '유학교도직장동정(儒學敎導直長同正) 덕행문장(德行文章)'의 유학적 가풍을 유지하였고, 그의 장남 양발(梁潑)의 후손들은 이후 화순 도곡·춘양 일대에, 차남 양담(梁湛)의 후손들은 담양 창평 일대에 거주하였다.9)

양발(梁潑)의 손자인 양산보(梁山甫, 1503~1557)는 정암 조광조의 문인으로 기묘사화 이후 자호를 소쇄옹(瀟灑翁)이라 하며 담양에 소쇄원을 짓고 살았고, 아들 양자징(梁子澂)은 하서(河西) 김인후(金麟厚)의 사위로 송강 정철, 중봉 조헌, 우계 성혼 등과 교유하였고 사후 장성 필암서원에 하서와 함께 배향된 인물이다.

---

9) 『濟州梁氏·學圃公長子·秉節公派譜』, 1990, 2~9쪽.

양담(梁湛)의 손자는 학포(學圃) 양팽손(梁彭孫, 1488~1545)이다. 그는 덕촌의 6대조로 제주양씨 학포공파의 시조이다. 그는 정암 조광조와 교유하며 도학적(道學的) 이상사회의 실현을 꿈꾸며 구현하려고 노력한 학자이다.[10] 아버지 수월당(睡月堂) 양이하(梁以河)와 어머니 해주최씨(최혼崔渾의 딸) 사이에 능주(현재 화순군 도곡면 월곡리)에서 태어난 그는 정암과 함께 1510년 생원시 합격하고, 1516년 식년문과·현량과에 발탁되어, 이후 정언(正言)·전랑(銓郞)·수찬(修撰)·교리(校理) 등의 관직을 지냈다. 정암의 지우(知友)인 그는 1519년 기묘사화로 인해 삭직되어 고향으로 돌아와 중조산(中條山) 아래 쌍봉리(雙鳳里)에 '학포당(學圃堂)'을 짓고 은거하였다. 그는 능주로 유배온 조광조가 역적으로 몰려 죽자 직접 정암의 시신을 수습하였다. 학포는 송흠(宋欽)의 문인으로 송순(宋純)·나세찬(羅世贊)·신잠(申潛)·김구(金絿)·백인걸(白仁傑)·안처순(安處順) 등과 교유하였다. 또한 학포는 그림에 일가견이 있어 윤두서(尹斗緖)·허련(許鍊) 등과 함께 호남의 대표적인 문인화가로 평가받는다.

그는 부인이 셋으로, 초취(初娶)는 금산김씨(김섬金銛의 딸), 재취(再娶)는 청주한씨(한효공韓孝恭의 딸), 삼취(三娶)는 김해김씨(김학金鶴의 딸)이다. 자식은 금산김씨에게서 응기(應箕)·응태(應台)·응정(應鼎)·응필(應畢)·응덕(應德)을, 청주한씨에게는 응국(應國)을, 김해김씨에게는 응돈(應遯)·응명(應命)을 각각 두었다. 아들 중에 응태(應台)·응정(應鼎)이 문과에 급제했으며, 양응태(梁應台)는 동래부사·예조참의 등을 역임했다. 특히 학포의 셋째 아들인 송천(松川) 양응정(梁應鼎, 1519~1581) 가문이 주목되는데, 송천은 대사성·진주목사·공조참판·경주부윤 벼슬을 하고 나주 박산(博山)[11]에서 만년을

---

10) 안동교, 2004, 「학포 양팽손의 도학사상에 대한 고찰」, 『대동철학』 27, 대동철학회.

〈그림 1〉 제주양씨 양득중 가계도

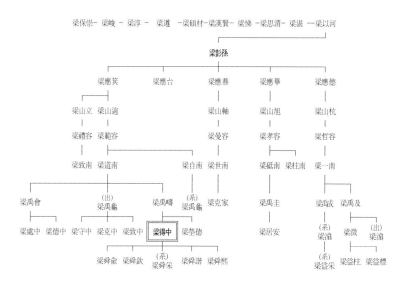

보내면서 당대의 쟁쟁한 석학인 정철·백광훈·최경창·최경회 등을 둔 학자로 평가된다. 송천에게는 다섯 아들(산축山軸, 산해山海, 산룡山龍, 산숙山䑤, 산지山之)이 있었다. 이 중 산룡·산숙·산축 세 아들이 임진왜란 당시 창의(倡義)하여 의병장 김천일(金千鎰)의 막하(幕下)로 활약하였는데, 양산숙은 김천일과 함께 진주성에서 순국하기까지 하였다.

정유재란 때 양산룡·양산축은 가족과 피난 중에 나주 삼향포(三鄕浦)에서 왜적을 만났다가, 일가족 8명(어머니 죽산박씨, 양응정의 딸 김광운金光運의 처, 양산룡의 처 고흥유씨 등)이 순절하는 참극을 맞

11) 나주 박산은 현재 광주 광산구 동호동에 해당한다. 이 곳에 있는 양응정의 묘소는 광주광역시 기념물 8호로, 진주성 전투에서 순절한 아들 양산숙 등 가족 7명의 忠孝烈을 기리는 梁氏三綱門은 광주광역시 기념물 11호로 문화재 지정되어 있다.

앞으며, 이때 학포 가문의 중요한 문적(文籍)이 망실(亡失)되는 아픔
을 겪기도 했다. 병자호란 때에는 양산축의 아들 양만용(梁曼容, 고경
명高敬命의 외증손, 수은睡隱 강항姜沆의 문인)이 활약했는데, 옥과현
감(玉果縣監) 이흥발(李興渤)과 함께 창의(倡義)하여 태인(泰仁)·청
주(淸州)까지 진격하였다. 이처럼 송천의 자손들은 국난에 창의와 순
절을 통한 절의(節義)를 보여주며 학포 가학(家學)의 전통을 이어 나
갔다.

　　예전에 내 나이가 열네댓 되었을 때부터 선군자(先君子)와 선백
　부(先伯父)를 곁에서 모시고 있었는데, 용강(龍江) 족대부(族大父)
　가 보낸 편지를 나로 하여금 봉투를 열어 읽게 하셨다. … 선군자와
　선백부께서 일찍이 우리들에게 말씀하시기를, "우리 집안은 본래 문
　헌(文獻)의 가문이었고 근래 학포(學圃) 선조 및 송천공(松川公) 형
　제 이래로는 문학과 행의(行誼)가 남주(南州)에서 더욱 저명하였으
　나 지금은 각 집안에 그런 인물이 없어서 가성(家聲)이 하나같이 쇠
　퇴하였다. 오직 이 박산(博山) 일파의 세대만이 선대의 사업과 미덕
　을 계승하여 용강(龍江) 족숙(族叔)에 이르러 항상 스스로 개연히
　분발하여 반드시 서업(緖業)을 잇고자 하였다. … 정유재란 때 생원
　공과 아우 처사공은 모부인 박씨를 모시고 주(州)의 남쪽 삼향포(三
　鄕浦)에서 배를 타고 피난하다가 바다에 미처 나가지 못하였을 때
　적선이 졸지에 닥쳐왔다. … 죽은 사람이 무릇 여덟 사람이었다. 조
　정에서는 특별히 삼강(三綱)의 정려(旌閭)를 세워주었으니 충효(忠
　孝)와 정렬(貞烈)이 일세에 찬란히 빛났으나 양씨(梁氏) 일문(一門)
　은 모두 죽었으니 그 또한 참담하다. 선대의 문적(文籍)이 모두 배
　에 실려 있다가 일시에 함몰(陷沒)되어 학포(學圃)와 송천(松川) 양
　세(兩世)의 경학(經學)과 문장(文章) 및 그 평생의 저술이 모두 민
　멸되어 전하지 않으니 어찌 개연(慨然)하지 않겠는가. 오직 처사공

의 처 고씨(高氏)는 제봉(霽峯) 선생의 손녀인데 이때 임신 중이어
서 고난을 겪으면서 살아남아 마침내 유복자를 낳았으니 휘는 만용
(曼容)으로 곧 공의 부친이다.[12]

덕촌은 송천의 증손 양세남(梁世南, 1627~1682)[13]의 묘지명을 지
으면서 송천 집안의 삼향포의 절의(節義) 행적과 함께, 학포·송천 등
가문의 문적(文籍)이 모두 없어진 점을 통탄하고 있다. 덕촌은 족대
부(族大父) 양세남이 아버지와 백부(伯父)와 서신 왕래와 교유를 통
해 집안의 '문학(文學)과 행의(行誼)가 저명함'을 어린 시절부터 배우
고 자랐음을 말하고 있다. 덕촌이 13세 때인 1677년(숙종 3) 당시 예
송(禮訟)으로 영광(靈光)에 유배와 있던 구천(龜川) 이세필(李世弼)
이 양세남 집에 왕래하였는데, 여기서 그는 덕촌의 책문(策文)을 보
았고 서신으로 덕촌에게 학문을 권장하였다. 그 다음해에는 영계리에
있는 덕촌의 집까지 찾아가 가르침을 주었다.[14]

또한 화순 쌍봉리에 거주하던 학포의 넷째 아들인 양응필(梁應畢)

---

12) 『德村集』, 「龍江處士墓誌銘」: "昔我自年十四五歲時, 隅侍先君子, 先伯父, 見有
龍江族大父書來, 則使余開緘而讀之. … 先君子, 先伯父嘗語不肖輩曰: "吾家由來
文獻之家, 而近自學圃先祖曁松川公兄弟以來, 文學行誼, 尤表著於南州, 而今則各
家無人, 家聲到底零替. 惟是博山一派世趾美, 而至於龍江族叔 … 丁酉再亂, 生
員公與弟處士公奉母夫人朴氏, 船避于州南三鄕浦, 未及出洋, 賊船猝至. … 死者凡
八人. 朝廷特旌三綱之閭, 忠孝貞烈, 煥炳一世, 而梁氏一門盡矣, 其亦慘矣. 先代文
籍, 都載一船, 而一時陷沒, 以學圃, 松川兩世之經學文章, 而其平生述作, 竝亦泯泯
無傳, 寧不慨然? 惟處士公之妻高氏, 乃霽峯先生之孫女也, 是時方有身, 艱關圖生,
終有遺腹子, 諱曼容, 卽公之考也."
13) 양세남은 영암 영보촌의 愼天翊의 문인이자 孫壻이다.
14) 『德村集』, 「題李龜川書後」: "右龜川先生謫居靈光之時, 因朴山族大父家, 得見余
性與賒暘策文, 錄示勉戒之意, 因朴山便傳來者也, 于時丁巳歲也. 翌年戊午春, 先
生賜環而歸也, 與會津朴丈泰宇 同遊月出山, 因與聯轡訪余於永溪之上, 諄諄勉戒,
誠意藹然, 至今追思, 不勝感嘆."

의 자손들 역시 양란(兩亂) 시기에 절의 활동을 이어나가는데, 양응
필의 아들인 양산욱(梁山旭)은 임진왜란 시기 김천일의 막하에서 화
순의 유위장(留衛將)을 맡아 단양역까지 군졸을 인솔하고 군량을 실
어 보냈다. 또한 양응필의 증손인 양지남(梁砥南)과 양주남(梁柱南)의
경우는 병자호란 시기 덕촌의 외증조 안방준의 막하에서 종군하였다.
특히 덕촌은 양지남의 아들인 양우규(梁禹圭, 1652~1714)를 많이 따
랐는데, 서신 왕래를 통해 집안의 대소사를 논의하기도 하였다.

> 학포(學圃) 선조 묘도(墓道)의 비가 없음에 대하여 말하자면 어
> 찌 오직 우리 자손의 아쉬움과 한 뿐이겠습니까. 실로 또한 세상 사
> 람들이 송탄(誦歎)하는 바입니다. 매양 유봉(酉峯) 선생께 청하여
> 불후의 문자를 얻고자 하였으나 다만 선조의 언훈(言訓)과 행적이
> 전하여 기술된 것이 없습니다. 외증왕부(外曾王父)의 기묘록(己卯
> 錄) 한 책에 겨우 적료(寂廖)한 몇 말씀이 있으나 역시 한 시대 제현
> 들과 더불어 하나같은 말로 범연히 칭한 것일 뿐입니다. … 기타 언
> 행은 아득히 전하는 것이 없으므로 옛날에 선인을 모실 때 선조에
> 관하여 자세히 말씀하신 것을 들었는데, "선조(先祖) 시대의 문헌이
> 송천(松川)의 집안에 아울러 모여 있었는데, 송천의 집안은 병난에
> 배를 타고 피난하다 함몰하여 편언척자(片言隻字)를 하나도 건져낸
> 것이 없었다. 무릇 동래(東萊)·송천(松川) 형제의 문장과 교우가 성
> 대하였으니 반드시 당세의 대수(大手)에게 행장을 청하여 얻음이
> 있었을 것이나 이 또한 고찰하여 밝힐 길이 없으니 참으로 통한스럽
> 다."라고 하셨습니다. 이는 우리 선조의 언행이 후세에 전해짐이 없
> 다는 것입니다.[15]

---

15) 『德村集』, 「與雙山宗叔禹圭書」: "就白學圃先祖無墓道之刻, 豈惟吾子孫之所歎恨?
實亦爲世人之所誦歎. 每欲仰請於酉峯先生, 得不朽文字, 而但先祖言訓行迹, 略無
傳述. 外曾王父 「己卯錄」 一書, 董有寂廖數語, 而亦是與一時諸賢同辭泛稱而已.

덕촌은 이 편지에서 양팽손·양응태·양응정 등 선대의 문적(文籍)
이 병난에 없어진 점을 크게 안타까워했고, 스승인 명재 윤증에게까
지 '선대의 문자(文字)'를 얻고자 노력하였다. 또한 종형(從兄) 양수
중(梁守中)과의 서간에서는 "학포의 묘비 건립과 할아버지 양도남의
행장을 종숙 양우규와 의논해 처리해 줄 것"을 요청하고 있다.

> 또한 아이들을 엄히 가르치기를 한결같이 지난날 소심재(小心
> 齋)의 규칙처럼 하여 우리 집안의 가성(家聲)이 끝내 땅에 떨어지지
> 않게 하기를 바랍니다. 다음 달 선산(先山)의 제사 지내는 일은 반
> 드시 한 사람이 나아가 참여할 것이니 쌍산(雙山)의 종숙(宗叔)에게
> 저의 편지를 전하여 선조이신 학포(學圃) 선생 묘도(墓道) 문자의
> 일을 의론하심이 어떠합니까. 그에 대한 말은 종숙께 올린 편지에
> 갖추었으니 다시 자세하게 하지 않겠습니다. 또 조부님의 유사(遺
> 事)는 아버님께서 일찍이 기초(起草)하신 것이 있는데, 다만 사실이
> 간략할 뿐만 아니라 자손이 조상을 위한 글을 쓰는 것이 공정한 안
> 이 아닌 듯하여, 지금 이 일을 종숙께 청합니다. 우리 조고(祖考)의
> 심사(心事)와 평생의 처신을 마땅히 종숙보다 자세히 아는 사람은
> 없을 것이니 반드시 정성스럽게 뵙고 청해야 할 것이나 먼저 허락한
> 후에 가할 것입니다. 행장은 더욱 상세하면 할수록 싫지 않을 것이
> 니 극히 모두 갖추기에 힘써서 혹 빠진 것이 없어야 한다는 뜻을 또
> 한 간절히 고해 주시기를 바랍니다.16)

… 其他言行昧昧無傳之故, 則昔侍先人, 細說先故, 有聞以爲 "先祖時文籍, 竝聚松
川家, 松川家沒於兵難船避, 故片言隻字, 無一得脫. 夫以當時東萊, 松川兄弟文章
交友之盛, 亦必有請得狀草於當世大手, 而此亦無由考徵, 誠可痛恨. 云云". 此吾先
祖言行之所以無傳於後也. 淺處亦以爲此一款, 亦據實直書, 使後世明知其所以無傳
之故, 則猶勝於竝與其所以無傳之故而不傳也."

16) 『德村集』, 「與從兄守中書」: "且願嚴課兒輩, 一如昔日小心齋之規, 使吾家家聲, 終
不墜地也. 來月先山祀事, 必有一人進參, 爲傳弟書於雙山宗叔, 奉議先祖學圃墓道

양우규의 아들 양거안(梁居安)은 윤증(尹拯)의 문인이다. 양거안이 명재를 배알하고 인근 덕촌의 양득중에게 자주 들렀는데, 1711년(숙종 37) '양덕촌서(梁德村書)'[17]에는 선대에 일을 의논하고 있다. 양거안은 같은 소론학맥인 박태보(朴泰輔)·임상덕(林象德)·이진검(李眞儉) 등과도 교유하였고, 아버지 양우규의 행장(行狀)은 윤증의 문인이자 덕촌의 지우(知友)였던 경암(敬菴) 윤동수(尹東洙)가 찬(撰)하였다.[18]

학포의 다섯째 아들은 양응덕(梁應德)이다. 그는 1543년(중종 38) 능주에서 부인 함양오씨(咸陽吳氏, 오세장吳世樟의 딸)의 고향인 보성 박곡(毫谷, 현 보성군 득량면 송곡리)으로 입향하였다. 그의 아들 양산항(梁山杭)은 영해도호부사(寧海都護府使)를 지냈는데, 『제주양씨병절공파보(濟州梁氏秉節公派譜)』에 보면 "임진(壬辰)에 창의(倡義)하고 정유(丁酉) 8월 13일에 충무공 이순신이 내방일숙(來訪一宿)하여 보성 열선루(列仙樓)에서 상론국사(相論國事)"하였다고 기록되어 있다.[19] 이는 1597년 정유재란 때 삼도수군통제사 이순신이 수군을 재건하고 군량을 확보하기 위해 옥과, 곡성, 순천, 낙안, 보성 조양창(兆陽倉)을 거쳐 박곡의 양산항 집에 방문한 것으로 보여진다.[20]

덕촌의 5대조는 학포의 장자(長子)인 양응기(梁應箕)이다. 부인은 진주형씨(晉州刑氏) 형자관(刑自寬)의 딸이며, 자녀는 5남(산립山立, 산한山翰, 산수山秀, 산준山浚, 산형山逈) 1녀(진사 고계영高季英)를

文字事如何? 其說具於呈宗叔書, 不復縷縷. 且祖父主遺事, 父主曾有起草, 而非但事實草草, 子孫之狀祖先, 似非公案, 玆以此事請於宗叔. 知我祖考心事平生行己, 宜莫詳於宗叔, 必須懇懇面請, 許而後可矣. 行狀愈詳而愈不厭, 務極該備, 無或遺漏之意, 亦望諄諄告之."

17) 『六化集』, 「梁德村書」.
18) 『敬菴遺稿』, 「副護軍梁公行狀」.
19) 『濟州梁氏學圃公長子秉節公派譜』, 1990, 30쪽.
20) 『亂中日記』 丁酉 八月 : "十一日己巳. 晴. 朝. 移于梁山杭家. 宋希立, 崔大晟來見."

두었다. 그는 기묘사화로 아버지 학포와 더불어 화순에 은거하며 학
문에만 힘썼다. 양산립(梁山立)의 5남(인용仁容, 제용濟容, 예용禮容,
지용智容, 신용信容) 중 인동부사(仁同府使) 양신용(梁信容)은 병자
호란 때 아들 양유남(梁有南)을 재종형(再從弟) 양만용(梁曼容)에게
보내 창의하게 했으며, 양인용(梁仁容)의 아들 양위남(梁謂南, 성혼의
문인)은 정묘호란 때 호남 의병으로 격문을 돌렸고, 양제용(梁濟容)
의 아들 안동부사(安東府使) 양두남(梁斗南)도 양위남과 함께 정묘호
란에 창의하였다. 이처럼 학포 양팽손의 자손들은 양란 때 호남에서
의병으로 창의하며 절의(節義)의 뜻을 지키는 특성을 갖고 있었다.

덕촌의 고조인 양산형(梁山逈, 1545~1603)은 양응기의 막내 아들
이다. 자는 천유(天維), 호는 건계(建溪)이며 부인 하동정씨 정우(鄭
遇)의 딸 사이에 4남(범용範容, 재용載容, 진용軫容, 노용輅容) 1녀(박
식朴植)를 두었다. 그는 능주에서 처가가 있는 영암 건계(建溪, 현재
해남군 옥천면 대산리 일원)로 입향하였는데, 석천(石川) 임억령(林
億齡), 옥봉(玉峯) 백광훈(白光勳)[21] 등과 교유하였다. 덕촌이 '제주
양씨 학포공 장자 병절공파' 중 '건계공파'로 불리는데, 병절공은 양
응기를, 건계공은 양산형을 말한다.

덕촌의 증조인 양범용(梁範容, 1570~1609)은 양산형의 장자(長
子)이다. 자는 이건(而健)이고, 부인은 선산임씨 임정해(林廷海)의 딸
이다. 자녀는 3남 2녀를 두었는데, 아들은 관남(灌南)·도남(道南)·자
남(自南)이고, 사위는 김준여(金俊汝)·윤동로(尹東老)이다.

---

21) 양산형과 백광훈은 영암 건계의 하동정씨 妻鄉으로 입향하여 이 곳을 무대로
교유하면서 많은 시문을 남겼다. 특히 백광훈은 글씨에 일가를 이루어 永和體
를 남겼다. 현재 해남군 옥천면 송산리 玉山書室에는 그의 유품이 전라남도 유
형문화재 제181호로 지정되어 관리되고 있다. 덕촌은 친구이자 옥봉의 후손인
白受珩이 옥봉의 묘갈명을 부탁하자 이를 작성하였고, 옥봉의 서법을 매우 흠
모하였다. ; 『德村集』卷五 雜著 '書 白玉峯松湖兩世家間 後 癸未', '書 白玉峯家
狀草 後 甲申'.

〈그림 2〉 영암 영계리 제주양씨 입향과 연혼 관계

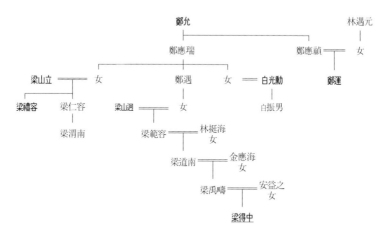

〈그림 2〉에서 보는 바와 같이 양산립·양산형 형제는 영암 건계의 하동정씨를 처가로 두고 있다. 양산립의 부인은 군기시(軍器寺) 직장(直長)을 지낸 정윤(鄭允)의 손녀이며 참봉 정응서(鄭應瑞)의 딸이고, 양산형은 정응서의 손서(孫壻)이다. 이처럼 하동정씨가 터를 잡고 있는 건계를 중심으로 제주양씨·해미백씨 등이 처향으로 입향하게 된 것이다. 또한 영암 구림에 세거하는 임억령의 선산임씨 가문과도 통혼권 내에 있었다. 덕촌의 증조모인 선산임씨는 임억령의 종부(從父) 형제의 아들 임정해(林挺海)의 딸이다.[22] 또한 녹도만호로 임란 때 이순신 휘하에서 활약했던 정운(鄭運)은 건계마을 출신이며 양산형의 처종숙(妻從叔)이자 임억령의 백부인 임우원(林遇元)의 외손이다. 이처럼 양산형 집안은 영암 일대에 세거하는 명문 선산임씨·하동정씨와의 연혼을 통해 이 지역에서 재지 기반을 확대하였던 것으로 보인다.

---

22) 『德村集』,「祖考尋何翁狀草」: "娶善山林氏, 石川先生億齡之從父昆弟之子挺海之女."

덕촌의 조부인 양도남(梁道南, 1607~1667)은 양범용의 둘째 아들
이다. 부인 광산김씨(진사 김응해金應海의 딸)와 혼인하여 아들 셋
(우회禹會, 우주禹疇, 우귀禹龜)을 두었다. 광산김씨는 나주 세지(細
枝)의 세거가문으로, 김응해의 아버지는 임란 때 장성 남문창의(南門
倡義)에 참가한 김경남(金景男)이며, 형제는 해미현감 김종해(金宗
海), 안동부사 김운해(金運海) 등이다. 또한 김운해의 처는 양산준(梁
山浚)의 손녀(양유용梁裕容의 딸)로 두 가문이 연혼으로 맺어져 있다.

양도남은 부친을 2살 때, 모친은 12살 때 일찍 잃었는데, 인근 팔
마리(현 옥천면 팔산리)에 살았던 종숙 양예용(梁禮容, 1561~1624)
이 거두어서 가르치고 길렀다. 따라서 그는 자제들에게 "양예용의 자
손과 형제의 정을 길이 맺어 변하지 말라"는 유지를 남길 정도로 각
별한 마음을 갖고 있었다.[23] 이는 앞서 살펴본 양산립·양산형 형제의
처가인 하동정씨를 중심으로 한 제주양씨·선산임씨·해미백씨 등의 긴
밀한 가족 공동체적 삶이 지속적으로 연대하고 있음을 확인할 수 있
다. 양도남은 중년에 영암 건계(建溪)에서 인근 영암 영계(潁溪) 물가
에 집터를 정하고 이주하였다. 묵은 땅을 개척하고 가산도 늘었는데,
영계(潁溪, =영계永溪) 마을은 현 해남군 옥천면 영신리의 만대산 아
래에 소재한다. 양도남은 양예용에게 학문을 배웠는데 날마다 경서(經
書)를 스스로 즐김으로 인하여 자호를 심하옹(尋何翁)이라 하였다.

---

23) 『德村集』,「祖考尋何翁狀草」:"時臨江公諱禮容亦贅居于同郡八馬里, 於公爲從祖
   叔父. 公於是自大山移居于龍井里, 距八馬董五里, 以其相從之便也. 娶善山林氏,
   石川先生億齡之從父昆弟之子挺海之女, 生三男, 公乃第二子也. 二歲而孤, 季弟生
   纔數月, 伯兄董五歲矣. 至年十二, 母夫人又卒, 零丁苦孤, 無所依歸, 臨江公收恤而
   敎養焉. 公外家林氏無後絶嗣, 伯兄奉祀外家, 寄養於外叔母, 公及季弟終無所歸. 二
   十二歲, 娶光山金氏進士諱應海之女, 贅居光州者數歲, 以兄弟久曠湛樂, 遂歸故里.
   … 中歲, 卜宅於萬代山中永溪水上, 陳地閑曠, 勤力開示, 善自調度, 家資稍優. …
   嘗語諸子曰: "汝等世世, 與臨江公子孫, 永作兄弟之情, 久而勿替也." 此公處心行
   事之大槪也."

   갑진년(1724, 경종 4) 여름 나는 익찬(翊贊)으로 입번(入番)하였
는데, 조태만(趙泰萬) 제박(濟博)이 시직(侍直)으로 함께 입번하여
그와 더불어 대화를 하였다. 제박이 말하기를, "일찍이 강화(江華)의
정참판(鄭參判) 제두(齊斗)를 뵈었는데, 말이 형 쪽에 미치자, 정 참
판이 말하기를, '나는 그 집안에 대해 들은 지 오래다. 그 집안이 비
록 외도(外道)이나 삼세(三世)를 학문한 집안이다'라고 하였습니다.
외도가 무슨 도인가 물으니, '노자의 도이다'라고 하였습니다. 정 참
판은 어찌 형의 집안을 가리켜 노자의 도를 한다고 하는 것입니까"
라고 하였다. 내가 말하기를, "정 참판의 말이 무엇을 이르는 것인지
모르겠으나, 아천(鵝川) 박 선생께서 일찍이 선군자께 말하기를, '현
강(玄江) 족숙(族叔)이 노형(老兄) 집안의 학문에 대하여 내게 말하
면서, 「그 집안은 도회(韜晦)에 오로지 힘써서 천지만물을 몸 밖의
물건으로 여기고 오직 독선(獨善)이 귀함만을 알아 그 흐름이 노자
의 도에 들어가는 것은 어렵지 않다」고 하였소. 그대는 모름지기 서
로 권면하며 학문을 닦을 때에 이 뜻으로 서로 강론하여 확실히 해
야 할 것이오'라고 하였는데, 정 참판의 말을 생각하건대 또한 현강
의 뜻과 같을 따름이오"라고 하였다. 제박은 머리를 끄덕이며 "그렇
군요"라고 하였다. 나는 제박과 말을 주고받은 후에 깊이 생각해보
니 나막신을 신고 길을 가고 띠풀로 밥을 싸는 등의 일이 사람들로
하여금 노자의 도를 하는 것으로 의아해하게 한 것 같으니 또한 괴
이할 것이 없다. 사람의 말은 반드시 깊이 헤아려야 할 필요는 없는
것이다.[24]

---

24) 『德村集』, 「祖考尋何翁狀草」: "甲辰夏, 余以翊贊入番, 趙泰萬 濟博以侍直同番,
與之談話.濟博曰: "曾見江華 鄭參判齊斗, 言及於兄邊, 鄭參判曰: '吾則聞其家久
矣. 其家雖是外道, 乃三世學問家也.' 問外道何道耶? 曰 '老道也. 云云'. 鄭參判何
以指兄家爲老道耶?" 余曰: "鄭參判之言, 未知何謂. 而鵝川 朴丈甞言先君子曰：
'玄江族叔爲我言老兄家學問, 以爲「其家專務韜晦, 以天地萬物爲身外之物, 而唯知

덕촌이 지은 '조고심하옹장초(祖考尋何翁狀草)'25)에 보면, 할아버지 양도남은 과거를 보러 갈 때 행색이 꾸밈이 없이 소박하였는데, 평소 가죽신을 신지 않고 나막신을 신고 다녔다. 또한 띠풀로 밥을 싸고 나뭇가지로 젓가락을 만들었으며, 길에서 백발노인을 만나면 반드시 말에서 내려 예를 차리는 등 근신(勤愼)하는 삶을 말하고 있다. 이를 현강(玄江) 박세채(朴世采)와 하곡(霞谷) 정제두(鄭齊斗)는 '노자(老子)의 도(道)'와 연계된 가학(家學)의 전통으로 여기고 있다.

양도남의 장남인 양우회(梁禹會, 1635~1680)는 덕촌의 백부(伯父)이다. 자는 만옥(萬玉), 호는 소심재(小心齋)이며, 영광김씨 김의(金猗)의 딸과 사이에 2남(처중處中, 덕중德中) 2녀(안여해安汝海, 김몽한金夢漢)를 두었다. 양우귀(梁禹龜, 1638~1672)는 덕촌의 숙부(叔父)로 자는 서중(瑞仲)이며, 부인은 천안전씨(양덕현령 전택全澤의 딸)이며, 3남(수중守中, 극중克中, 치중致中)을 두었다. 양우회의 사위인 안여해(安汝諧, 1657~1691)는 덕촌의 사촌 자형(姉兄)이자 가장 절친한 지우(知友)였다.26) 그의 자는 중화(仲和), 호는 이병재(理病齋)로 1682년에 진사가 되었고, 함평의 나산(羅山)에 세거하였으며, 사후에 나산사(羅山祠)에 배향되었다.

덕촌은 안여해가 35세 나이에 일찍 죽자, 자신의 고향인 영암 영계 마을에서 10년간 같이 성장하고 학문을 같이했던 인연을 애통해하면서 만사(輓詞)와 제문(祭文)을 지어 곡하였다.27) 안여해는 1678년(숙

獨善之爲貴, 其流之入於老道不難矣」. 汝須於切偲之際, 以此意相與講確也. 云云.' 鄭參判之言, 想亦如玄江之意爾." 濟博領頭曰:"然." 余旣與濟博酬酢之後深思之, 則如木履行路, 白茅藉飯等事, 使人疑於老道, 亦無足怪. 人之爲言, 不必深較也."

25) 덕촌이 지은 「祖考尋何翁狀草」는 조부 양도남의 행장으로 부친인 양우주가 동생 양영중으로 하여금 집필하게 하고 구술한 내용이다.

26) 『덕촌집』에는 「理病齋記」, 「送安進士歸鄕序」 등 안여해와 교유했던 많은 서간들이 실려 있다.

27) 『德村集』, 「祭安進士汝諧文 壬申」:"昔在戈午之春, 兄實贊來于吾家, 吾時朴魯甚

종 4) 덕촌이 14세 때 답서(答書)로 면려(勉勵)하며 '안으로는 학포(學圃)의 가성(家聲)을 떨치고 밖으로는 우산(牛山)의 의열(義烈)을 빛냈다'라고 하며 학포 양팽손과 우산 안방준의 학맥을 이어 받고 있음을 말하고 있다. 또한 안여해의 큰아들 안만승(安晚升, 1680~1732)은 덕촌의 문인으로 알려져 있는데, 덕촌의 외증조 안방준의 사위인 오수(吳需)의 딸과 혼인하였다. 이로써 안여해–안만승 부자가 덕촌의 친가와 외가의 인척 사이로 맺어져 가깝게 지냈음을 확인할 수 있겠다.

양우회는 1669년경 '소심재(小心齋)'라는 집을 짓고 직접 편액을 쓰기도 했는데, 덕촌을 비롯한 자제들을 거처하게 하고 경사자가(經史子家) 수백 권의 책을 모아놓고 가르쳤다고 한다.28) 이와 관련해 덕촌은 19세인 1683년(숙종 9)에 「소심재기(小心齋記)」를 저술하여 그 뜻을 기리고 있다.

> 옛날에 나의 선백부(先伯父)께서는 일찍이 당의 남쪽에 한 작은 집을 지어 거기에서 한가로이 거처하며 자제들을 가르쳤다. 말미암아 편액하기를 '소심재(小心齋)'라고 했으니, 관씨(管氏) 제자직(弟子職)의 이른바 '소심익익(小心翼翼)'의 말에서 취하였다. 나는 삼가 생각하기를 "소심이라고 이른 것은 그 마음을 거두어들여 늠름히 스스로를 지켜 감히 방종치 않는다는 뜻이다."라고 하였다. … 소심은 학문을 하는 데에 첫 번째 중요한 방법이다. 이제 나의 백부가 재

駿, 賴兄提誨開發良多. 自是以來, 十年之間, 日夕相處, 笑語益親. 凡經旨之微奧, 群言之糾紛, 義理之當否, 人事之得失, 靡不熟講而詳論. 蓋其始也, 是非然否之緒, 雖參差萬端, 而其卒也, 未嘗不歸于一. 夫以吾兩人相從於寂寞之濱, 而其相得又如此, 則其情之綢繆, 爲如何耶? 情之綢繆旣如此, 而兄之不克成其志, 窮厄而夭其身又如此, 則如之何不使我失聲而長呼, 號天而痛哭也耶?"

28) 『德村集』, 「龍江處士墓誌銘」: "蓋是時先君子, 先伯父築五間書室於居室之東, 伯父手題其扁曰 "小心之齋", 處不肖輩群從兄弟於其中, 聚經史子家數百卷而敎之."

(齋)의 이름을 명명한 것은 특히 여기에 있으니, 그 학문하는 방법
에 진실로 그 요점을 알고 분명히 보았다라고 할 만하다. … 아, 이
재를 지은 지 근 10년 만에 나의 백부께서는 세상을 떴고, 백부가 세
상을 뜬 지 이제 4년이 지났다. 그래서 정성스레 깨우쳐 주고, 간절
히 일깨워준 것을 이미 들을 수는 없다. 그러나 이 두 글자만은 완연
히 옛날처럼 집 벽 사이에서 빛을 발하고 있다. 모든 우리 자제들이
집에 거처하면서 이러한 것을 본다면, 어찌 척연히 생각하고, 숙연
히 공경하여 엄연히 추정(趨庭)의 날에 가르침을 받듦 같지 않겠는
가. … 그러므로 감히 간단히 서술하여 재의 벽에 써 붙이고, 출입할
때 살펴서 스스로 경계하노라.[29]

소심재는 '마음을 조심하여 공경히 하라[소심익익小心翼翼]'는『소
학』「입교(立敎)」의 '제자직(弟子職)'에서 나오는 말을 취하여 현액
(縣額)하였다. 해남군 옥천면 영신리 421-3에 현존하는 '소심재'는
내부에 덕촌이 지은 '소심재기(小心齋記)'가 걸려 있는데, 판각은 양
우회의 현손(玄孫)인 양진후(梁鎭垕, 1753~1803)가 1795년(정조 19)
에 한 것으로 보인다.

---

29)『德村集』,「小心齋記 癸亥」: "昔我先伯父嘗築一小室於堂之南. 于以燕處而敎子
弟焉. 因牓之曰小心之齋. 取管氏弟子職所謂小心翼翼之語也. 余竊惟小心云者. 收
斂其心. 凜凜自持. 不敢放逸之意也. … 而小心爲學問下工底第一要道也. 今我伯父
之名齋特在於是. 則其於學問之方. 眞可謂知其要而見之明矣. … 故敢略叙之. 書于
齋之壁. 出入觀省以自詔云."

<표 1> 덕촌 양득중의 종형제

事項 姓名	生沒	字/號	父	配	子	備考
梁處中	1661~1723	士恭	禹會	咸豊 李相夏 女 原州 李震輝 女	舜哲, 舜岳, 舜敎	
梁德中	1664~1728	士光/眠齋	禹會	文化 柳尙轍 女	舜佐, 舜揆	
梁得中	1665~1742	擇夫/德村	禹疇	潘南 朴世攀 女 延安 李廷龍 女	舜兪, 舜欽, 舜采, 舜諧, 舜熙	
梁𡐛中	1670~1749	靜夫/默窩	禹疇	羅州 金㦿 女	舜悌	
梁守中	1663~1743	士亨/灝溪	禹龜	羅州 金㦿 女	舜益(系)	成均進士
梁克中	1666~1748	士受/愚軒	禹龜	居昌 愼聖高 女	舜虁, 舜稷	
梁致中	1670~1754	士精	禹龜	南原 楊高擧 女	舜明, 舜益(出), 舜寬, 舜齊	

소심재는 양도남의 7명 손자들의 강학공간이었다. 7명 모두 이름에 '중(中)'자가 들어가 일명 '칠중(七中)'이라 칭했는데, 양우회가 주로 강학하는 가학(家學)의 중심 공간이었다. 『덕촌집』에 실린 서간들을 보면, 이들은 장성해서도 종형제 간에 우애있게 지냈고, 공주에 있는 덕촌과 멀리 떨어져 있으나 집안 대소사를 상의하고 지속적으로 교유하고 있다.

양처중(梁處中, 1661~1723)의 자는 사공(士恭)으로 양우회의 장자이다. 덕촌은 1706년(숙종 32) 7월에 회인현감으로 제수되어 8월에 부임해 어머니 죽산안씨를 모시는데, 모친의 생신에 종형제들과 함께 하길 바라는 서신을 양처중에게 보내기도 했다.[30]

양덕중(梁德中, 1664~1728)의 자는 사광(士光), 호는 면재(眠齋), 양우회의 차남이다. 그는 인근 영암 모산촌(茅山村)의 문화유씨 유공신(柳公信)의 증손인 유상철(柳尙轍)의 딸과 혼인하여 아들 순좌(舜佐)를 두었다. 모산촌은 호남 소론의 근거지로 숙종·경종대 부자 정

---

30) 『德村集』, 「與從兄 處中 書 丙戌」.

승을 역임한 유상운(柳尙運)·유봉휘(柳鳳輝)를 배출하였고, 원교(圓嶠) 이광사(李匡師)의 처향(妻鄕)이기도 한 곳이다.[31] 그는 옥천 선생이라 불렸고, 고향인 영계 마을에 '면재(眠齋)'라는 작은 집을 짓고 살았는데, 덕촌은 이 '면재'라는 이름에 절구시 한 수를 지어 화답하였다.[32]

양영중(梁瑩中, 1670~1749)의 자는 정부(靜夫), 호는 묵와(黙窩)로 덕촌의 친동생이다. 그는 무안에 세거하는 나주김씨 김규(金戣)의 딸과 사이에 아들 순제(舜悌)를 두었는데, 김규는 고성군수(高城郡守) 김적(金適)의 현손이다. 아들 양순제가 딸만 셋을 두자, 덕촌의 장자인 양순유(梁舜兪)의 차남인 양기홍(梁基泓)을 양자로 삼았다. 양영중은 고향인 해남 옥천에 살면서 공주에 살고 있는 덕촌에게 자주 왕래하면서 해남에 사는 종형제들과 서간을 전달하는 역할을 주로 하였다.

양수중(梁守中, 1663~1743)의 자는 사형(士亨), 호는 호계(灝溪)로 양우귀의 장남이다. 나주김씨 김규의 딸과 혼인하였는데, 사촌 동생인 양형중과는 동서지간이 된다. 그는 1721년(경종 1)에 생원시에 합격한 성균진사로 양도남의 손자 중 덕촌 이외에 가장 현달한 인물이다. 특히 덕촌은 그와의 서간에서 종숙인 양우규와 할아버지 양도남의 행장을 의논해 줄 것을 요청하기도 했다.[33]

양극중(梁克中, 1666~1748)의 자는 사수(士受), 호는 우헌(愚軒)으로 양우귀의 차남이다. 영암 영보촌에 세거하는 거창신씨 신성설(愼聖卨)[34]의 딸과 사이에 2남(순기舜夔, 순직舜稷) 3녀를 두었다.

---

31) 김승대, 2018,「호남 소론의 근거지 모산촌 연구 −문화유씨 유수원 가계를 중심으로−」,『한국실학연구』36.

32)『德村集』,「從兄玉川先生, 構小室於萬代山中穎溪水上, 名之曰眠齋 因賦一絶以道其意, 蓋性自恬靜深, 有得於眠之爲適, 敢以拙語, 步和其韻, 以助其適」

33)『德村集』,「與從兄 守中 書」.

덕촌은 1738년(영조14) 종제 양극중에게 서간을 보냈는데, 젊은 날에
소심재의 옛 학업을 이어 면학할 것을 당부하고 있다.[35]

　　양치중(梁致中, 1670~1754)의 자는 사정(土精)이며, 남원양씨(南
原楊氏) 양설거(楊尙擧)의 딸과 사이에 4남(순명舜明, 순익舜益, 순관
舜寬, 순제舜齊) 2녀를 두었다. 이 중 차남인 양순익은 장형(長兄) 양
극중에게 입양되었다.

　　덕촌의 아버지인 양우주(梁禹疇, 1642~1694)는 양도남의 막내아
들로 자는 유서(攸敍), 호는 극복당(克復堂)이다. 부인은 죽산안씨 안
익지(安益之)의 딸이고, 2남(득중得中, 영중瑩中) 3녀(임규林奎, 조도
명趙道命, 윤제尹濟)를 두었다. 양우주는 특히 당대의 석학인 현석 박
세채와 창계 임영과도 깊이 세의(世誼)하였다. 사위 임규는 백호(白
湖) 임제(林悌)의 5대손으로 나주 회진에, 조도명은 본관이 옥천(玉
川)으로 순천에 거주하였다.

　　덕촌은 어머니 죽산안씨를 1705년(숙종 31) 공주 덕촌으로 모시고
이사 왔으며, 1711년(숙종 37) 어머니가 죽자 부여에 묘를 썼다가 김
제군수로 재직하던 1724년에 해남으로 어머니의 묘를 이장하였다.

2. 양득중 가족관계의 분석

1) 양득중의 외가

　　양득중의 외가는 보성의 죽산안씨 안방준(安邦俊) 가문이다. 죽산
안씨는 고려 말 문하시중을 역임한 안원형(安元衡)을 시조로 삼는다.
안원형은 순흥안씨 안향(安珦)의 증손자로 개성에서 관직생활을 하

---

34) 愼聖崗은 江原監司를 역임한 愼喜男의 후손으로 1690년 영암의 存養書院 靑衿
　　錄 유생명단에 기재되어 있다.
35) 『德村集』, 「與從弟 克中 書 戊午」.

다가 말년에 외가인 광주 평장동으로 이주하였다. 그의 4대손 안여주
는 장흥에 정착하여 안구(安矩)·안민(安民)·안도(安道) 삼형제를 낳
았고, 이중 안민이 보성(현재 보성읍 우산리 일대)으로 들어와 보성
선씨와 혼인하여 보성파(寶城派)의 중시조가 되었다. 안민의 손자 안
수륜(安秀崙)은 문과에 급제하여 의정부사록(議政府司錄)을 지냈고,
그의 아들 안축(安舳, 1500~1572)도 문과에 급제하여 나주목사·남원
부사를 지냈는데 김인후·임억령과 더불어 '호남삼고(湖南三高)'라 불
렸다.

보성 죽산안씨의 위상을 높인 인물은 덕촌의 외증조인 은봉(隱峯)
안방준(安邦俊, 1573~1653)이다. 그는 안축의 손자로, 아버지는 진사
안중관(安重寬)이고, 어머니는 진원박씨(珍原朴氏) 박이경(朴而儆)의
딸이다. 그는 아들이 없이 일찍 죽은 숙부 안중돈(安重敦)에게 입양
되었고, 양모는 남양양씨(南原梁氏) 양윤순(梁允純)의 딸이다. 은봉
은 보성군 오야리(현재 보성읍 우산리)에서 태어났고, 초명은 삼문
(三文), 자는 사언(士彥), 호는 은봉(隱峯)·우산(牛山)·빙호자(氷壺
子)·우산병복(牛山病覆)·은봉암(隱峰菴)·매환옹(買還翁)·대우암(大
愚庵)·왈천거사(曰川居士)이다.

은봉은 11세 때 죽천(竹川) 박광전(朴光前), 14세 때에는 자부(姊
夫) 난계(蘭溪) 박종정(朴宗挺)에게 나아가 배웠다. 19세인 1591년
(선조 24)에는 우계(牛溪) 성혼(成渾)을 찾아가 그의 문인이 되었다.
'도학과 절의가 하나인 진유(眞儒)'로 평가받는 그는 임진왜란과 정
묘·병자호란에 의병을 일으켰으며, 「기축기사(己丑記事)」, 「임진기사
(壬辰記事)」, 「진주서사(晉州敍事)」, 「기묘유적(己卯遺蹟)」, 「혼정편록
(混定編錄)」, 「항의신편(抗義新編)」 등 다수의 역사저술을 편찬하여
선비의 절의정신을 고취했다. 만년에는 화순 쌍봉동(현재 화순군 이
양면 매정리)에 은봉정사(隱峰精舍)를 건립하여 강학활동과 문인교

육에 매진했다. 안방준은 선대로부터 물려받은 재산이 상당하였다. 보성뿐만 아니라 서울과 황해도 지역까지 전장(田庄)과 노비를 둘 만큼 상당한 재력가였다. 더구나 부인 경주정씨(慶州鄭氏) 집안도 순천 지역에서는 소봉(素封)이라 불릴 정도로 많은 재산을 소유하고 있었다. 본가나 처가의 재력이 안방준의 의병·저술·강학활동에 충분한 밑거름이 되었을 것으로 보인다.[36]

〈그림 3〉 죽산안씨 안방준 가계도

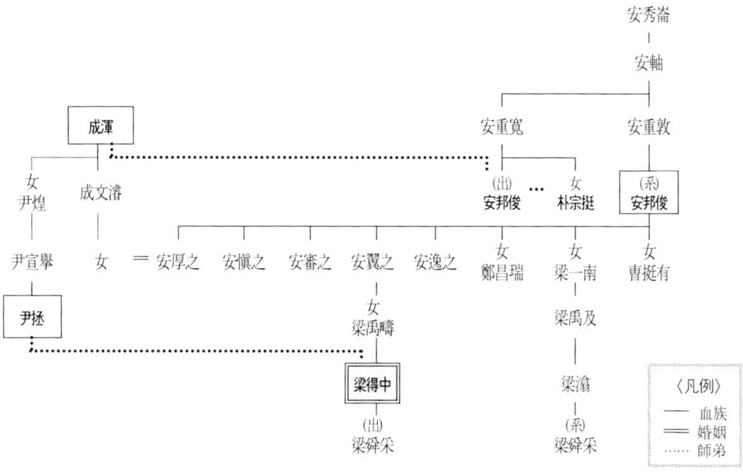

안방준은 조광조(趙光祖)·성혼(成渾)·이이(李珥)의 학통을 계승하여 김인후(金麟厚)·기대승(奇大升) 이후의 호남유학의 정맥(正脈)으로 평가받고 있다. 그는 도학(道學)과 의리(義理)가 하나임을 보여준 포은(圃隱) 정몽주(鄭夢周)와 중봉(重峯) 조헌(趙憲)을 진유(眞儒)로

---

36) 안동교, 2009, 「해제」, 『보성 죽산안씨 고문서』, 전북대학교·조선대학교 한국학 자료센터, 8~9쪽.

몹시 경모(景慕)하여 호(號)를 한자씩 따서 '은봉(隱峯)'이라 자호(自號)하였는데, 이들의 의리사상을 계승하여 몸소 실천하였다. 그는 재야(在野)의 산림(山林) 학자의 처지에서도 국난(國難)이 일어나 국가와 백성이 위기에 부딪혔을 때 분연히 거의(擧義)하여 선비의 기개를 떨치고 유학의 가르침을 선양하였다. 은봉은 평생 '도학(道學)과 절의(節義)는 둘이 아니다'라는 주제를 가지고 학문에 임했다고 평가된다.[37]

안방준은 순천에 살던 옥구현감·함흥판관을 지낸 정승복(鄭承復)의 딸 경주정씨와 혼인하여 5남(후지厚之, 신지愼之, 심지審之, 익지益之, 일지逸之) 3녀(정창서鄭昌瑞, 양일남梁一南, 조정유曹挺有)를 두었다. 안후지는 우산리에 있는 은봉의 종가와 사당을 중심으로(택촌파宅村派), 안신지는 보성 복내면(옥평파玉坪派), 안심지는 화순 동복면(동복파同福派), 안익지는 화순 이양면(매정파梅亭派), 안일지는 보성 문전면(현 순천 송광면, 우봉파牛峯派) 지역에 각각 자손들이 뿌리를 내렸다.

안후지는 성혼의 손녀(성문준成文濬의 딸)와 혼인하여 3남(안전安崟, 안음安崟, 안회安崙) 3녀(민팽령閔彭齡, 윤상필尹商弼, 최처후崔處厚)를 두었다. 안후지는 부친을 따라 병자호란에 의병활동을 하였다. 안신지는 참봉 조무(趙懋)의 딸과 혼인하여 4남(안희安嶬, 안유安崳, 안엽安嶪, 안밀安崧) 3녀(이징원李徵遠, 양지항梁之沆, 양지한梁之漢)를 두었고, 안심지는 봉사(奉事) 민희(閔禧)의 딸과 혼인하여 2남(안규安奎, 안성安峸) 1녀(홍명기洪命基)를 두었다. 안익지는 봉사 김의명(金義鳴)의 딸과 혼인하여 4남(안순安峋, 안언安嶜 등) 4녀(이전李瑱, 양우주梁禹疇 등)를 두었고, 안일지는 송익(宋杙)의 딸과 혼인하여 2남(안참安嵾, 안외安嵬) 3녀(박세형朴世亨, 양지억梁之億 등)를

---

37) 최영성, 2004, 「안방준의 절의사상과 정신사적 의의」, 『퇴계학과 한국문화』 34, 경북대학교 퇴계연구소.

두었다. 사위 정창서는 2남(정동오鄭東五, 정동규鄭東圭)를, 양일남은
2남(양우성梁禹成, 양우급梁禹及) 1녀(백광시白光時)를, 조정유는 1남
(조선행曺善行) 2녀를 두었다.38)

덕촌의 6대조인 양팽손은 안방준의 증조인 안수륜의 제문(祭文)
을39) 써 주었다. 이는 양팽손과 안방준의 할아버지 안축과 세의(世
誼)가 있었기에 가능했는데, 이후 덕촌 부모의 혼인도 자연스럽게 이
루어졌을 것으로 보인다. 이뿐 아니라 덕촌의 아들 양순채(梁舜采)를
안방준의 사위인 양일남 집안에 입양시키는 데도 이러한 외가와의 척
연(戚聯)에서 기인하였음을 알 수 있다.

특히 〈그림 3〉에서 보는 바와 같이 안방준은 성혼의 문인이고, 안
방준의 큰아들 안후지는 성혼의 손서(孫壻)로 확인된다. 명재 윤증의
경우에도 성혼이 명재의 외증조이고, 성혼의 학맥이 연결되어 있다.
이처럼 성혼의 학맥이 명재 집안과 덕촌의 외가의 학맥과 닿아 있으
며, 이후 덕촌이 명재에게 나아가 문인이 될 수 있는 계기가 되었을
것으로 판단된다. 덕촌이 명재의 '고제(高弟)'이고, 명재의 위기지학
(爲己之學)을 기본으로 명분보다 실리를 중시하는 무실적(務實的) 학
문 성향이 덕촌이 '실사구시(實事求是)'를 주창할 수 있는 연원이 되
었던 것으로 평가된다.40)

한편, 덕촌의 외조(外祖)인 안익지는 안방준의 넷째 아들로 그의
후손들은 현 화순군 이양면 매정리를 중심으로 세거하고 있다. 안익
지는 1628년(인조 6) 무렵 보성 우산리에서 분가하여 매정리로 입향

---

38) 『魯西遺稿』, 卷之十八, 「工曹參議贈吏曹參判牛山先生安公墓誌銘」; 『市南集』, 卷
之二十四, 「工曹參議安公行狀」.

39) 『學圃集』, 卷之二, 「祭安司錄秀崙文」: "惜乎. 粹美之行. 俊逸之藻. 磊磊驚人. 赫
赫鳴世. 亦將有意於斯世. 而天未假年. 德以之泯. 文以之喪. 天未欲斯文之祚歟. 是
可慨也."

40) 이상성, 2007, 「명재 윤증과 덕촌 양득중의 학문 교류고」, 『한국사상과문화』
40, 한국사상문화학회.

하여 정착한 것으로 보인다.

2) 양득중의 처가(妻家)

양득중은 두 명의 부인을 두었다. 전처는 반남박씨(潘南朴氏), 후처는 연안이씨(延安李氏)이다. 덕촌의 78년 삶 중에서 38세가 되는 1702년(숙종 28)은 그의 삶에서 중요한 전환기라 할 수 있다. 전년에 스승인 박태초가 죽었고, 이 해에는 부인 반남박씨와 사별하였다. 다음 해인 1703년(숙종 29)에는 공주 덕촌의 연안이씨와 재혼하였고, 1704년에는 명재 윤증을 찾아뵙고 사생(師生)의 예를 정하였다. 1705년에는 명재 선생이 있는 노성(魯城) 유봉(酉峯)에서 가까운 공주 덕촌으로 이사오면서 인생 후반기를 시작하였다고 할 수 있다.

양득중의 전처 반남박씨는 박소(朴紹, 1493~1534) 가문이다. 박소는 상주목사를 지낸 박임종(朴林宗)의 손자이자 이조좌랑을 지낸 박조년(朴兆年)의 아들이다. 그는 사간을 역임한 기묘제현(己卯諸賢) 중 한 사람으로 외가인 합천에 은거하였다. 박소의 아들은 박응천(朴應川, 대구부사), 박응순(朴應順, 반성부원군潘城府院君), 박응남(朴應男, 대사헌), 박응복(朴應福, 대사헌), 박응인(朴應寅) 같은 명사들이었다. 특히, 박응순은 선조비 의인왕후(懿仁王后) 박씨의 아버지였고, 박응복의 손자 박미(朴瀰)는 선조 부마로 금양위(錦陽尉)가 된 인물이다. 이처럼 왕실과의 척연(戚聯)은 박소 가문이 조선후기 중앙의 명문가로 성장하는 기반이 되었다.

박소의 넷째 아들 박응복(1530~1598)은 임진왜란 때 왕을 호종하고, 형조참판을 지냈다. 그는 영암 구림(鳩林) 마을을 세거지로 하는 선산임씨 임구령(林九齡, 1501~1562)[41]의 딸과 혼인하여 4형제(동

---

41) 임구령은 좌찬성을 역임한 石川 林億齡의 동생으로 남원부사·광주목사·나주목사를 역임하였다. 구림지역에 농장이 있었고, 외손인 박동윤 등에게도 농토를

윤東尹, 동열東說, 동망東望, 동량東亮)를 두었다. 큰 아들 박동윤은 벼슬(익위사부솔翊衛司副率)에서 물러나서 외가인 구림마을에 정착하였고, 둘째 박동열(1564~1622) 자손으로 박호(朴濠)-박세모(朴世模) 가계는 인근 영암 엄길리에서 세거하였다.[42]

〈그림 4〉 반남박씨 박세반 가계도

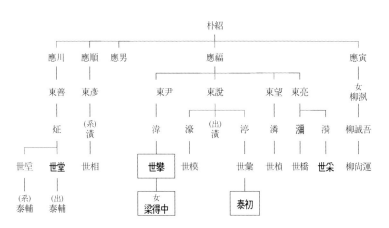

박동윤의 아들은 동몽교관 박위(朴漳)이며, 박위의 5남(세근世根, 세림世霖, 세병世柄, 세무世懋, 세반世攀) 중 막내아들 박세반(朴世攀, 1635~1697)이 바로 양득중의 장인이 된다. 박세반은 자는 여앙(汝仰), 문화유씨 유시필(柳時泌)[43]의 딸과 사이에서 1남(태삼泰三) 2녀

나누어 주었다고 전한다. 임구령의 무덤은 영암군 서호면 청용리 345 영모정 마을에 소재한다. 입구에 재실인 영모재와 영정을 모신 영당이 있고, 구림마을에는 그가 지은 邀月堂이 있다.

42) 영암군 서호면 엄길리에는 반남박씨 박동열의 재실인 履雨齋와 박동열과 아들 박호, 박정, 손자 박세모의 묘역이 있다.

43) 『湖南丙子倡義錄』, 「羅州擧義諸公事實」, 羅州 柳時泌의 창의 기록이 있다. "柳

(양득중梁得中, 이이기李頤期44))를 두었다. 앞서 살펴본 바와 같이 덕촌의 증조모인 선산임씨(임정해林廷海의 딸)도 이 곳 구림마을 출신으로 선산임씨·반남박씨·제주양씨로 연결되는 연혼관계를 통해 영암지역 사족들의 재지기반을 확인해 볼 수 있겠다.

〈그림 4〉에서 보듯이 덕촌의 장인인 박세반에게 현석(玄石) 박세채(朴世采, 1631~1695)는 재종형(再從兄)이 된다. 또한 덕촌의 첫 번째 스승인 박태초(朴泰初, 1646~1702)는 박세반과 박세채의 재종질(再從姪)이 되고, 박태초와 덕촌의 부인 반남박씨(1665~1702)는 8촌간이 된다. 이처럼 양득중은 스승인 박태초와 처가(妻家) 집안의 인척간으로 맺어진 사문(師門)이라 할 것이다.

일찍이 덕촌의 아버지 양우주는 박태초와 교유하였고,45) 덕촌은 1681년(숙종 7) 17세 때 박태초를 찾아가 문인이 되고 학문을 익히기 시작했다. 박태초는 재종형인 박세채의 문인이어서, 박태초는 덕촌에게 현석(玄石)을 기억하여두라는 간곡한 뜻을 표하기도 했다. 덕촌이 18세 때인 1682년(숙종 8)에는 당시 전라도관찰사였던 성재(醒齋) 신익상(申翼相)이 덕촌의 이름을 듣고 각 고을을 순회하는 길에 덕촌

時泌 字 長源. 號 高巖. 文化人. 七世祖自湄, 官監察, 號西山, 端宗 朝立節, 贈左贊成. 六世祖軒, 官大司憲, 號西坡, 諡文簡, 名著戊午. 祖節, 參議. 父希達, 府使. 公生于 萬曆辛亥天資剛明器局寬弘以忠義爲己任當丙子·虜亂聞 南漢 被圍奮然有敵愾之志從前 察訪金璇等擧義募兵糧馳 赴本道義陣路聞和議已成 北向痛哭而 歸 終身廢 科業隱居以終."

44) 李頤期(1678~?)는 덕촌과 동서지간으로, 본관은 全州, 자는 壽而, 부친은 李聖元, 남원 출신으로, 1702년(숙종28) 진사시에 합격하였다. 『德村集』「答李壽而頤期 書 丙申○壽而爲疏事留京書問京人議示之以毁譽二字故答之」에는 이이기가 1716년(숙종 42)에 상소와 관련해 서울에 머물면서 서로 의견을 교환한 편지가 있다.

45) 『德村集』, 「祭鵝川先生文 癸未」: "嗚呼! 昔我先君受知最深, 而不肖無狀, 亦蒙誘掖之勤, 蓋將十餘年于玆矣. 雖其樸魯, 無小有得, 而其得免於棄正路而背馳者, 實先生賜也."

을 방문하였고, 체직(遞職)하여 돌아가며 편지를 보내와 "명재(明齋) 윤증(尹拯)과 현석(玄石) 박세채(朴世采)를 찾아가 가르침을 받으라."고 권하였다. 하지만 양득중은 이러한 내용을 바로 실천에 옮기지는 않은 것 같다. 대신 이후 30세가 되던 1694년(숙종 20)에 박세채에게 편지를 올리고 찾아뵙고 싶은 바람을 전했다. 같은 해 당시 경학에 밝고 행실이 착한 선비를 특별히 천거하라는 명이 있어서 박세채와 영상(領相) 남구만(南九萬)이 함께 양득중을 학행으로 추천하였다. 이로써 양득중은 1696년(숙종 22) 처음으로 효릉(孝陵) 참봉이라는 벼슬에 나아갔고, 동일에 사재감주부(司宰監主簿)에 초수(超授)되었다. 뒤이어 8월에는 공조좌랑을 제수받았으나 모친의 병환 때문에 부임하지 못했다.[46]

　박태초의 자는 길부(吉夫), 호는 경재(警齋)이며, 조부는 남양부사 박정(朴淳), 아버지는 성균생원 박세휘(朴世彙), 어머니는 진주목사를 지낸 윤형성(尹衡聖)의 딸 남원윤씨(南原尹氏)이다. 박태초는 1646년 전주의 외조부(外祖父) 윤형성의 집에서 태어났다. 9세부터 13세에 이르기까지 5년간 시남(市南) 유계(俞棨, 1607~1664) 문하에서 수업을 받았고, 종질(從叔) 박세채에게도 가르침을 받았다. 박태초가 시남의 문인이 되는 데는 외조부의 영향이 컸다. 윤형성은 유계와 지우(知友)이며 윤형성은 유계의 아들인 유명윤(俞命胤)을 사위로 삼았기에 유명윤은 박태초에게 이모부가 된다. 박태초는 11세에는 할아버지 박정, 13세 때는 아버지 박세휘가 천연두로 세상을 떠나자 당시 부안(扶安) 유천(柳川) 집에서 거상(居喪)하며 어려움을 겪었다. 박세채는 재종형인 박세휘의 죽음을 애도하며 묘표와 묘지명을 남겼는데, 어린 나이에 가장이 되어 집안을 이끄는 박태초를 아끼는 글이 담겨 있다.[47]

---

46) 『德村集』, 「年譜」. "上朴玄石書 甲戌".

부안 유천은 박동열의 세 아들(박호朴濠, 박황朴潢, 박정朴渟)48)
이 만년(晩年)에 집을 짓고 살았던 곳이다.49) 박호의 외손 중 우봉이
씨 가문의 이만창(李晩昌)·이만성(李晩成, 이숙李翻의 아들)이 1654
년(효종 5)에 이 곳 유천리에서 태어나는데,50) 이만창은 노론 준론의
대표적인 인물인 도암(陶庵) 이재(李縡)의 아버지이다. 이에 비해 박
호의 또 다른 외손인 나주임씨 가문의 창계 임영(임일유林一儒의 아
들)은 나주 회진에 세거하는 호남의 대표적인 소론 가문으로 평가되
어 주목된다. 또한 박황의 증손인 박필현과 박필몽은 1728년(영조 4)
에 일어난 무신란에 복주된 대표적인 준소(峻少) 계열의 인물이며,
박정-박세휘-박태초 가계는 부안 유천과 영암 구림에서 세거하던
소론 가문으로 평가된다.

박태초가 부안 유천에서 유년기를 보내는데 이 무렵 유천에서 가
까운 우반동에 반계 유형원(1622~1673)이 만년을 보내고 있었다. 덕
촌은 1741년(영조 17) 명재 윤증을 통해 유형원의『반계수록』을 읽고
영조에게 상소하여『반계수록』을 통해 실학에 힘써야 한다고 주장한
다. 명재뿐만 아니라 아천에게서 반계를 배웠을 가능성이 있다. 이는
덕촌의 옛 스승인 박태초가 머물던 부안 땅에서 반계를 만났을 개연
성도 있어 이에 대한 연구는 앞으로 계속되어야 한다고 판단된다.

박태초는 부친상을 전후하여 부안 유천에서 살다가 17세인 1662
년(현종 3) 나주임씨에게 장가들면서 영암 구림 마을로 이주하게 되

47)『南溪集』,「成均生員朴君墓表」,「成均生員朴君墓記」.
48) 박동열의 세 아들은 부안 인근의 지방관을 지냈는데, 1639년에는 박정이 全州
判官, 1644년에는 박황이 全羅監司, 1648년에는 朴濠가 익산군수 등을 역임한다.
49)『文谷集』,「南陽府使朴公墓碣銘」:"與二兄友愛, 非游宦, 未嘗分異. 中歲, 相與築
室邊山下, 晨昏之暇, 觴永和翁, 以極重簾之樂."
50)『陶菴集』, 卷46,「先考墓誌」:"府君諱晩昌字士夏 … 妣羅州朴氏. 僉中樞贈判書
諱濠之女. 觀察使南郭東說之孫. 議政府君少從婦家. 寓居湖南之扶安. 府君以我孝
宗五年甲午九月己亥. 生于柳川村舍."

었다. 부인은 임지유(林之儒)의 딸이고 자녀는 3남(필해弼諧, 필헌弼
憲, 필의弼誼)을 두었다. 임지유는 창계 임영의 종숙이다. 임영은 앞
서 살펴본 바와 같이 박호의 외손으로 나주임씨 중 가장 현달한 인물
이다. 임영과 박태초는 동갑이고 사촌 처남 매부지간이다. 또한 임영
은 박태초와 함께 박세채의 문인이었고, '도의(道義)로 사귀고 서로
이택(麗澤)의 이익이 있었다'고 깊이 교유하였다.[51)]

　박태초는 17세와 19세에 향시에 연달아 합격하고 대과 초시에 급
제하였으나 관직에 나아가지 않았다. 천거를 받아 건원릉(健元陵) 참
봉, 종부시주부(宗簿寺主簿), 공조좌랑(工曹佐郎)에 제수되었으나 모
두 나아가지 않았다. 박태초가 살았던 영암 구림마을에는 '아천(鵝
川)'이라는 천이 흐른다. '아천'은 박태초의 호이기도 한데, 덕촌은 이
곳에서 20년간 아천 선생을 스승으로 모시고 학문을 익혔으며, 1702
년(숙종 28) 38세에 스승인 박태초가 죽자 다음해 1703년(숙종 29)
에 제문을 지었고, 죽기 전에 1742년(영조 18) 스승의 행장을 찬술하
며 뜻을 기렸다.

　　또 일찍이 내게 말하기를, "지(知)와 행(行)은 마땅히 병진(竝進)
　　해야 하지만 근래에 점차 지(知)가 큰 것을 깨달았다. 그대는 이것
　　을 아는가."라고 하였다. 나는 삼가 대답하기를, "지와 행이 병진하
　　면서 지가 행보다 먼저라고 예전에 가르침을 들었습니다만, 지가 크
　　다는 설은 감히 아직 깨닫지 못한 바입니다."라고 하였다. 선생이 말
　　하기를, "그렇다. 다만 이는 지가 행보다 먼저라는 뜻이니 '대(大)'자
　　의 의미가 조금 다른 것이다. 대개 지와 행을 병진하면서 진전함이
　　힘을 얻는 것은 오로지 지에 달려 있으니, 이른바 알고도 행하지 못

---

51) 『德村集』「鵝川朴先生行狀 壬戌」: "又與滄溪林公泳爲道義交. 互有麗澤之益. 林公
　　嘗稱之曰. 如吾兄造詣. 可謂有諸己者也."; 『滄溪集』卷之二十七「挽詩 朴泰初」.

〈그림 5〉 덕촌 양득중을 중심으로 한 가문과 학통

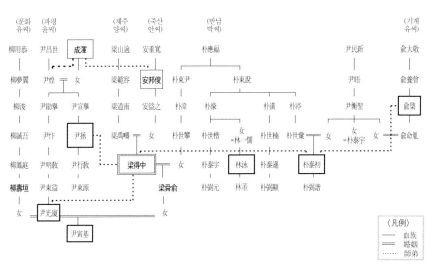

하는 것은 앎이 참된 앎이 아니기 때문이다. 선은 마땅히 행하고 악
은 마땅히 버려야 함을 사람이라면 누가 알지 못하겠는가마는, 선을
행한 것은 적고 악을 행한 것은 많으면 앎은 참으로 아는 것이 아니
다. 참으로 호색(好色)을 좋아하고, 악취(惡臭)를 싫어하는 것과 같
은 실상은 사람이 누가 이를 권하고 막고 하겠는가. 그러므로 '지
(知)가 지극해진 뒤에 뜻이 성실해진다.'고 한 것이니, 뜻이 성실해
지면 곧 이것이 진보한 것이다. 이른바 앎이 지극해진다는 것은 대
본(大本)을 훤히 보고 있다는 것이다."라고 하였다.52)

---

52) 『德村集』, 「鵝川朴先生行狀 壬戌」：“亦嘗謂余曰. 知行當並進. 而邇來漸覺得知之
爲大也. 君其知之乎. 余謹對曰. 知行並進. 而知先於行. 昔嘗聞命矣. 知爲大之說
所未敢曉也. 先生曰然. 只是知先於行之意. 而大字意味差別耳. 蓋知行并進. 而進
之得力. 專在於知. 所謂知而不能行者. 知非眞知也. 善之當爲. 惡之當去. 人孰不
知. 而爲善者少. 爲惡者多. 知非眞知也. 苟能如好好色惡惡臭之實然. 則人誰爲之
勸沮. 故曰知至而後意誠. 意誠便是進步處也. 所謂知至者. 洞見大本之謂也.”

아천은 '지행병진(知行竝進)'과 '지행어행(知行於行)'을 인정하면서, 진지(眞知)가 보다 중대하다고 보았다. 아천의 견해가 양명학에 많이 근접해 있음을 확인할 수 있다. 이러한 연유로 한말의 대표적인 양명학자 이건방은 덕촌의 묘지명을 쓰면서, 덕촌이 아천으로부터 가르침을 받고 난 뒤부터 더욱 돈독하게 실천하였고, 일을 만나서 반드시 실시(實是)를 구하였으며 세상의 훼예(毁譽)와 흔척(欣戚)으로 그 마음을 전혀 움직이지 않았음을 밝히고 있어서53) 덕촌이 아천을 통하여 양명학적 지행관을 수학한 것으로 보인다. 덕촌은 양명학의 기본 명제들을 직접 쓰지는 않지만, 그럼에도 심체(心體) 및 격물치지(格物致知)에 대한 이해는 양명학적 성분이 농후하여 그의 학문을 '양명학적 실심(實心)에 기반한 실학(實學)'으로 규정하기도 한다.54)

또한 덕촌은 양명학과 실학을 매개시켜 기초 지은 학자로도 평가되고 있다. 그의 학문이 양명학적인 성격을 강하게 보이게 된 것은 스승 박태초로부터 비롯된 것이지만, 이어 하곡 정제두와 교분이 깊었던 윤증과 박세채 등에게 사사(師事)함으로써 더욱 심화된 것으로 보았다. 덕촌이 양명학을 바탕으로 하여 실학을 연결, 회통시킨 그의 사상은 근세의 강화학파 양명학자인 이건방과 정인보 등에게 큰 영향을 미쳤으며, 홍대용·박지원·박제가 등 북학파 학자들에도 내면적으로 영향을 많이 준 것으로도 보고 있다.55)

〈그림 5〉를 참고로 덕촌은 생의 전반기는 아천 박태초의 문인으

---

53) 『蘭谷存稿』,「德邨先生梁公墓碑」: "時朴公泰初講學於鵝川先生往學焉. 朴公語之曰, 學貴眞知, 善之當爲惡之當去執不知之, 顧善者常少, 惡者常多, 彼所謂知者非眞知也. 苟能如好好色如惡惡臭是曰眞知. 知卽行矣尙何待於人之勸沮. 先生自是益篤於踐履, 遇事必求實是, 而不以世之毁譽欣戚, 一動其中."

54) 한정길, 2013,「덕촌 양득중 학문의 양명학적 성격에 관한 연구」,『양명학』34, 한국양명학회, 87~88쪽.

55) 최영성, 1995,『한국유학사상사』III, 아세아문화사, 334~348쪽.

로, 후반기에는 명재 윤증의 문인으로 살았다.[56] 또한 그의 학통은
제주양씨 학포공파의 가학과 외증조 안방준의 학문이 기반으로 담겨
있다고 할 수 있다. 정암 조광조, 우계 성혼에 닿아 있는 선대의 학통
이 기초로 다져져 있었고 아천 박태초와 명재 윤증의 가르침이 또한
중요한 역할을 하고 있음을 알 수 있다.

양득중의 재취 부인은 공주를 기반으로 하는 연안이씨 가문이다.
덕촌은 38세 때인 1702년(숙종 28) 8월에 초취 부인인 반남박씨가 죽
고, 그 다음해인 1703년(숙종 29) 12월에 공주에 사는 선비 이정룡
(李廷龍, 1660~1708)의 딸에게 재취하였다. 덕촌의 두 번째 장인이
되는 이정룡은 덕촌보다 다섯 살이 많았고, 연안이씨 부인은 덕촌보
다 18살 연하인 21세(1683년생)였다.

1704년(숙종 30) 덕촌은 명재 선생에게 사생(師生)의 예를 갖추
고, 다음해인 1705년(숙종 31) 명재가 강학(講學)을 펼친 유봉(酉峯)
과 5리 정도 떨어져 있는 처가가 가까운 마을인 덕촌(德村, 현 공주시
탄천면 덕지리)에 이사를 하면서 인생의 하반기를 이 곳에서 보내게
된다.

공주의 연안이씨는 공주지역의 대표적인 명가 중 하나이다.[57] 〈그
림 6〉에서도 보듯이 고려 판소부감공(判小府監公) 이현려(李賢呂,
1136~1236)를 중시조[58]로 하며 공주 지역에서는 크게 두 가문으로

---

56) 아천에서 명재로 스승이 바뀌는 주된 이유는 18세 때 신익상의 권유, 성혼 학
맥으로 연계된 명재와 덕촌 집안 간의 세의를 기반으로, 1701년 아천의 죽음과
공주 덕촌의 연안이씨와 재혼이 결정적으로 작용하였을 것으로 보여진다.
57) 국립공주박물관, 2011, 『공주의 명가2』, 114~119쪽.
58) 연안이씨는 나당연합군의 백제 정벌 당시 당나라 소정방의 막하에서 공을 세
우고 신라에 귀화한 中郎將 李茂를 시조로 한다. 연안이씨는 고려 대 판소부감
을 지낸 李賢呂 계열, 태자첨사를 지난 李襲洪 계열, 통례문부사를 지낸 李淸
계열 등 크게 3宗으로 분파하였다. 대체로 이들 3파는 조선시대에 들어와서도
문벌가로 성장했는데, 이현려 계열에서는 李石亨·李覲·李廷龜·李貴·李明漢·李

나뉘는데, 검상동 일대의 안분재공파와 광명리 일대의 사업공파이다.

검상동 일대의 안분재공파는 세조 때 전라도관찰사·판한성부사를 역임한 9세 저헌(樗軒) 이석형(李石亨, 1415~1477)의 후손으로 이석형의 7대손인 안분재(安分齋) 이준(李隽, 1631~1695)을 입향조로 하고 있다. 이준은 1676년(숙종 2)에 공주 검상동으로 입향하게 되는데, 그는 부여로 낙향해 여생을 보낸 백강(白江) 이경여(李敬輿)의 사위이자 택당(澤堂) 이식(李植)의 제자로 배천현감을 역임하였다. 안분재의 조부는 인조반정 때 정사공신(靖社功臣)인 묵재(默齋) 이귀(李貴)이며, 그의 묘와 신도비가 공주시 이인면 만수리에 소재한다. 만수리에는 이귀와 이귀의 세 아들(영의정 이시백李時白, 동지중추부사 이시담李時聃, 공조판서 이시방李時昉)을 제향한 성봉서사(盛峰書社, 삼연영당三延影堂) 터 등의 유적이 남아 있다.

또한 이귀의 재종숙(再從叔)이자 좌의정을 역임한 월사(月沙) 이정구(李廷龜, 1564~1635)는 1624년(인조 2) 이괄의 난이 일어나자 공주로 인조를 호종했으며, 고청(孤靑) 서기(徐起)를 배향한 공주 충현서원(忠賢書院) 중수비를 쓰기도 해 공주 지역 안분재공파와 깊은 인연이 있었을 것으로 판단된다.

광명리 일대의 사업공파는 6세 이광(李匡)의 장자(長子) 이종실(李宗實)의 고손(高孫)인 11세 사업공(司業公) 이우(李藕)를 입향조로 하고 있다. 이우의 자는 이정(而程), 호는 노곡(蘆谷)으로 아버지는 별좌(別坐) 이성로(李成老), 어머니는 죽산박씨로 1465년(세조 11)에 태어났다. 부인은 무안박씨로 훈도 박원형(朴元衡)의 딸이며, 자녀는 아들 둘(이희사李希社, 이희정李希程)을 두었다. 그는 한훤당(寒暄堂) 김굉필(金宏弼)의 문인으로 1484년(성종 15)에 사마시에 합

時昉 등 서인 기호학파가, 이습홍 계열에서는 李澍·李光庭·李昌庭·李觀徵·李萬敷 등 남인 영남학파를 표방하였다.

격하고 중종대에 성균관사업(成均館司業)을 역임하였다. 기묘사화를
당해 홍주 양사리(養士里)에 거처했다가 다시 공주 곡화천면(曲火川
面) 노곡동(蘆谷洞, 현 공주시 탄천면 광명리 일대)으로 이거하여 정
착하였다. 광명리는 처가(妻家) 무안박씨들이 여말선초부터 세거한
집성촌이었기에 처향으로 입향하게 된 것이다. 이처럼 광명리 일대의
사업공파의 공주 입향시기를 1519년 기묘사화 이후로 본다면 검상동
일대의 안분재공파 입향시기인 1676년보다 약 150년 앞선 것으로 확
인된다.59)

〈그림 6〉 연안이씨 이정룡 가계도

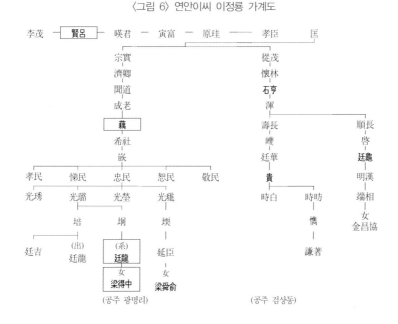

덕촌의 장인 되는 이정룡(1660~1708)은 사업공 이우의 6세손이다. 족보상에 그의 선대는 대체로 음사(蔭仕)로 출사하여 고조인 이금(李欽)은 의금부도사, 증조인 이충민(李忠民, 1575~1660)은 부호군, 조부인 이광로(李光璐)는 의금부도사, 아버지 이배(李培)는 선공감역(繕工監役)를 역임하였다.[60] 대체로 중앙 정계에 지속적으로 관직을 받아 사족으로서의 면모를 유지하였던 것으로 보인다.

이정룡은 족보상에 자는 회중(會仲), 생부는 이배(李培)이며, 생모는 진주하씨(晉州河氏) 첨추(僉樞) 하국보(河國寶)의 딸이다. 숙부인 이곤(李坤)에게 입양되었고 부인은 청주한씨 한일영(韓一榮)의 딸이다. 이정룡은 뚜렷한 관직을 받은 것은 없으나, 이배(李培)의 장자이자 그의 형인 이정길(李廷吉, 1651년생)은 숙종대에 부호군(副護軍)·오위장(五衛將)·부사과(副司果)·창주첨사(昌洲僉使)·창성부사(昌城府使, 방어사防禦使)[61] 등 여러 관직을 역임하고 있어 이정룡의 연안이씨 가문은 공주 지역에서 어느 정도 재지기반을 갖추고 있었을 것으로 추정된다. 또한 〈그림 6〉에서 보듯이 덕촌은 이정룡의 재종형인 이정신(李廷臣)의 사위가 덕촌의 장자(長子)인 양순유가 되어 겹혼을 통한 재지기반을 확대하고 있음을 확인할 수 있다.

> 을유년(1705, 숙종 31) 41세, 겨울에 공주의 덕촌(德村)으로 이사
> 를 하였다. 선생은 명재 선생의 가르침에 의귀(依歸)하고자 하여 처
> 가 가까운 마을에 거처를 정하였다. 유봉(酉峯)에서는 거리가 5리

---

60) 1859년(철종 10)에 편찬된 『公山誌』, 「蔭仕」편에 이정룡의 선대에 대한 내용은 다음과 같다. "李欽 延安人 都事 判書, 李光璐 延安人 都事, 李培 延安人 監役".

61) 『承政院日記』 숙종 23년 12월 11일 정사 "李廷吉爲副護軍"; 숙종 29년 11월 6일 정미 "李廷吉爲五衛將"; 숙종 29년 11월 22일 계해 "副司果李廷吉"; 숙종 38년 1월 26일 경술 "李廷吉爲昌洲僉使"; 1859년(철종 10)에 편찬된 武職편에 "李廷吉 延安人 防禦使", 贈耆秩편에 "李廷吉 延安人贈兵曹參判"으로 기록되어 있다.

정도였다. 이로부터 사문(師門)에 의지하여 강관(講貫)하기를 더욱
간절히 하였다.[62]

따라서 『덕촌집』 '덕촌선생연보'에 보이는 '처가가 가까운 마을인
덕촌(德村)으로 이사'에서 처가는 현재 탄천면 광명리(光明里)이며,
덕촌은 광명리 인근의 탄천면 덕지리(德芝里)로 비정된다.[63] 이처럼
덕촌은 공주 지역 연안이씨 처가를 기반으로 인근 유봉에 있는 스승
명재에게 나아가 학문적 토대를 더욱 탄탄하게 구축하는 계기를 마련
하게 된다.

2) 양득중의 자녀

양득중은 양우주와 죽산안씨의 장자로 영암 영계리에서 태어났다.
자는 택부(擇夫), 호는 사오와(四五窩)·경승재(敬勝齋)·덕촌(德村)이
다.[64] 덕촌의 부인은 초취는 반남박씨 박세반(朴世攀)의 딸이고, 재
취는 연안이씨 이정룡(李廷龍)의 딸이다. 초취 반남박씨는 영암 구

---

62) 『德村集』, 「德村先生年譜」. "乙酉(四十一歲) … 冬, 移居公州之德村.(先生欲依歸
　　酉峯丈席, 因卜居于婦家近村. 距酉峯五里之地也. 自此親依師門, 講貫益切.)"
63) 德芝里는 公州郡 曲火川面 지역으로 1914년 曲火川面 德芝美·方丑里·中孝里·
　　月陽里·泥峴里·龍淵里·下孝里의 각 일부가 통합되어 덕지리로 개편되었다. '德
　　村'은 현재 '덕지리 덕지미'로 명재의 유봉영당과의 거리가 실제 5리가 조금 넘
　　는 거리이다. 덕촌에서 유봉에 이르는 길은 덕지미에서 석성천을 건너 현 논산
　　시 노성면 효죽리, 장구리 윤황선생 고택과 죽림리 사이를 지나 유봉에 이르는
　　길로 여겨진다.
64) 『濟州梁氏學圃公長子秉節公派譜』, 1990, "字擇夫. 號四五窩, 又敬勝齋, 又因所在
　　地名 稱德村先生. 天稟特異. 自齠齡, 有神童之號. 未弱冠, 己達性理之源, 襲訓家
　　庭, 尤遂自得. 甲戌, 領相南公九萬 玄石 朴先生世采 參贊朴公泰尙 兵判尹公趾善
　　以經明行修 想繼論薦. 丁丑, 拜孝陵參奉. 當日 超拜司宰監注簿 陞拜工曹佐郎. 甲
　　申, 束修於明齋尹先生門. 乙酉, 移去公州. 歷桂坊臺憲陞拜通政大夫承政院同副承
　　旨兼經筵參贊官"

림을 기반으로 하고, 재취 연안이씨는 공주 탄천을 기반으로 재지적 성격을 갖고 있다. 덕촌은 다섯 아들을 두었는데, 반남박씨에게서 순유(舜兪), 연안이씨에게서는 순흠(舜欽)·순채(舜采)·순해(舜諧)·순희(舜熙)를 낳았다. 또한 그의 손(孫)들은 6남(기수基洙, 기홍基泓, 기렴基濂, 기풍基豐, 기택基澤, 기옥基鋈) 9녀(윤광하尹光夏, 이경린李慶麟, 송이채宋履采, 이탁李琢, 이인근李仁根, 조운달趙雲達, 정수귀鄭遂龜, 윤기영尹基榮, 이원발李遠發)이다.

먼저 덕촌의 장자 양순유(梁舜兪, 1692~?)를 살펴보겠다. 양순유는 덕촌과 반남박씨 사이에 혼인한 지 10년 만에 얻은 아들이다. 자는 사원(士元)이며, 그의 부인은 셋인데 모두 공주 지역을 기반으로 하는 유명가문이다. 첫째 진주유씨는 참봉 유성징(柳星徵)의 딸이며, 둘째 연안김씨는 김영숙(金永淑)의 딸이며, 셋째 연안이씨는 이성신(李聖臣)의 딸이다. 첫째 진주유씨는 고조가 임진왜란 때 이순신의 막하에서 노량해전을 치른 삼도수군통제사 유형(柳珩, 1566~1615)이고, 할아버지 유첩연(柳燂然, 1619~1686)은 우암 송시열의 문인으로 공주 장기(현 세종시 장군면)에 세거하였다. 셋째 연안이씨는 덕촌의 부인 연안이씨의 6촌간으로 부호군 이광진(李光璡)의 증손이자 이정신(李廷臣, 성신聖臣)의 딸이다.

1746년(영조 22) '명재선생개장시집사기(明齋先生改葬時執事記)'를 보면 양순유는 명재의 묘를 니산(尼山) 두사촌(杜寺村)으로 이장한 일을 치를 때 내용을 기록하는 직일(直日)의 임무를 수행하고 있다.[65] 또한 같은 해 6월에는 조보 베껴 놓은 것을 21장이나 소유하였음을 확인할 수 있는데,[66] 덕촌 사후에도 공주 덕촌정사에서 계속

---

65) 『고문서집성 4 -파평윤씨편-』, 한국정신문화연구원, 1989, 425쪽 ; 「明齋先生改葬時執事記」 "執禮 李養源祝 尹光紹 … 直日 梁舜兪."

66) 『改修日記謄錄』 戊辰 八月 十一日 : "丙寅 六月日. 守公洪道觀察使 … 公州判官牒呈內, 本州居梁舜兪家, 只有朝報二十一張謄置者, 故堅封上送亦爲有於."

〈그림 7〉 양득중 자손의 가계도

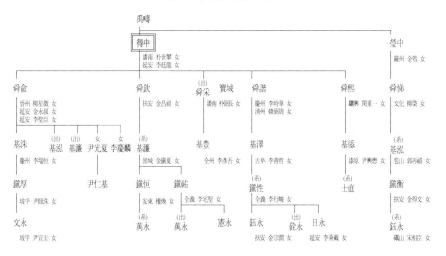

살았던 것으로 보인다.

양순유의 자녀는 진주유씨에게 2남(양기수梁基洙, 양기영梁基瀯)
2녀(윤광하尹光夏, 이경린李慶麟), 연안이씨에게 1남(양기렴梁基濂)
2녀(송이채宋履采, 이탁李琢)를 각각 두었다. 덕촌의 장손인 양기수
(1725~1773)는 자가 경로(景魯)이고, 부인은 경주이씨 초려(草廬)
이유태(李惟泰, 1607~1684)의 증손녀인 이서항(李瑞恒)의 딸이다.
덕촌이 초려 집안과 교유한 기록은 확인되지 않지만 공주 중동골에서
만년을 보내고 공주에 자손들이 세거한 초려 집안과 연혼관계를 맺게
된다. 양기수의 자손들은 파평윤씨의 명재 집안과 혼인[67]하여 계속
해서 공주에서 세거하였다. 차남인 양기영(1729~1776)은 기홍(基泓)
이라고도 불렸으며, 부인은 둘로 포산곽씨(苞山郭氏, 곽재희郭再禧의
딸), 진주정씨(晉州鄭氏, 정긍鄭肯의 딸)이다. 양기홍은 덕촌의 동생

---

67) 아들 梁鎭厚는 尹頤洙의 딸과 손자 梁文永은 尹宣圭(尹元擧의 6대손)의 딸과
    혼인한다.

인 양영중의 아들 양순제(梁舜悌, 1704~1792)에게 양자로 갔으나, 그의 묘가 부안 입상면(立上面) 입암(笠岩, 현 부안군 보안면)에 있는 것으로 보아 만년에 부안에서 여생을 보낸 것으로 보인다. 특히 그의 아들인 양진형(梁鎭衡, 1756~?)이 부안지역의 유명가문인 부안김씨 김득문(金得文)68)의 딸과 혼인하여 부안에 세거한 것으로 보인다. 양순유의 셋째 아들은 양기렴(梁基濂, 1737~?)으로 덕촌의 둘째 아들인 양순흠(梁舜欽)에게 양자로 갔다.

　양순유의 첫째 딸은 윤광하(尹光夏, 1715~1742)에게 출가하였다. 윤광하는 『덕촌집』을 간행한 윤인기(尹仁基, 1740~1811)의 아버지이다. 그는 파평윤씨로 덕촌의 스승인 명재 집안사람이다. 명재의 사촌 윤변(尹忭)의 증손으로 할아버지는 윤명교(尹明敎)이고 아버지는 윤동익(尹東益)이다. 또한 윤동익의 장형인 윤동직(尹東稷)은 덕촌 집안인 양대가(梁大家)의 딸과 혼인하였고, 양대가의 형인 양극가(梁克家)69)는 명재의 당숙(堂叔)인 윤명거(尹溟擧)의 딸과 혼인하고 있어 덕촌의 제주양씨와 명재의 파평윤씨 간의 연혼관계를 확인할 수 있다. 이와 함께 윤광하의 백부인 윤동직은 나주임씨 임일유(林一儒)의 사위로 임일유의 아들인 창계 임영과는 처남매부 사이가 되는 데도 주목된다.

　윤광하의 부인은 둘인데 초취는 유수원(柳壽垣)의 딸인 문화유씨(1714~1733)이고, 재취가 덕촌의 손녀인 제주양씨(1717~1789)이다. 특히 문화유씨는 『우서(迂書)』를 통해 새로운 개혁사상을 역설하고 나주괘서사건에 연루되어 죽은 영조대의 소론 실학자인 농암(聾巖)

---

68) 金得文(1732~1767)은 부안 우반동에 세거하였던 나주목사 김홍원의 5대손이다. 김홍원은 1636년 반계 유형원 집안의 토지를 사들여 우반동에 입향하였고 후손이 번창하였다. 또한 김득문의 조부 金守宗은 1728년(영조 4) 戊申亂과 연루되기도 하였다.
69) 梁克家, 梁大家 형제는 나주 박산에 사는 덕촌의 族大父 梁世南의 아들들이다.

유수원(柳壽垣, 1694~1755)의 딸임에 주목된다. 파평윤씨 족보상에 유수항(柳壽恒)의 딸로 기재되어 있으나 문화유씨 족보에는 윤광하가 분명히 나온다.[70] 문화유씨가 20세에 자식 없이 죽은 것으로 보아 양순유의 딸이 후처로 바로 들어가고 얼마 후 아들 윤인기가 태어난 것으로 보인다.

> 새해 부모님을 모시고 만복이 가득하기 바라네. 이곳은 지난해와 같이 그럭저럭 지내고 있네. 손녀는 무사히 해산하여 득남의 기쁨을 얻었는가. 아이가 바야흐로 서실에서 글을 읽고 있는데 자네는 와서 책상을 같이하여 몇 달간 공부하지 않겠는가.[71]

덕촌은 1740년(영조 16) 손서(孫壻)인 윤광하에게 편지를 보내 득남을 축하하며 덕촌서실에 와서 공부할 것을 권면하고 있다. 윤광하는 이로부터 2년 후 28세의 나이로 요절하는데 당시에 덕촌의 문하에서 수학(受學)하였을 것으로 짐작된다.

윤광하의 아들인 윤인기는 파평윤씨 족보에는 '인규(仁圭)'로 기재되어 있는데, 자는 요부(堯夫)이다. 1786년(정조 10) 명재의 학맥을 계승한 파평윤씨 문중의 소론 학자인 소곡(素谷) 윤광소(尹光紹)가 죽자 그의 문인으로서 애통해하며 제문[72]을 지어 올리기도 했다. 또한 그는 1800년(순조 1)에 무장현감으로 부임[73]하여 1년간 수령을 역임하였는데, 그 해 12월 전라감사 김달순(金達淳)의 포폄(褒貶)

---

70) 김승대, 앞의 논문, 366쪽.
71) 『德村集』 卷之九, 「與尹廈卿 光廈 書(先生孫壻, 庚申正月初四日.)」. "新元侍奉萬福. 此中廑支如昨耳. 孫女解娩無事而得弄璋之喜耶? 兒子方讀書于書室, 君未可來與同案以做數月之工耶?"
72) 『素谷遺稿』 卷之二十二, 祭文 族子仁基.
73) 『日省錄』 純祖 卽位年 庚申 八月 十八日 戊辰.

에 "무장현감 윤인기는 두루 편안한 정사는 빠른 계획만한 것이 없다."74)라고 호평을 받고 있다. 특히 윤인기는 만년에 외증조인 덕촌의 문집을 발간하는 데 전력을 쏟은 것으로 보이는데 1781년(정조 5)에 '덕촌선생집발(德村先生集跋)'을 짓고, 이로부터 25년 후인 67세 때인 1806년(순조 6)에 『덕촌집』을 활자로 인출하기에 이른다.75)

양순유의 둘째 딸은 진도군수를 지낸 이경린(李慶麟, 1721~1804)76)에게 출가하였다. 그의 가문은 부안 석교(石橋, 현 보안면 상림리)에 세거하는 전주이씨 가문으로 그의 아들 이언보(李彦輔, 1761~1826)는 문과에 합격해 가주서(假注書)를 역임하였다. 양순유의 장남(양기수)과 장녀(윤광하)의 후손들이 명재 집안과의 혼인으로 공주지역에 계속 세거하는 데 반해 차남(양기흥), 차녀(이경린) 등은 부안지역에 세거한 것으로 확인된다.

덕촌의 둘째 아들은 양순흠(梁舜欽, 1700~?)이다. 그의 자는 사경(士敬)이고, 부인은 부안김씨 김창조(金昌祖, 1671~1724)의 딸이다. 3녀를 두었는데 사위는 평창이씨 이인근(李仁根), 풍양조씨 조운달(趙雲達), 생원 하동정씨 정수귀(鄭遂龜)이다. 이 중 정수귀는 부여지역 유력가문 중 하나인 하동정씨로 아들 정한연(鄭漢然)은 1836년(헌종 2)에 문과에 급제하고 수찬·교리·부사직·집의를 역임하였다. 양순흠은 아들이 없어 장형(長兄) 양순유의 아들 양기렴을 양자로 들였다. 양기렴은 고성김씨(固城金氏) 김진하(金鎭夏)의 딸 사이에 2남(진항鎭恒, 진우鎭祐) 1녀(이기성李基聖)를 두었는데, 양진항(1765~1795)은 안동권씨 권환(權煥)의 딸과, 양진우(1769~?)는 전의이씨 이택성(李宅聖)의 딸과 혼인하였다.

74) 『日省錄』 純祖 卽位年 庚申 十二月 十五日 癸亥.
75) 『德村集』, 「德村先生集跋」. "辛丑仲春上浣, 外曾孫坡平 尹仁基謹識. 丙寅, 始以活字印出五十五本."
76) 「嘉義大夫同知中樞府事李公神道碑銘」.

양순흠의 처가는 부안지역의 유명가문인 부안김씨로 처부(妻父) 김창조의 아버지는 담계(澹溪) 김서경(金瑞慶, 1648~1681)이다. 김서경은 실학의 비조(鼻祖)인 반계 유형원의 대표적인 문인으로 반계가 살았던 부안 우반동 인근의 동림마을에 살았다. 김서경이 34세의 젊은 나이에 세상을 떠나자, 아들 김창조는 할아버지 김윤필의 가르침을 받고 성장한다. 특히, 김창조의 가장(家狀)에 보면 '덕촌과 깊게 교유하며 글로 문답하며 서로 학문을 강마(講磨)하였다'[77]고 기록되어 있어 덕촌이 부안김씨 담계 집안을 알고 교유했으며, 반계에 대한 이야기도 충분히 들었을 것으로 판단된다. 김창조의 외동딸을 덕촌의 며느리로 삼아 두 집안 간 세의(世誼)를 갖게 되는데, 이는 김창조의 아들인 김선만(金選萬, 1700~1759)을 통해서도 확인된다. 부안김씨 족보에 김선만은 덕촌과 경암(敬菴) 윤동수(尹東洙, 1674~1739)의 문인으로 확인되고 있어 주목된다.[78] 김선만은 할아버지 김서경의 유고를 아래와 같이 스승인 윤동수에게 요청한다.

> 공의 후손 선만(選萬)이 공께서 남기신 글월을 나에게 보여 주었다. … 또 「행록」에 이르기를 "공은 반계 유선생을 사사하였다." 한다. 반계 선생은 호걸스러운 선비이다. 문학이 있고 독실한 행동이 있으며 또 경국제세(經國濟世)의 재주도 있으신 분이다. 이 때문에 우리 큰 조부이신 명재(明齋) 선생께서도 『반계수록(磻溪隧錄)』의 제발(題跋)을 쓰면서 반계 선생에 대해 지극히 칭찬한 나머지 그와 한 시대에 살지 못하여 서로 만나지 못한 것을 한으로 여겨 왔었다.

---

77) 『扶寧金氏侍直公派族譜』, 「松齋公家狀」. "梁德村得中 有好尙之誼 嘗以松齋手書扁號 書問相續 講磨切磋 殆無虛一爲 士林之矜式"
78) 『扶寧金氏侍直公譜族譜』, 1960. "選萬 … 資品甚高志操堅確. 出入於梁德村尹敬菴兩先生之門. 文學大進. 限無留縮之□以徒應良, 艶公碩塑踵門要見公絶而不交盖先知之明也"; 김승대, 2018, 「지역학으로서 반계학 연구」, 『한국사상사학』 60, 20쪽.

공은 그런 분을 스승으로 삼아 닦았던 까닭에 정치의 체제를 논함에
있어 근거가 있었던 것이다. 이로 보면 공의 학문은 어찌 그만한 이
유가 없었겠는가 … 선만이 권미에 몇 줄의 글을 청하기를 이를 적
어 그에게 주는 바이다. 파평후인, 윤동수 쓰다.[79]

윤동수는 명재 윤증의 종손(從孫)으로 덕촌이 공주로 이거한 이후
에 가장 절친하게 지낸 지우(知友)이다.[80] 명재의 문인으로 덕촌과
경암은 명재 사후에 유고(遺稿)를 편찬 간행하는 데 전력을 쏟았고,
서로 간 많은 서간의 내용은 두 사람의 문집에 나와 있다. 윤동수는
『담계유고』 서문을 쓰면서 반계를 경국제세(經國濟世)의 인물로 평가
하고 있다. 또한 명재가 『반계수록』의 제발(題跋)을 쓰면서 반계를
같은 시대에 살면서 서로 만나지 못한 것을 한으로 여기며 반계를 높
게 평가하고 있음을 서문에서 밝히고 있다. 명재가 『반계수록』을 접
한 것은 1711년(숙종 37) 그의 나이 83세 때의 일이다. 반계의 문인
이자 6촌 동생인 유재원(柳載遠, 1652~1713)이 이 책을 가져와 보여
주면서 발문을 요청하였기 때문이다. 유재원은 부안 주산(舟山)에 살
면서 반계에게 학문을 익혔고, 사헌부감찰·해미현감을 역임했는데,
만년에 명재가 사는 노성현에서 가까운 연산 봉동(鳳洞)에 살면서 명
재에게 발문을 요청한 것으로 보인다.[81]

79) 『澹溪遺稿』, 「澹溪遺稿序」. "而公之後孫選萬, 以公之遺文視余. … 又云公師事磻
溪柳公. 磻溪卽豪傑之士也. 有文有行. 又有經濟才. 我伯祖明齋先生, 題於其所謂
隨錄書, 亟加稱道 恨其竝世而不相見. 而公卽爲之師, 其論治體而有根據者, 豈無
所以也. … 選萬甫 請題數行語於卷尾, 玆書此以歸之云. 坡平人 尹東洙 書."
80) 특히 윤광수는 1716년 丙申처분이 내려지고 1717년 윤선거·윤증 부자의 관작
이 추탈되는 과정에서 윤증을 위한 '辨誣疏'를 짓고 덕촌과 함께 士友들을 규
합하는 데 선두에 섰다. 명재 사후에는 덕촌과 함께 魯岡書院을 중심으로 활동
했으며 명재와 그의 家學은 素谷 尹光紹에게 전달된다.
81) 김승대, 2017, 「반계 유형원의 가계 분석」, 『한국실학연구』 34, 217~218쪽.

근세에 호남의 유생 유형원(柳馨遠)이 능히 이를 위하여 법제를
강구하여 찬연히 구비하였습니다. 전제(田制)로부터 시작하여 설교
(設敎)·선거(選擧)·임관(任官)·직관(職官)·녹제(祿制)·병제(兵制)
등에 이르기까지 세세하게 모두 갖춰 터럭만큼도 남겨둠이 없습니
다. 책을 이미 완성하고 이름붙이기를 '수록(隨錄)'이라 하였는데 모
두 13권입니다. 신이 일찍이 신의 망사(亡師) 신(臣) 윤증(尹拯)의
집에서 이를 보았습니다. … 신이 삼가 듣건대 그 사람은 이미 죽었
고 그 자손들은 지금 호남의 부안과 경기 과천 등지에 살고 있다고
합니다. 엎드려 바라건대 전하께서는 그 고을의 수령에게 특별히 명
을 내리시어 그 자손의 집에 나아가 그 책을 구해와 바치게 하시어
갖춰두고 밤을 새워 탐독하시기 바랍니다.[82]

　1741년(영조 17) 죽기 1년 전인 덕촌은 영조에게 상소를 올려 경
연에서 『주자어류(朱子語類)』 대신 『반계수록』을 강(講)하여 실학에
힘쓸 것을 주장하면서 세간의 주목을 받게 되었고, 이후 30여 년이
지난 1770년(영조 46)에 마침내 『반계수록』이 간행되기에 이르렀다.
위 글에서 덕촌은 『반계수록』을 처음 접한 것은 스승인 명재의 집임
을 밝히고 있다. 아마도 이는 유재원이 요청하고 명재가 발문을 짓게
된 1711년 즈음으로 추정된다. 1711년은 덕촌의 나이 47세로 어머니
죽산안씨의 상을 당하였던 시기이다. 덕촌은 이 무렵 반계의 문인인
김서경의 아들인 부안의 김창조와 교유하였고, 김창조의 아들인 김선
만을 문인으로 두었으며, 이후 김창조의 딸까지도 며느리로 삼았음이

---

82) 『德村集』,「又辭疏 辛酉」: "近世有湖南儒生柳馨遠者, 乃能爲之講究法制, 粲然備
具. 始自田制, 以至於設敎, 選擧, 任官, 職官, 祿制, 兵制, 纖微畢擧, 毫髮無遺. 書
旣成而名之曰 隨錄, 凡十三卷. 臣嘗見之於臣之亡師臣尹拯之家. … 臣伏聞其人旣
死, 而其子孫方在湖南之扶安, 京畿之果川云. 伏望殿下特命其邑守臣, 就其子孫之
家, 取其書來獻, 以備乙覽."

확인된다. 또한 덕촌은 1724년(경종 4) 4월에 김제군수로 부임하여 1년간 부안에서 가까운 김제에서 보내게 되는데, 이무렵 부안의 김선만과의 교유가 충분히 있었을 것으로 보인다.

덕촌의 셋째 아들은 양순채(梁舜采, 1718~1775)이다. 양순채는 양흡(梁瀹)에게 양자를 갔는데, 양흡은 덕촌의 5종 형제이다. 양흡은 보성 박곡으로 입향한 양팽손의 아들인 양응덕의 6대손으로 할아버지는 양일남(梁一南), 아버지는 전라도병마절도사를 역임한 양우급(梁禹及)인데, 백부인 양우성(梁禹成)에게 입양되었다. 앞서 본 바와 같이 양일남은 덕촌의 외증조인 안방준의 사위이며, 외손 양우급은 안방준의 문인으로 덕촌과 양흡 간은 외가 6촌의 친척이다. 이렇듯 친외가 모두 가까운 혈연이어서 아들 순채를 공주에서 멀리 떨어진 보성까지 양자로 보낼 수 있었던 것으로 여겨진다. 하지만 필자가 최근 확인한 바로는 1722년 양순채의 입양과정은 순탄한 과정이 아닌 신임사화와 연계한 당쟁의 한 복판에서 진행되었음을 알 수 있었다.[83]

〈그림 1〉에 보면, 덕촌은 학포의 장자인 양응기의 5대손이고, 양흡은 학포의 막내 아들인 양응덕의 5대손이다. 제주양씨 양팽손 가문은 숙종 후반기에 이르면 영암 영계를 기반으로 하는 덕촌 집안은 소론으로, 보성 박실을 기반으로 양흡 집안은 노론으로 자리매김한다. 보성 박실의 중심인물은 양흡의 조카인 양익표(梁益標, 1685~1722)이다. 양익표는 1714년(숙종 40) 무과에 급제하고 1721년(경종 1) 어영청 천총(千摠)으로 재임 중 노론 4대신의 입장에 서서 신임사화(辛壬士禍)을 겪는데, 결국 다음해인 1722년(경종2) 8월에 역모죄로 참형을 받고 죽었다.[84] 이로 인해 보성 박실의 제주양씨 가문은 멸문의

---

83) 양동규, 2009, 「보성 박실 대종손 입양의 문중사적 재조명」, 『보성종회』 2, 제주양씨 학포공파 보성종회, 당시 5살인 양순채(梁益采로 개명)는 장정에 업혀 공주에서 보성으로 몰래 와서 날마다 밖을 내다보며 부모를 그리워했다고 구전되고 있다.

풍비박산이 나게 되고 종손인 양흡이 아들이 없자 이를 타개할 비상
방책으로 입양을 추진하게 되었다. 이러한 위급함을 면하기 위해 같
은 양팽손의 후손인 친족이자 외척(外戚)이며, 당시 소론의 실세로
판단되는 덕촌 양득중에게 사력을 다해 입양을 요청하였다고 전해
진다.85)

　1722년 당시 59세의 덕촌은 뒷날 왕위에 오르는 영조를 보필하며
세제익위사(世弟翊衛司) 익위(翊衛)의 벼슬을 역임하고 있었다. 덕촌
으로서는 같은 가문이자 가까운 외척이라 하더라도 당쟁으로 첨예하
게 대립되었던 당대에 당색이 다른 집안에 5살 어린 아들을 멀리 보
성으로 양자로 보내는 것은 쉽지 않는 결정이었으리라 생각된다. 덕
촌은 이후 김제군수, 사헌부 장령, 사복시정, 동부승지 등을 역임하며
보성 박실의 아들 양순채 가문을 보이지 않게 지원하였으리라 짐작되
고, 그의 후손들이 현재까지 그 고마움을 표하고 있어 주목된다. 덕촌
이 영조의 탕평책을 지지하고 조언하면서도86) 소론 당색을 크게 드
러내지 않는 것도 이러한 이유에서 유추해볼 수 있겠다.

---

84)『경종실록』9권, 경종 2년 9월 21일 계묘.
85) 양동규의 앞 글, 17쪽, 양동규(1940년생)는 영계리(현 영신리)의 故 梁會三
　　(1920년생) 종친의 구전을 토대로 글을 작성하였다. 이 글에서 보성 박실 문중
　　은 덕촌에 대한 고마움을 표시하고 있었다.
86)『德村集』, 「辭召旨疏己酉」. 1729년 1월에 영조에게 登對했을 때 내용을 상소로
　　다시 올렸는데, 탕평의 제도와 가난한 백성에 대한 隣族侵徵의 폐단과 허위의
　　풍조에 대하여 논하였다.

〈그림 8〉 제주양씨 학포공파 양일남 가계도

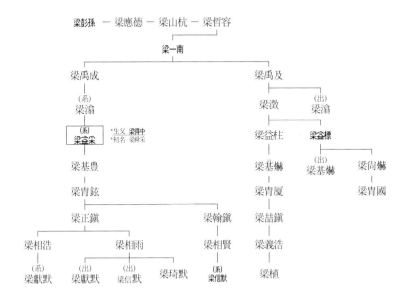

오랫동안 소식을 듣지 못하여 그리움이 쌓였는데 홀연히 뜻밖에 인편으로 서신을 보내 주시었네. 삼가 살펴보니 심한 무더위 복중 (服中)에 편안히 지낸다하니 위로됨이 끝이 없네. … 이 일은 한 집 안 내의 일에 관계되어 나도 또한 무관심하게 멀리서 바라보고만 있을 수 없으니 무릇 마음속에 품은 뜻을 자네에게 말하지 않고 다시 어디에다 하겠는가.[87]

『덕촌집』의 '종질 익주에게 보낸 편지'에서 보면, 아들 순채가 입

---

87) 『德村集』, 「與宗姪 益柱 書 癸卯」: "久不聞問, 積有馳情, 忽此意外便中, 謹審酷炎, 服履安勝, 慰豁無窮. … 而此係一門內事, 吾亦不可恝然越視, 則凡有所懷, 不以布於左右而更於何地耶?"

양된 다음해인 1723년(경종 3) 6월경 세제익위사 위솔(衛率)로 재직하고 있을 때 종질(從姪) 양익주(梁益柱, 1680~1733)의 서간에 대한 답장으로 보인다. 덕촌은 이 글에서 복중(服中)에 있는 양익표의 형인 양익주를 위로하고 집안의 일을 함께 논하고 있음을 알 수 있다.

양순채는 보성 박실로 가면서 '양익채(梁益采)'로 이름이 바뀐다. 그의 자는 사량(士亮), 부인은 반남박씨 박필장(朴弼長)의 딸로 박응천(朴應川)의 6대손이고 공주목사를 지낸 박병(朴炳)의 현손(玄孫)이다. 양순채의 아들은 양기풍(梁基豊)으로 족보상에는 "문학행의일방추중(文學行義一方推重)"한 인물로, 장손 양주현(梁冑賢)은 "문학소저효우순독(文學昭著孝友純篤)"한 사람으로 기록되어 있다.

덕촌의 넷째 아들은 양순해(梁舜諧, 1723~1775)이다. 자는 화보(和甫), 초취는 경주이씨(이시화李時華의 딸), 재취는 청주한씨(한필주韓弼周의 딸)이다. 양순해의 묘는 부안 입하면(立下面) 실음가(失音街, 실음거리로 현 부안군 보안면 신복리)에 있다. 양순해는 1남(기택基澤) 1녀(윤기영尹基榮)를 두었다. 양순해의 아들 양기택(1739~1775)이 고부이씨(古阜李氏, 이선철李善哲의 딸)와 사이에서 1녀(최항석崔恒錫)만 두게 되자, 덕촌의 재종형인 양치중(梁致中)의 증손인 양진성(梁鎭性, 1772~?)을 양자로 삼게 되었다. 양진성은 부안에 거주한 것으로 보이는데, 전의이씨(이행준李行峻의 딸)와의 사이에서 3남(옥영鈺永, 전영銓永, 일영日永) 1녀(김환정金煥精)를 두었고, 그중 양옥영은 부안의 재지사족인 부안김씨 김종윤(金宗潤, 생원 김수함金受涵의 증손)의 딸과 혼인하였다.

덕촌의 막내 아들은 양순희(梁舜熙, 1726~1782)이다. 자는 사집(士緝), 여흥민씨(민중일閔重一의 딸)와 혼인하여 1남(기옥基鋈) 1녀(이원발李遠發)를 두었다. 그의 묘는 부안 변산 고사포(古沙浦)로 확인된다. 민중일(1708~1770)은 진잠현에 세거하는 여흥민씨로 형조좌랑을 역임한 민천부(閔天符) 가문이다. 민천부의 아들인 백련당(白蓮堂) 민재문(閔在汶)은 고청(孤靑) 서기(徐起)의 문인이자 초려(草廬) 이유태(李惟泰)의 스승으로 민중일의 5대조이다. 양순희의 아들인 양기옥(1768~1798)은 칠원윤씨(漆原尹氏, 윤흥무尹興楙의 딸)와 혼인하였다.

III. 양득중에 대한 사후 추숭

1. 덕촌의 문집 간행

1742년(영조 18) 4월 덕촌이 공주 덕촌정사(德村精舍)에서 죽자 부음을 들은 영조는 은졸(隱卒)의 교지를 내리고, "양득중이 실사구시(實事求是) 넉 자를 내게 바쳤다. 취할 만한 점은 질실(質實)이었다. 기유년에 상주한 바는 지금도 잊지 못하겠다."라고 하며 애도하였다.

이후 덕촌의 후손들이 그를 추숭하기 위해 가장 먼저 했던 일은 문집을 발간하는 것이었다. 외증손 윤인기가 1781년(정조 5)에 쓴 '덕촌선생집발(德村先生集跋)'을 보면 『덕촌집』이 간행되었던 과정을 확인할 수 있다.

> 선생께서 세상을 떠남에 유문(遺文)이 어지러운 종이에 산재되어 있어서 선생의 넷째 아들이 수집하고 등사(謄寫)하다가 다 마치지 못하고 세상을 떠났다. 지금 막내아들이 또 분주하여 이 일에 겨를이 없어서 나에게 명하여 말하기를, "선인(先人)의 문자가 인멸됨이 두렵다. 이 책무를 맡을 사람은 그대일 것이다."라고 하였다. 나는 감히 어리석다고 사양하지 못하고 와류(訛謬)를 고증(考證)하고

종류별로 정리하여 글과 뜻이 너무 깊고 한만(閑漫)한 것은 혹 그 전편을 깎아내고, 그 어구를 산정하였으나 다만 간이하게만 하고자 할 뜻이 아니었다. 소자(小子)가 감히 하였으나 분수에 넘치고 망령됨을 아주 잘 알고 있다. 나를 알아주고 나를 책망하는 것은 모두 우리 선생을 위한 것이다. 인하여 또한 연보(年譜)를 대략 엮어 권수(卷首)에 함께 싣고 먼저 몇 본(本)을 베껴 유실에 대비하였다. 또 재력(財力)을 마련하여 간행을 도모하니 무릇 후학 중에 선생의 풍도를 흠모하는 사람은 어찌 이 책을 온전히 하고 길이 전할 것을 생각하지 않겠는가.

신축년 중춘(仲春) 상완(上浣) 외증손 파평(坡平) 윤인기(尹仁基) 삼가 쓰다. [병인년 비로소 활자로 55본을 인출(印出)함][88]

덕촌의 문집은 덕촌이 죽은 후 유문(遺文)이 어지러운 종이에 산재되어 있어서 넷째 아들 양순해가 유문을 수집하고 등사하다 일을 다 마치지 못하고 1775년(영조 51)에 세상을 떠났고, 막내아들 양순희도 1781년 발문이 쓰여질 당시에 분주하여 이 일에 힘쓸 겨를이 없자, 윤인기에게 문집 간행을 전적으로 일임하고 있음을 확인할 수 있다. 족보에 보면 양순희는 그 다음해인 1782년(정조 6)에 죽고 부안 고사포에 장사되었다. 또한 양순해의 묘소도 부안 실음가(失音街)로 확인된다. 이처럼 덕촌의 다섯 아들 중 둘(순해舜諧, 순희舜熙)이 부안에서 삶을 마치고 여기에 묻혔으며, 그의 후손들도 부안에 세거하

---

88) 『德村集』, 「德村先生集跋」: "先生旣歿, 遺文散在亂紙, 先生之第四胤公收輯謄寫, 未卒而逝. 今季胤公又棲遑未暇於是役, 命仁基曰: "先人文字, 湮沒是懼. 任是責者, 其在君乎." 仁基不敢以蒙蔽辭, 考證訛謬, 釐別彙類, 而其有辭義之太深切涉閑漫者, 或芟其全篇, 刪其語句, 匪直從簡之意而已. 小子敢焉, 極知僭妄, 而知我罪我, 皆爲我先生也. 因又略編年譜, 并載卷首, 而先寫數本, 以備失落. 又營財力, 以圖鋟梓, 凡後學之慕先生風者, 盍思所以全是書而壽其傳也哉? 辛丑仲春上浣, 外曾孫坡平 尹仁基謹識."

고 있음을 알 수 있다. 또한 덕촌 사후 자손들이 공주·부안·해남·보
성 등지로 뿔뿔히 흩어짐을 알 수 있다. 이는 덕촌의 자손 중에 과거
에 급제한 사람도 없었지만, 1755년 을해옥사(乙亥獄事) 등 소론들이
정치적으로 위축된 상황 속에서 가문의 구심점인 덕촌의 부재로 인해
더 이상 세거지로서 공주지역에 대한 의미가 크지 않았을 것으로 여
겨진다.

　윤인기가 발문을 쓴 1781년 당시 공주 덕촌에는 문집을 모아서 편
찬을 주도할 자손이 없었던 것으로 보인다. 덕촌의 장손인 양기수(梁
基洙)는 1773년에 죽었고, 그의 아들인 양진후(梁鎭厚)는 당시 28세
였다. 발문을 쓴 윤인기의 나이는 42세였다. 그는 소곡 윤광소의 문인
으로 명재 가문의 학맥을 잇고 있었고, 이후 1800년에는 무장현감을
1년간 역임하는 등 외손이지만 덕촌의 문집을 간행하는 데 적임자였
음은 분명하다. 또한 윤인기가 봉양하고 있는 모친인 제주양씨(덕촌
의 손녀, 당시 65세)의 영향도 충분히 있었을 것이라 짐작된다.

　윤인기가 발문을 쓴 지 25년 후인 1806년 『덕촌집』은 활자로 간행
되기에 이른다. 윤인기는 발문에서 재력을 마련하여 간행을 도모하고
자 하였다. 문집이 간행되는 데는 많은 경제적인 뒷받침이 있었을 것
인데, 덕촌의 자손들보다는 외증손인 윤인기의 역할을 컸을 것으로
짐작된다. 아마도 본인이 무장현감을 하면서 무장관아의 도움을 받았
거나, 노강서원 등 명재 집안의 도움을 크게 받았을 것으로 짐작된다.

　윤인기는 문집을 산정(刪定), 편차(編次)하고 권수에 연보를 실어
간행하고 있다. 현존하는 『덕촌집』은 연보와 10권 5책으로 구성되어
있고, 권1~2는 소(疏, 20편), 권3은 등대연화(登對筵話), 권4~6은 잡
저(雜著, 31편, 24수의 시), 권7~9는 서(書, 15편)로 권9에 윤동수(尹
東洙)에게 보낸 편지 15편, 권10은 비장(碑狀, 9편) 등이 실려 있다.

　하지만 분명 덕촌의 넷째 아들 양순해가 "산재되어 있는 유문을

수집하고 등사하다 일을 다 마치지 못했다."고 말하는 바와 같이 윤
인기는 양순해가 수집한 유문으로만 편집하여 덕촌의 문집을 발간한
것으로 보인다.

　필자가 최근 현지조사 중에 해남군 옥천군 영신리에 전해 내려오
는 덕촌 관련 유문(遺文)을 발견한 바로는 현존하는 문집 이외에 덕
촌의 유문은 충분히 더 있었을 것으로 판단된다. 최근 발굴된 고문서
(6책 145편)의 개략적인 목록만 기재하면 다음과 같다.

〈표 2〉 해남 영신리 후손 소장 덕촌 관련 고문서 목록

문서명	분량(면)	주요내용
德村義草	12	덕촌의 雜著 8편
德村簡牘 上	28	덕촌의 간찰로 동생 양영중, 從兄 양수중·양덕중 등 27편
德村簡牘 下	22	덕촌과 아들 양순유의 간찰 21편
壬寅紀行·癸卯日記	34	壬寅紀行(1723년 7월, 世弟翊衛司 翊衛) 癸卯日記(1724년 5~7월, 世弟翊衛司 衛率)
瀨溪簡牘	20	從兄 瀨溪 梁守中이 덕촌 등과 교유했던 19편의 간찰
默窩簡牘·眼齋愚軒附	31	默窩 梁瑩中과 덕촌 등이 나눈 30편의 간찰
簡牘	80	양우회, 양우주, 양세남, 박태초, 양득중 등의 간찰 38편

　『덕촌의초(德村義草)』는 덕촌의 사상 관련 잡저(雜著) 8편이 실려
있다. 『덕촌간독(德村簡牘)』은 두 권이 있는데, 상권은 덕촌의 서간
(書簡)으로 동생 양영중, 종형 양수종, 양덕중 등 27편이, 하권은 덕
촌과 아들 양순유의 간찰 21편이 실려 있다. 『임인기행(壬寅紀行)·계
묘일기(癸卯日記)』는 2편으로 임인년 1723년(경종 2) 7월에 세제익
위사 익위에 제수되어 공주에서 한양으로 올라가는 여정을 기록한
'임인기행'과, 계묘년 5월에 세제익위사 위솔에 제수되어 7월까지 일
기를 기록한 '계묘일기'를 말한다. 『영계간독(瀨溪簡牘)』은 종형 영계

(瀨溪) 양수중(梁守中)이 덕촌 등과 교유했던 19편의 간찰이며, 『묵와간독(默窩簡牘)』은 동생 묵와 양영중(梁瑩中)과 아들 양순제가 덕촌 등과 나눈 30편의 간찰을 말한다. 『간독(簡牘)』은 양우회·양우주·양세남·박태초 등의 편지 38편으로 덕촌의 선대들의 교유 내용이 주를 이루고 있다.

2. 덕촌의 영정 봉안

다음으로 덕촌을 추숭하기 위해 주목할 수 있는 것은 '영정(影幀)'을 봉안하는 문제이다. 현재 덕촌의 고향인 해남군 옥천면 영신리 421-2에는 '덕촌영당(德村影堂)'인 '덕촌사(德村祠)'가 있다. 덕촌사는 정면 3칸, 측면 1칸의 맞배지붕 건물이다. 영당 내부에 걸린 영정은 모사본으로 원본은 제주양씨 영계문중 후손 집에서 보관중인 것으로 확인된다.

덕촌의 초상화는 야복(野服)을 입은 모양이다. 야복은 사대부가 공무에서 벗어나 평소에 입던 옷으로 복건(幅巾)과 심의(深衣)를 착용하고 선비의 내면적 모습을 볼 수 있는데, 덕촌의 학자적 면모가 잘 드러나 있다. 덕촌의 초상화는 도포를 입은 채 살짝 돌아앉은 전신측면좌상으로 화면 우측 상단에는 "통정대부행승정원동부승지겸경연참찬관덕촌양선생영정(通政大夫行承政院同副承旨兼經筵參贊官德村梁先生影幀)"이라는 묵서로 양득중의 영정임을 알 수 있는 표제가 있다. 또한, 좌측 상단에는 "현종을사십일월이십칠일탄우영암영계리 영종임술사월초오일졸우공주덕촌정사(顯宗乙巳十一月二十七日誕于靈巖穎溪里 英宗壬戌四月初五日卒于公州德村精舍)"라는 묵서로 덕촌의 생몰 시기와 장소에 대해 기재되어 있다. 하지만 표제는 있으나 어느 시점에 영정이 제작되었거나 이모(移模)되었는지를 알 수 있는 묵서

덕촌사(덕촌 영당) 전경

덕촌 영정

는 확인되지 않았다.

　덕촌영당은 1864년(고종 1)에 지어진 것으로 보인다. 덕촌사 내부에 걸린 상량문 말미를 보면 "숭정기원후사회갑자시월십오일후학금성임후상근재배고(崇禎紀元後四回甲子十月十五日後學錦城林厚相謹再拜告"라고 기록되어 있다. 1864년 10월 15일에 나주임씨 임후상(林厚相, 1817~1866)이 영당을 지은 후 상량문을 썼음을 알 수 있는 내용이다. 임후상은 임상덕(林象德)의 5대손으로, 석성현감을 지낸 임면수(林勉洙)의 아들이다. 임상덕(1683~1717)은 명재의 문인으로 남평현감·능주목사를 지냈다. 또한 임상덕은 덕촌과도 교유하였는데, 『덕촌집』에는 서간 3편이 남아 있다. 이들 나주임씨의 세거지는 무안 진례면(進禮面, 현 함평군 학교면 일대)으로 영암 영계리와는 멀지 않는 거리에 위치한다.

　임후상은 파평윤씨 윤자승(尹滋升)의 딸과 혼인하여 아들 둘(병대炳大, 병하炳夏)을 두는데, 첫째 임병대는 윤순거(尹舜擧)의 5대손 윤자창(尹滋昶)의 딸과 혼인하고, 둘째 임병하는 덕촌 집안의 양상정(梁相鼎)의 딸과 혼인하여 보성 율어면(栗於面)에 살게 된다. 이처럼 임후상이 덕촌영당의 상량문을 쓰게 된 배경은 정확히 알 수는 없지만 5대조 임상덕과 덕촌이 교유하였던 집안 간의 세의(世誼)가 지속되고, 자신과 자손들의 혼인 등을 통해서도 충분히 가능했을 것으로 판단된다.

덕촌영당이 건립하게 된 경위에 대해서는 '노강서원(魯岡書院) 통문(通文)'을 통해서 확인된다. 윤황(尹煌)·윤문거(尹文擧)·윤선거(尹宣擧)·윤증(尹拯)을 배향한 노강서원은 덕촌과 덕촌의 아들인 양순유가 활동했던 곳으로 덕촌은 1723년(경종 3)에 '노강서원에 명재 선생을 추가로 배향하는 제문'을 짓기도 하였다. 이 통문의 서두(書頭)에는 "충청도(忠淸道) 통문(通文)"이라는 소두(小題)가 있고, 말미에는 "갑자오월이십일 노강서원 유유학 홍기섭 윤용진 박연 정기두 임영수 이병권 정기보 유학 윤자철 박제선 진사 이원성 양래혁 이기호 진사 박형원(甲子五月二十日 魯岡書院 儒幼學 洪幾燮 尹龍鎭 朴埏 鄭基斗 林英洙 李秉權 鄭基輔 幼學 尹滋嚞 朴齊善 進士 李源性 楊來爀 李氣浩 進士 朴炯遠)"이라고 기재되어 있다. 이 중에 유학 윤자철(1801~1866)이 명재의 6대손으로 확인됨에 따라서 작성한 시기가 1864년 5월 20일임을 알 수 있다.

노강서원 통문은 노강서원에서 반곡서원(盤谷書院)을 경유해서 충청도 유생들에게 보내는 글로 덕촌의 학문 유래를 밝히며 초상을 모실 영당의 필요성을 밝히고 있다. 덕촌 영정이 2본(本) 있는데, 영암의 선비들이 영당에 영정을 모시고자 하는 바람이 있어 노강서원이 이에 대한 협력을 요청하고 있다.[89] 이처럼 1864년의 덕촌의 영정을 봉안할 수 있는 '덕촌영당'이 조성될 수 있었던 것은 덕촌을 흠모하는 충청도 노강서원의 유림들과 영암 유림들의 노력으로 가능했던 것으로 판단된다.

---

89) 「魯岡書院 通文」: "靈巖章甫聞 先生之風 將欲奉安影子云. 此固愼重之擧 而其 慕賢尙德之誠意 有足動人者. 且念南州卽 先生桑梓生長之鄕也. 慨絕響之莫績 挹 遺風於千古 興起感發尤有所不能自已者矣. 本家阮有二本 一奉于此 一安于彼 要 之爲尊慕揭虔無彼此也"

현재 제주양씨 영계문중에서 소장하고 있는 '덕촌 영정'은 1910년 경 당시 초상화가로 이름이 높았던 석지(石芝) 채용신(蔡龍臣, 1850~1941)[90]에 의해 이모(移模)한 것으로 보인다. 후손의 증언에 의하면 "영정이 낡아 이전 것은 태우고, 석지 선생을 모셔다 새로 그렸다."[91] 고 한다.

현재 영신리에는 덕촌영당의 '덕촌사'와 덕촌사 전면에 덕촌의 백부가 짓고 유년기에 덕촌의 강학공간인 '소심재'가 위치하고 있다. 또한 인근에는 양우회의 7대손으로 1919년 3·1운동 때 '민족대표' 33인의 한 사람으로 독립선언서에 서명하고 체포되어 서대문형무소에서 복역 중 옥사한 지강(芝江) 양한묵(梁漢默, 1862~1919)의 생가가 위치해 있다.

3. 덕촌의 묘비 건립

1742년(영조 18) 4월 덕촌이 78세의 일기로 세상을 떠나자 그의 묘는 처음 부여 세동(細洞)에 장사하였다. 32년 후인 1774년(영조 50)에 공주 안영동(安永洞)으로 이장하였다가, 28년 후인 1802년(순조 2)에 다시 부여 세동 장사지(葬事地)에 안장하였다. 초장지인 부

---

90) 채용신은 고종황제의 御眞을 그렸던 御眞畵師이다. 그는 圖畵署의 화원 출신이 아니었지만 초상화를 그리는 데 매우 뛰어나 1900년 璿源殿에 봉안할 태조 어진을 모사할 때 主管畵師로 발탁되었다. 이후로도 숙종과 영조 등 여러 왕의 어진을 모사하면서 고종의 신임을 얻었고, 마침내 고종 황제의 어진을 그리게 되었다. 이후 정산군수를 마지막으로 관직에서 물러나 익산 광암, 부안 변산, 정읍 칠보, 고창, 나주 등을 전전하며 살았는데, 망국의 한을 당시의 우국지사나 유림, 종교계 지도자급 인사들의 초상화 제작에 몰두하였다. 아마도 덕촌의 초상화도 이무렵인 1910년 전후에 移模本을 그렸을 것으로 추정된다.
91) 해남군 옥천면 영신리에 거주하는 후손들의 증언에 의하면, 1910년경 석지 채용신을 모셔다 영정을 移模했다고 한다.

여 세동은 현재 부여군 초촌면 세탑리이며, 이장지였던 공주 안영동
은 공주시 탄천면 안영리이다. 모두 덕촌이 살았던 덕촌정사에서
3km 남짓되는 거리에 위치한다. 필자는 현지조사를 통해 덕촌 묘소
를 발견하였는데, 묘소는 부여군 초촌면 세탑리 마을회관에서 뒤편
산자락으로 700m정도의 한침대고개 중턱에 위치하고 있다.[92]

덕촌 양득중 묘소와 묘갈(부여 초촌 세탑리 소재)

　　덕촌 묘소는 봉분 앞에 근래에 조성된 상석과 망주석이 있고, 덕촌
을 기리는 묘갈(墓碣)도 확인할 수 있었다. 묘갈은 1907년 난곡(蘭
谷) 이건방(李建芳, 1861~1939)이 찬하고, 송설(松雪) 윤정중(尹正重,
1886~1954)이 글씨를 썼다. 이건방은 하곡 정제두를 계승한 한국 근
대의 대표적인 양명학자이며, 민정중은 명재의 백부인 윤훈거(尹勛擧)
의 10대손으로 노성의 파평윤씨 가문 사람이다.

[92] 덕촌 묘소의 주소는 부여군 초촌면 세탑리 산 28-1번지와 공주시 탄천면 남산
리 산 141번지의 경계에 위치한다. 후손 梁鍾承(1957년생, 논산시 노성면 호암
리), 梁潤喆(1952년생, 부여군 초촌면 응평리 오평마을)씨를 통해 확인하였다.

필자는 덕촌 정도 학자의 묘갈명이 사후 무려 165년이 지난 1907
년에 지어졌다는 것이 쉽게 납득이 가지 않았다. 조선후기 사대부의
묘갈명은 집안의 가장(家狀)이나 후손들이 작성한 인물의 일대기인
행장(行狀)을 기초로 그 인물이 죽은 후 얼마 되지 않아 작성되는 것
이 일반적이기 때문이다. 또한 개인 문집의 경우 해당 인물에 대한
묘갈명이 들어가는 것 또한 일반적이다. 하지만 외증손인 윤인기가
1781년 발문을 작성하고, 1806년에 발간한 『덕촌집』에는 덕촌의 묘갈
명이 빠져 있다.

> 선생이 돌아가신 후 당화가 크게 있어 사람들이 모두 말하기를
> 꺼려 선생의 비문을 갖추지 못하였다가 이제 선생의 6세손 신묵(信
> 默)이 너무 오래되면 더욱 민멸될까 두려워하여 장차 비를 마련하
> 여 묘전에 세우고자 나더러 선생을 사모하는 연고가 있다하여 나에
> 게 명(銘)을 청하니 내가 감히 단문하다고 사양할 수 없기에 삼가
> 선생의 학문 출처의 대본과 또한 나의 소감을 써서 후일의 평론자로
> 하여금 선생의 도를 고찰하여 시비의 근본을 구하여 보면 처리할 바
> 를 알 수 있을 것이다.[93]

1907년 당시 48세였던 난곡은 묘비문(墓碑文)이 늦어진 이유를 밝
히고 있다. 덕촌이 죽은 후 후손에게 당화(黨禍)가 크게 있어서 사람
들이 덕촌을 모두 말하기를 꺼려해 비문을 갖추지 못하였다가 덕촌의
6세손인 양신묵(梁信默)이 난곡에게 "선생을 사모하는 연고가 있다"
하여 비문을 청하였다는 것이다. 현재까지는 덕촌 사후에 후손들에게

---

93) 「德村先生梁公墓碣銘」 : "先生沒, 黨人之禍大作, 人皆以言爲諱而先生碑誌之辭不
    具. 今先生六世信默, 大懼寢遠而寢泯, 將代石以樹墓門, 而以余之慕先生也, 有素
    來徵銘余不敢以不文辭謹書, 先生學問出處之大端與夫余所感于中者俾後之尙論者
    得以考先生之道, 而求是非之眞, 則可以知所處矣."

어떠한 큰 당화가 있었는지 알기는 어렵다. 하지만, 공주에 남아 있는 덕촌의 후손들이 미미하고, 후손들이 부안·해남 일대로 산재되어 있고, 덕촌의 자손의 묘소도 찾기도 지난(至難)한 바로 봐서는 그 정황을 이해할 수 있다. 또한 제주양씨 족보에는 덕촌의 아들인 양순유·양순흠과, 손자인 양기렴 등의 몰년이 기재되어 있지 않고, 특히 양순유의 묘소의 기록이 없는 것으로 보아 당화를 짐작해 볼 개연성은 충분히 있다.

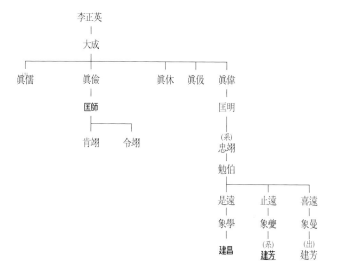

〈그림 9〉 난곡 이건방 가계도

난곡은 한국 양명학의 태두인 하곡 정제두(1649~1736)를 계승한 하곡학 계보에 속해 있다. 그는 전주이씨 덕천군파로 고조는 이충익(李忠翊), 증조는 이면백(李勉伯)이다. 이면백은 이시원(李是遠)·이지원(李止遠)·이희원(李喜遠) 세 아들을 두었는데, 이시원과 이지원은 병인양요 때 순절하였다. 조부는 이희원(李喜遠), 부친은 이상만(李象

曼)이나, 종숙(從叔) 이상기(李象蘷)가 후손이 없자 난곡은 그의 양자가 되었다. 이상기는 소곡 윤광소의 증손인 윤자만(尹滋晚)의 딸과 혼인하였기에, 난곡의 외가가 명재 집안이 된다. 또한 그의 종형인 영재(寧齋) 이건창(李建昌, 1853~1898)의 외가도 명재 집안으로 그의 부인인 파평윤씨는 윤훈거(尹勛擧)의 7대손 윤자구(尹滋九, 1804~867)의 딸이다. 이와 같이 난곡은 외가인 파평윤씨 명재 집안과 깊은 인연이 있었고, 자신이 학문적으로 사모하였던 덕촌에 대한 존숭의 마음에서 묘비명을 작성하였던 것으로 짐작된다.

다소 늦은 감이 있지만, 덕촌을 추숭하는 묘비 건립을 주도적으로 전개했던 후손은 6대손 양신묵(梁信黙)이었다. 양신묵은 1907년 8월에 당시 소론계의 거두 난곡에게 부탁하여 「덕촌선생양공묘비(德邨先生梁公墓碑)」를 지어 받았다.94) 그는 이로부터 10년이 지난 1917년 10월에야 비로소 묘비를 건립하는 데 성공한다.

그는 난곡이 쓴 비문 말미에 후손이 영체(零替)하고 한 조각의 가학(家學)이 전함이 없이 선생이 졸한 지 176년이 지났음을 한스러워하며, 난곡에게 비문을 요청하고 석물이 세워지기까지 안타까움을 절절하게 기술하고 있다.95)

양신묵(1851~1919, 호 우헌寓軒)은 앞서 〈그림 8〉에서 보듯이 보성 박실로 양자로 간 덕촌의 셋째 아들 양순채의 5대손이다. 묘비 건

---

94) 李建芳, 1971, 「答梁信黙書」, 「德邨先生梁公墓碑」, 『蘭谷存藁』, 靑丘文化社.

95) 「德村先生梁公墓碣銘」 : "惟我六世祖德村先生 學門之純出處之正有非近世儒者所能及焉. 聖祖褒奬之敎 昭揭殿壁而門傳道之責載在遺集. 但恨後孫零替家學無傳一片, 墓碑竪尙此闕如殆今二百年之久矣. 信黙爲是之懼請銘於作者碑文一篇 卽完山李建芳之所撰也. 其所以剖析於 先生用工之要發揮乎. 先生立言之旨殆無餘蘊矣. 往在丁未躬往受來事力 不遂因循未就 又將爲十有一年 窃恐 滄桑累變桑 偷已迫. 若不及時爲之則 難保其後日之成 而永爲沒世之恨. 遂乃具石顯刻안例立碑象設維新 觀瞻起敬於是乎. 先生墓隨之事庶無憾 馬役旣完略 記顚 未兼叙所憾 謹識于下. 先生沒後 一百七十六年 丁巳十月望日 六代孫 信黙 謹識."

립은 대체로 문집 발간과 같이 후손 중에 유력한 재력과 학문적 소견이 있어야 가능한 것으로 판단된다. 따라서 양신묵은 덕촌의 직손(直孫)도 아니고, 공주 지역이 아닌 전라도 보성으로 입양된 셋째 아들의 후손이라는 점에서 특이성을 갖고 있다. 양신묵이 이렇게 묘비를 건립할 수 있었던 것은 보성 지역의 대지주였기에 가능하였을 것으로 보인다. 그가 살고 있는 보성군 득량면 송곡리 박실(호곡毫谷) 마을에서 그는 아들 양재성(梁在誠, 1896~1951, 호 송은松隱), 양재경(梁在敬, 1904~1959)과 함께 2대에 걸쳐 지주 경영을 하였다. 그는 이곳에서 동계(洞契)·동답(洞畓)·동전(洞錢) 관리를 주도하였고, 보성군 향교의 운영(전교典校)에도 참여하였다. 또한 1910년 3월 보성군 옥암면 면장에 임명되기도 하였다. 특히 양신묵은 소작지(小作地)·자작지(自作地) 경영, 자염(煮鹽) 생산, 대우(貸牛) 경영, 시장(柴場) 발매, 고리대(高利貸) 및 장리(長利) 운용, 상업 활동 등 많은 부를 축적하며 대지주가 되었다.[96]

이렇게 유력한 재력을 바탕으로 양신묵은 200여 년 동안 잊혀져 있던 자신의 6대조인 덕촌의 사후 추숭사업의 일환으로 묘비 건립을 위해 직접 발로 뛰었던 것으로 보인다. 1907년 57세의 나이에 난곡을 찾아가 비문을 부탁하고 자신의 뿌리인 덕촌 선생의 묘비 건립을 주도하였다고 볼 수 있다.

---

96) 홍성찬, 2001, 「한말·일제하의 지주제 연구 −보성 양씨가의 지주경영과 그 변동−」, 『동방학지』 114, 연세대학교국학연구원.

Ⅳ. 나오는 말

양득중의 삶과 사상을 재조명하기 위한 기초작업의 일환으로 그에 대한 가계분석과 사후 추숭 연구는 아직 완성된 글이 아니다. 보학적 접근의 한계, 사료 미비에 따른 실체 규명에 한계가 많았다. 다만 이 글을 통해 분석한 결과를 정리하고, 앞으로의 남겨진 과제를 간략히 제언하면 다음과 같다.

덕촌은 학포 양팽손의 6대손이다. 학포는 기묘명현으로 도학적 이상사회를 구현하려던 학자였으며, 자손들은 임란·병란의 국난에 창의와 순절을 통한 절의(節義)의 뜻을 빛냈다. 덕촌의 고조 양산형은 처가인 영암 건계의 하동정씨 가문으로 입향하였고, 증조인 양범용은 영암 구림의 선산임씨와 혼인하며 영암지역의 재지 기반을 확대하였다. 할아버지 양도남은 영암 건계 인근의 영계로 입향하여 그 후손들이 세거하였는데, 양도남은 '노자(老子)의 도(道)'와 연계된 가학(家學)의 특징이 있었다. 큰아버지 양우회가 집안의 강학공간인 '소심재(小心齋)'를 만들었고, 덕촌은 재종 형제들과 함께 이 곳에서 가학을 전수받았다.

덕촌의 외증조 안방준은 보성에 세거하며 호남 의병장으로 창의, 저술·강학 활동을 통해 호남유학의 정맥(正脈)으로 평가된다. 특히 성혼의 문인인 안방준·윤황의 학맥은 덕촌과 명재 윤증과의 사제(師弟)의 연원의 근거라 할 수 있다. 덕촌이 영암에서 공주로 이주한 계기는 처가와 스승에서 찾을 수 있는데, 첫 번째 부인 반남박씨와의 사별, 첫 스승 박태초의 죽음이 중요한 계기가 되었을 것으로 보인다. 아천 박태초는 시남 유계의 문인으로 전주·부안에서 유년시절을 보내고 창계 임영과 종유했는데, 덕촌과는 처가 인척으로 맺어진 사문(師門)이었다. 공주 덕촌의 연안이씨와 재혼한 덕촌은 명재의 고제

(高弟)가 되고, 이 곳으로 이사오면서 관료생활과 소론 학자로서 학문적 깊이를 더해갔다.

덕촌은 아들 다섯을 두었는데, 큰 아들 양순유의 외손 윤인기가 『덕촌집』을 어렵게 간행했고, 차남인 양순흠의 처가는 부안으로 반계 유형원의 고제(高弟)인 김서경 집안임이 주목된다. 셋째 아들 양순채는 같은 학포 가문인 보성 박실로 양자 보냈는데, 노론의 신임사화와 연계된 박실 가문의 위기속에 소론인 덕촌의 도움이 있었던 것으로 보인다. 넷째·다섯째 아들 양순해와 양순희는 묘가 부안에 있고 자손들이 이 곳에 세거하고 있어 향후 부안으로의 입향 경위 연구가 필요할 것으로 판단된다.

양득중은 남겨진 발자취가 너무 미약함에 따라 그의 사후 추숭 연구는 지난했다. 먼저 덕촌의 문집 간행은 외증손 윤인기의 노력이 컸는데, 윤인기는 명재 학맥을 이어받은 소곡 윤광소의 문인으로 『덕촌집』이 활자로 간행되기까지 그의 무장현감 재직, 명재 집안의 도움이 추정된다. 특히 최근 현지조사 과정 중 발굴한 고문서(6책 145편)는 덕촌 연구의 새로운 전기가 될 것으로 보인다. 해남 영신리의 '덕촌영당'에 보관 중인 그의 영정은 사후 어느 시점에 제작되었는지 알 수 없으나 1864년 노강서원과 영암의 유림에 의해 봉안되었고, 1910년경 채용신에 의해 이모(移模)된 것으로 보인다. 양득중의 묘비는 보성으로 양자 간 양순채의 5대손 양신묵에 의해 1917년 부여 세탑리에 건립되었다. 덕촌의 묘소인 이 곳은 공주 덕촌정사에서 멀리 않는 곳에 위치하며, 묘비는 양신묵의 재력을 바탕으로 당대 대표적인 양명학자인 난곡 이건방이 1907년에 지었다. 난곡은 양신묵의 요청과 덕촌에 대한 사모와 존숭으로 묘비명을 작성하였다. 특히, 난곡은 이 묘비명에서 '덕촌 후손의 당화(黨禍)로 말하기를 꺼려했음'과 '아천의 양명학적 가르침'을 역설하고 있어 이에 대한 연구가 보다 심도있게 이루어져야 할 것으로 판단된다.

　덕촌은 분명 조선후기 실학이나 양명학 분야에서 중요한 인물이다. 덕촌에 대한 사상적, 인물사적 측면의 연구는 이제 시작이라 할 수 있다. 특히 최근에 발굴된 덕촌의 고문서에 대한 해제와 연구가 시급히 선행되었으면 한다. 또한 덕촌의 학맥, 교유 인물, 문인 등에 대한 인물사적 접근과 후손들의 당화(黨禍)와 덕촌에 대한 정치사적 연구도 함께 필요하다. 아울러 반계를 이은 호남 실학의 계승자, 소론 명재의 고제(高弟), 양명학자로서 덕촌의 사상 연구 등 다각적적인 연구가 향후 더욱 궁구히 전개될 것을 기대해 본다.

〈참고문헌〉

『敬菴遺稿』, 『蘭谷存稿』, 『潭溪遺稿』.

『明齋遺稿』, 『素谷遺稿』, 『六化集』, 『學圃集』.

『扶寧金氏 侍直公派族譜』.

『濟州梁氏 學圃公長子秉節公派譜』.

『坡平尹氏 魯宗派譜』.

국립공주박물관, 2011, 『공주의 명가2』.

양득중 저, 박명희·김석태·안동교 역, 2015, 『국역 덕촌집』, 경인문화사.

최영성, 1995, 『한국유학사상사』 Ⅲ, 아세아문화사.

김윤경, 2018, 「후기 하곡학파의 眞假論과 實學」, 『유학연구』 42, 충남대학교 유학연구소.

김승대, 2017, 「반계 유형원의 가계 분석」, 『한국실학연구』 34, 한국실학학회.

김승대, 2018, 「지역학으로서 반계학 연구」, 『한국사상사학』 60, 한국사상사학회.

김승대, 2018, 「호남 소론의 근거지 모산촌 연구 - 문화유씨 유수원 가계를 중심으로」, 『한국실학연구』 36, 한국실학학회.

박석무, 1998, 「17~8세기 호남유학의 전통」, 『한국한문학연구』 21, 한국한문학회.

송석준, 2007, 「난곡 이건방의 양명학과 실천정신」, 『양명학』 18, 한국양명학회.

안동교, 2009, 「해제」, 『보성 죽산안씨 고문서』, 전북대학교·조선대학교 한국학자료센터.

안동교, 2004, 「학포 양팽손의 도학사상에 대한 고찰」, 『대동철학』 27, 대동철학회.

양동규, 2009, 「보성 박실 대종손 입양의 문중사적 재조명」, 『보성종회』 2, 제주양씨 학포공파 보성종회.

유명종, 1977, 「덕촌 양득중의 실학사상 -양명학과 실사구시의 절충」, 『한국학보』 6, 일지사.

윤사순, 2008, 「명재 윤증을 중심으로 본 학맥의 분포」, 『유학연구』 17, 충남대학교 유학연구소.

이경수, 2010, 「경암 윤동수의 은둔자적 생애와 한시세계」, 『한국인물사연구』 13, 한국인물사연구회.

이남옥, 2018, 「하곡 정제두의 인적네트워크 -혼인관계와 묘도문자 찬자를 중심으로-」, 『양명학』 49, 한국양명학회.

이미진, 2019, 「덕촌 양득중의 趙苞 고사 인식과 그 의미」, 『어문연구』 47, 한국어문교육연구회.

이상성, 2009, 「명재 윤증과 덕촌 양득중의 학문 교유고」, 『한국사상과 문화』 40, 한국사상문화학회.

이형성, 2009, 「명재 윤증에 대한 후대 평가와 追崇」, 『유학연구』 20, 충남대학교 유학연구소.

지두환, 2003, 「시남 유계의 생애와 사상」, 『한국학논총』 25, 국민대학교 한국학연구소.

천병돈, 2014, 「난곡 이건방의 난곡존고 연구」, 『한국학』 134, 한국학중앙연구원.

최영성, 2004, 「안방준의 절의사상과 정신사적 의의」, 『퇴계학과 한국문화』 34, 경북대학교 퇴계연구소.

최윤정, 2020, 「덕촌 양득중의 論說類 작품 연구」, 『동양고전연구』 78, 동양고전학회.

한정길, 2013, 「덕촌 양득중 학문의 양명학적 성격에 관한 연구」, 『양명학』 34, 한국양명학회.

한정길, 2018, 「난곡 이건방의 양명학 이해와 현실 대응 논리」, 『양명학』 51, 한국양명학회.

홍성찬, 2001, 「한말·일제하의 지주제 연구 -보성 양씨가의 지주경영과 그 변동」, 『동방학지』 114, 연세대학교국학연구원.

덕촌 양득중의
실사구시 학문관과 탕평론

김용흠*

* 연세대 국학연구원 연구교수

Ⅰ. 머리말

덕촌(德村) 양득중(梁得中, 1665~1742)은 조선후기 향촌 재지사족(在地士族)으로서 학문을 통해서 자신과 세계를 변화시킬 수 있다고 믿고 평생을 통해서 실천한 유학자이자 관인(官人)이었다. 왜란과 호란, 즉 양란 이후 조선사회는 기층 민중들의 노력으로 농업생산력이 향상되고 개간을 통해서 경작지가 확대되어 전후 복구가 신속하게 진행되었다. 이와 함께 유통경제가 발달하여 상평통보(常平通寶)와 같은 화폐가 유사 이래 처음으로 전국적으로 유통되는 가운데 새로운 계층이 성장하였다. 농촌에서는 요호(饒戶)·부민(富民)으로 지칭되는 경영형부농·서민지주가 등장하였으며, 도시에서는 부상대고(富商大賈)·사장(私匠)·덕대(德大) 등 상공인층이 새로운 경제적 실력자로 부상하였던 것이다.[1]

그리하여 경제적·사회적으로는 격렬한 변화가 일어나고 있었지만 조선왕조를 지탱하고 있던 양반 중심 신분제와 지주제는 강고하게 유지되어 이러한 변화에 걸림돌이 되었다. 양반 지배층은 당시 상품화폐 경제가 활성화되어 도시가 발달하자 서울 중심으로 경화사족(京華士族)을 형성하고 과거를 통해서 관직을 독점하였다.[2] 양득중은 과거에 대한 관심을 멀리하고 전라도와 충청도를 오가며 향촌에서 주로 학문활동을 전개하였으므로[3] 이러한 양반의 주류 지배층과는 결

---

1) 崔完基, 1997, 「개요」, 『한국사 33 –조선후기의 경제』, 국사편찬위원회.
2) 경화사족(京華士族)에 대해서는 다음을 참조. 유봉학, 1995, 『연암일파 북학사상 연구』, 일지사 ; 이경구, 2014, 「18세기 말–19세기 초 지식인과 지식계의 동향」, 『韓國思想史學』 46, 韓國思想史學會.

을 달리하는 유자였던 것이다.

그렇지만 양득중이 과거를 포기하고 지방에서 학문에 몰두하였다고 해서 중앙학계에 대한 관심마저 끊어버린 것은 아니었다. 그가 탕평론(蕩平論)를 제창하고 1694년 갑술환국(甲戌換局) 이후 정승이 되어 이것을 조정에서 실천에 옮기고 있던 박세채(朴世采)의 종질(從姪)인 박태초(朴泰初)를 20년 가까이 스승으로 섬겼고, 박태초가 사거한 뒤에는 소론의 거두였던 윤증(尹拯)에게 나아가 역시 비슷한 기간 사제관계를 유지한 것은 향촌 재지사족이 중앙학계와 교류하면서 자신의 학문을 완성하려는 집요한 의지를 잘 보여준다.

또한 그는 조선후기 유자의 독특한 존재였던 산림(山林)으로 자처하지 않고[4] 조정이 부르면 출사하여 주어진 직책을 성실하게 수행하려 하였다. 그리하여 별천으로 9품의 능참봉에서 출발하여, 청요직(淸要職)으로 칭해지는 사헌부 지평, 장령 등을 거쳐서 죽기 직전에는 정3품 동부승지까지 승진하기도 하였다. 그렇지만 경화사족들이 대과를 거쳐서 청요직을 섭렵하고 화려하게 3공 6경으로 진출한 것과는 크게 다를 수밖에 없었던 것이다.

양득중의 학문에 대해서는 양명학(陽明學)과의 관련성이 연구되고 실학(實學)의 선구자로 규정되기도 하였다.[5] 그리고 최근에는 그의 상소문과 논설류 작품에 대한 분석도 시도되었다.[6] 그렇지만 그

---

3) 양득중 일족이 전라도와 충청도를 오가며 교류한 양상에 대해서는 아래 논고를 참고할 수 있다. 김승대, 2020, 「덕촌 양득중의 가계와 추숭에 관한 연구」, 『陽明學』58, 한국양명학회.

4) 조선후기 산림에 대해서는 다음을 참조. 禹仁秀, 1999, 『朝鮮後期 山林勢力 研究』, 一潮閣.

5) 劉明鍾, 1977, 「德村 梁得中의 實學思想 -陽明學과 實事求是의 折衝」, 『韓國學報』 6, 일지사 ; 한정길, 2013, 「德村 梁得中 학문의 양명학적 성격에 관한 연구」, 『陽明學』34, 한국양명학회.

6) 李美珍, 2019, 「德村 梁得中의 趙苞 고사 인식과 그 의미」, 『語文研究』제47권

의 정치론에 대한 연구는 1990년대 박광용과 김성윤이 학위논문에서
부수적으로 언급한 것에 그쳤다.[7] 양명학과 실학, 그리고 탕평론과
관련하여 그의 학문이 관심을 끌고 있지만 아직 이들 사이의 관계를
분명하게 정리하지 못하고 있는 것이 현실이다. 본고에서는 양득중의
실사구시(實事求是) 학문관과 탕평론과의 관련성을 밝혀서 이러한
문제에 대한 해답을 찾아보려 한다.

Ⅱ. 교유관계와 소론 탕평론

양득중의 학문을 이해하려면 우선 가학(家學)의 전통을 거론하지
않을 수 없다. 그를 낳은 제주양씨 집안은 선조 양보숭(梁保崇) 이래
고려시대부터 전라도 나주·영암·화순 일대에서 세거하면서 주변 사
족과 혼인을 통해서 세력을 확장한 전형적인 향촌 재지사족이었다.
조선시대 들어서 주목되는 인물은 양득중의 6대조인 학포(學圃) 양팽
손(梁彭孫, 1488~1545)이다. 그는 정암(靜菴) 조광조(趙光祖)와 함께
활동하다가 기묘사화(己卯士禍)가 일어나자 삭직되어 고향으로 돌아
와서, 화순으로 유배 온 조광조가 사약을 받고 죽은 뒤, 그 시신을 수
습하였다. 양팽손의 셋째 아들인 송천(松川) 양응정(楊應鼎, 1519~
1581)은 대사성(大司成) 등을 역임하였고, 서인의 맹장 송강(松江)
정철(鄭澈)을 제자로 거느렸다.[8] 이후 동서 분당기에 이 가문은 자연

제1호 : 최윤정, 2020, 「덕촌 양득중의 論說類 작품 연구」, 『동양고전연구』78,
동양고전학회 ; 2020, 「덕촌 양득중의 시대 인식과 대응 양상 –사직소(辭職疏)
와 등대연화(登對筵話)를 중심으로」, 『이화어문논집』51.

7) 朴光用, 1994, 「朝鮮後期 '蕩平' 研究」, 서울대 박사학위논문, 87~91쪽 ; 金成
潤, 1997, 『朝鮮後期 蕩平政治 研究』, 지식산업사, 76~82쪽.

8) 김승대, 2020, 앞 논문, 9~10쪽.

스럽게 서인으로 좌정한 것으로 보인다.

양응정의 아들과 손자들은 왜란을 당하여 창의와 순절을 통한 절의(節義)를 보여주었는데, 양득중은 양응정의 증손인 양세남(梁世南, 1627~1682)을 족대부(族大父)라고 칭하면서 묘지명을 지어서 왜란 당시 이 집안의 행적을 기록으로 남겼다.9) 양팽손의 넷째 아들인 양응필(梁應畢, 1522~1577)의 자손들 역시 양란을 당하여 의병에 가담하였다. 특히 양응필의 증손인 양지남(梁砥南)과 양주남(梁柱南)은 병자호란 당시 양득중의 외증조인 안방준(安邦俊)의 막하에서 종군하였다. 양득중은 양지남의 아들인 양우규(梁禹圭, 1629~1714)에게 편지를 보내 자신의 조부를 포함한 이들 선대의 업적을 기록으로 남기는 방안을 논의하였다.10) 양우규는 서계(西溪) 박세당(朴世堂, 1629~1703), 명재(明齋) 윤증(尹拯, 1629~1714)과 같은 소론의 태두와 교류하였고,11) 그 아들 양거안(梁居安, 1652~1731)은 박세당과 윤증의 문인으로서 박태보(朴泰輔)·임상덕(林象德)·이진검(李眞儉) 등 소론의 주요 인물들과 교유하였다.12)

양득중 집안이 화순에서 영암으로 이주한 것은 고조인 양산형(梁山迵, 1545~1603) 때의 일이었는데, 이 집안은 영암 일대에 세거하는 명문(名門) 선산임씨·하동정씨와의 연혼을 통해서 재지적 기반을 확대한 것으로 보인다. 그리고 조부인 양도남(梁道南, 1607~1667)은 영암 건계(建溪)에서 영계(潁溪)로 옮겨서 개간을 통해서 가산을 늘렸다.13) 그 덕분에 장남인 양우회(梁禹會, 1635~1680)가 자신의 호를

---

9) 梁得中,『德村集』권10,「龍江處士墓誌銘」, 民族文化推進會 간행,『韓國文集叢刊』180책, 200~203쪽(이하 총간 ‘180-200~203’으로 표기).
10)『덕촌집』권9,「與雙山宗叔禹圭書」, 총간 180-186가(위 우측면)~187가.
11) 尹東洙,『敬菴遺稿』권11,「副護軍梁公行狀」, 총간 188-505.
12) 김승대, 2020, 앞 논문, 12~14쪽.
13) 김승대, 2020, 앞 논문, 16~17쪽.

따서 소심재(小心齋)라는 집을 지어서 손자들에게 강학공간으로 제
공할 수 있었던 것으로 보인다. 여기서 양득중은 '중(中)'자 항렬의
종형제들과 함께 공부하면서 가학(家學)을 익혔다.[14]

　양득중의 학문에 영향을 미친 것은 친가뿐만이 아니었다. 그의 외
가와 처가 역시 그의 학문적 성장에 큰 도움을 주었다. 그의 모친은
안익지(安益之, 1608~1687)의 딸이었는데. 안익지는 안방준(安邦俊,
1573~1653)의 넷째 아들이었으므로, 안방준은 양득중에게 외증조부
가 된다. 안방준은 우계(牛溪) 성혼(成渾)의 문인으로서 왜란과 호란
당시 의병을 일으켜 명성을 떨쳤으며, 과거에 나아가지 않고 화순에
서 강학 활동과 문인 교육에 힘썼다. 그는 본가와 처가의 재산이 상
당하여 의병과 저술, 강학활동에 전념할 수 있었다.[15]

　양우회의 사위이자 양득중의 4촌 누나 남편이었던 안여해(安汝諧,
1657~1691)는 양득중이 양팽손의 '가성(家聲)'과 안방준의 '의열(義
烈)'을 겸비하였다고 칭찬하였다.[16] 그렇지만 이것만으로는 양득중
이 소론으로 좌정한 이유를 설명하지 못한다. 안방준은 서인이 분열
되기 전에 사거하였는데, 성혼의 문인이라는 점에서는 소론과 친화적
이지만, 그의 사상 경향은 송시열(宋時烈) 등 노론의 의리론적 성향
에 보다 가까웠기 때문이다.[17]

　양득중의 첫 번째 부인은 반남박씨(1665~1702)였는데, 그 장인
박세반(朴世攀, 1635~1697)은 박세채(朴世采, 1631~1695)와 재종간
이었으며, 그 스승 박태초(朴泰初, 1646~1702)는 박세채와 박세반의
재종질이었고, 그 부인과 8촌간이었다. 양득중의 부친인 양우주(梁禹

---

14) 김승대, 2020, 앞 논문, 18~20쪽.
15) 김승대, 2020, 앞 논문, 23~24쪽.
16) 『덕촌집』 권7, 「附安進士贈言序」, 총간 180-128라(아래 좌측면).
17) 趙成山, 2005, 「17세기 중·후반 서울·경기지역 西人의 경세학과 정책이념」, 『韓
　　國史學報』 21, 高麗史學會, 113쪽.

疇, 1642~1694)는 박세채·임영(林泳)과 교류하였다.18) 서인이 노론과 소론으로 분열되고 나서 양득중이 소론으로 좌정한 것은 그의 종숙 양우규와 부친 양우주의 영향을 받은 것으로 보인다.

박세채와 정제두(鄭齊斗)는 양득중 가문의 학문이 깊은 것을 인정하면서도 그것을 노자(老子)의 사상과 가까운 것으로 간주하였다.19) 이것은 양득중의 가학이 주자학만을 존신한 것은 아니라는 것을 보여준다. 잘 알려진 것처럼 박세채는 환국이 반복되는 정치적 혼란기였던 숙종대에 탕평론(蕩平論)을 제출하였으며, 1694년 갑술환국 이후 정승으로서 조정에 나가 이것을 실천하는 것에 힘썼다.20) 정제두는 윤증·박세채 문인이었으며, 숙종대 정국에서 소론 탕평파를 대표했던 최석정(崔錫鼎)과 박세채 문하에서 동문수학한 사이였다.21)

양득중은 박세채와 함께 갑술환국 이후 정국을 주도했던 소론 탕평파 대신 남구만(南九萬), 신익상(申翼相)과 윤지선(尹趾善), 박태상(朴泰尙) 등의 추천을 받았다.22) 그리고 스승 박태초가 죽고, 두 번째 부인 연안이씨를 맞이한 이후에는 처가 주변의 공주 덕촌으로 거주지를 옮기고, 그곳과 가까운 노성(魯城) 유봉(酉峯) 지역에 거주하고 있던 윤증에게 나아가 스승의 예를 갖추었다.23)

윤증은 양득중의 학문을 깊이 신뢰하였다. 그가 강원도 유생 최도명(崔道鳴)이 이기론(理氣論)에 대해 문의하자 양득중에게 답변서 작성을 일임한 것은 그것을 말해준다.24) 이후 윤증 문하에서 활동하면

18) 김승대, 2020, 앞 논문, 22, 28쪽.
19) 『덕촌집』 권10, 「祖考尋何翁狀草」, 총간 180-216라~217가.
20) 김용흠, 2008, 「南溪 林世采의 變通論과 皇極蕩平論」, 『東方學志』 143, 연세대 국학연구원.
21) 정두영, 2009, 「朝鮮後期 陽明學의 受容과 政治論」, 연세대 박사학위논문, 81~86쪽.
22) 『숙종실록』 권27, 숙종 20년 8월 19일 갑인.
23) 김승대, 2020, 앞 논문, 26쪽.

서 사실상의 수제자 역할을 수행하였던 것으로 보인다.25) 노소론이
갈등하는 와중에서 윤선거·윤증의 신원 문제를 논의하고, 이들을 윤
황(尹煌)과 함께 노강서원(魯岡書院)에 배향한 것을 비롯하여 윤전
(尹烇)·윤순거(尹舜擧)·윤원거(尹元擧)·윤문거(尹文擧)는 물론 윤증
의 종형제인 윤진(尹搢)까지 윤씨 일문의 서원 배향을 주도한 것에서
그것을 볼 수 있다.26)

　둘 사이의 밀접한 관계는 파평윤씨와 제주양씨 가문의 연혼 관계
로 이어졌다. 양득중의 장남 양순유(梁舜俞, 1692~?)는 자신의 장녀
를 윤광하(尹光夏, 1715~1742)에게 출가시켜 그 아들 윤인기(尹仁基,
1740~1811)가 양득중 문집인 『덕촌집』의 간행을 주도하였다.27) 뿐
만 아니라 양득중은 윤증의 아들 윤행교(尹行敎, 1661~1725), 아우 윤
추(尹推, 1632~1707), 윤선거의 증손인 윤동수(尹東洙, 1674~1739),
윤행교의 아들인 윤동원(尹東源, 1685~1741) 등 윤씨 일문과도 서신
을 서로 주고받았다.28) 이들 사이에 중요하게 논의된 것 가운데 하나
가 1716년 병신처분(丙申處分)을 전후한 시기의 사문(斯文) 시비, 즉
회니시비(懷尼是非)에 관한 것이었다.29)

---

24) 『덕촌집』 권1, 「年譜」, 총간 180-6나.

25) 이상선, 2008, 「明齋와 德村의 交遊考」, 『儒學研究』 17, 충남대 유학연구소.

26) 박병희·김석태, 2015, 「양득중, 조선후기 실사구시 정신을 배양하다」, 『덕촌집
　　1』, 한국고전번역원 한국문집번역총서, 경인문화사, 20~21쪽.

27) 김승대, 2020, 앞 논문, 39쪽.

28) 『덕촌집』 권9에 이들과 주고받은 서신이 실려 있다.

29) 회니시비에 대한 기존의 연구는 다음과 같다. 幣原坦, 1907, 『韓國政爭志』, 三省
　　堂書店 ; 小田省吾, 1923, 『李朝政爭略史』, 『朝鮮史講座分類史』, 朝鮮史學會 ;
　　玄相允, 1949, 『朝鮮儒學史』, 民衆書館 ; 李丙燾, 1958, 『韓國儒學史草稿』(프린
　　트 本), 서울대 문리대 국사연구실 ; 成樂熏, 1965, 「韓國黨爭史」, 『韓國文化史
　　大系』(2), 高麗大 民族文化研究所 編 ; 姜周鎭, 1971, 『李朝黨爭略史』, 서울대
　　출판부 ; 李銀順, 1988, 『朝鮮後期黨爭史研究』, 一潮閣 ; 李熙煥, 1995, 『朝鮮後
　　期黨爭研究』, 國學資料院, 68~79쪽 ; 김용흠, 2010, 「肅宗代 前半 懷尼是非와

회니시비는 송시열과 윤증 사이에서 윤선거 묘갈명 작성을 두고 시작되었지만, 개인적인 은원 관계를 넘어서 17세기 후반에 전개된 정치적 사상적 논쟁의 핵심 쟁점이 포함되어 있다. 이 시기는 효종대 북벌(北伐)이 좌절된 뒤 서인과 남인 간에 당쟁이 격화되면서 예송 (禮訟)에 이어서 환국(換局)이 반복되어 정치적으로 격렬한 혼란에 빠져있던 시기였다.

흔히 효종대 제기된 북벌론에 대해서 그 비현실성이 지적되고, 양반 지배계급의 계급 지배를 위한 이데올로기라는 인식이 만연되어 있지만 이것은 사실의 일면만을 말한 것이다. 두 차례에 걸친 호란(胡亂)의 피해는 국왕을 포함한 왕실과 양반 지배층은 물론 계급·계층을 넘어서 전국민에게 미쳤으므로 북벌론은 누구도 부정할 수 없는 시대적 아젠다가 되었다.30) 이에 국왕인 효종 자신이 가장 적극적으로 앞장서서 추진하였지만 신료들 대부분은 반대하였다.31) 당시의 조선왕조 국가의 국력으로는 현실적으로 그것을 감당하기 어려웠기 때문이었다.

그렇지만 신료들 역시 북벌의 절대적 당위성 그 자체는 부정하지 못하였다. 그리하여 뜻있는 지식인들은 북벌을 추진하려면 국가 체제 자체를 재정비해야 할 것으로 보고 양반과 지주의 기득권을 포기하거나 양보하는 제도 개혁을 주장하였다. 이 시기에 대동(大同)과 균역(均役)이 시대적 화두가 된 것은 그것을 말하는 것이었다. 이러한 경

蕩不論 -윤선거·윤증의 논리를 중심으로」,『韓國史研究』148 ; 2012, 「당론서 (黨論書)를 통해서 본 회니시비(懷尼是非) -『갑을록(甲乙錄)』과『사백록(俟百錄)』비교」,『역사와 현실』85 ; 2014, 「전쟁의 기억과 정치 -병자호란과 회니시비」,『韓國思想史學』47, 韓國思想史學會 ; 2016, 「조선후기 노론 당론서와 당론의 특징 -『형감(衡鑑)』을 중심으로」,『韓國思想史學』53, 韓國思想史學會.
30) 김용흠, 2014, 앞 논문.
31) 김용흠, 2009, 「조선후기 왕권과 제도정비」, 이태진교수정년기념논총간행위원회,『국왕, 의례, 정치』, 태학사.

향을 학문적으로 체계화하여 등장한 것이 조선후기 실학(實學)이었으며, 그것을 정책으로 구현하려는 정치론이 바로 탕평론(蕩平論)이었다.[32] 결국 실학과 그 정치론으로서의 탕평론은 북벌론과 그 지향을 공유하면서 그 연장선상에서 등장한 것이었다.

효종·현종 연간 윤선거와 송시열 사이에 치열하게 전개된 논쟁 역시 북벌과 관련되어 있다. 당시 반청(反淸) 척화(斥和) 의리론(義理論)을 대표하였던 호서 산림(山林) 내부에서도 북벌 추진을 위해서는 대동과 균역을 원칙으로 하는 제도 개혁이 불가피하다는 것에 논의가 모아지고 있었다.[33] 그런데 송시열은 북벌의 의리 그 자체는 강조하였지만 제도 개혁에는 적극 나서지 않았다. 그 대신 윤휴(尹鑴)가 주자의 경전 주석을 비판한 것을 문제 삼으면서 이단(異端)이고 사문난적(斯文亂賊)이라고 비판하였다. 이에 대해 윤선거는 북벌을 추진하려면 제도 개혁이 반드시 필요하고, 이를 위해서는 사림(士林)이 일치단결해야 하니, 윤휴를 포용해야 한다고 주장하였다. 현종대 두 차례의 예송을 거치면서 송시열과 윤휴는 서로를 용납하지 못하는 적대관계를 형성하였으며, 이것은 서인과 남인의 당색 간 갈등으로 확대되었다. 윤선거는 예송과 같은 당쟁은 나라를 망하게 할 것이라면서 송시열과 윤휴를 모두 비판하고, 서인이든 남인이든 제도 개혁에 유능한 인재라면 당색을 따지지 말고 등용해야 한다고 주장하였다.[34]

북벌에 대하여 이러한 견해 차이가 있었기 때문에 송시열은 윤선거의 묘갈명에 불만을 표출하였으며, 윤선거·윤증 부자의 윤휴에 대한 입장을 물고 늘어지면서 이것을 수정해 달라는 윤증의 요구를 거절하였다.[35] 그런데 두 사람 사이의 갈등이 조정으로 확대된 것은

---

32) 김용흠, 2020①, 『조선후기 실학과 다산 정약용』, 혜안.
33) 김용흠, 2005, 「17세기 政治的 갈등과 朱子學 政治論의 分化」, 오영교 편, 『조선후기 체제변동과 속대전』, 혜안.
34) 김용흠, 2005, 2010, 2014, 앞 논문.

1684년 최신(崔愼)의 상소 때문이었다.

이것은 1683년 박세채가 황극탕평론(皇極蕩平論)을 제창한 직후라는 점이 우선 주목을 요한다. 현종대 예송의 연장선상에서 숙종대 환국이 반복되어 국왕을 포함한 양반 지배층 전체가 공멸의 위기에 빠지자 이것을 극복하기 위해 제기된 것이 탕평론이었다.[36] 당시의 국가적 위기를 극복하기 위해서는 당파적 의리 논쟁이 아니라 정책을 모색하는 것에 정치력을 집중해야 한다는 박세채의 탕평론은 뜻있는 관인·유자 일반의 광범위한 지지를 받았는데, 이로 인해 정치적 사상적으로 위기의식을 느낀 송시열 측에서 나온 것이 바로 최신의 상소였던 것이다.

최신의 상소로 인해 정승들 사이에서 논란이 일어나고, 서인 중진들까지 분열되어 서로 다투었으며, 노소론이 각각 삼사(三司)에서 상소하고, 성균관과 재야 유생들의 상소까지 이어져 그야말로 거국적인 갈등 양상을 빚어냈다.[37] 1687년에는 송시열이 직접 상소하여 윤선거가 사문난적인 윤휴를 비호하여 세도에 해를 끼쳤다고 비난하기까지 하였다. 이에 윤선거 문인들 사이에서 나양좌(羅良佐)를 소두로 삼고 윤선거를 변론하는 상소문이 나왔다. 이 상소문에서 윤선거가 윤휴 등 남인을 포용하자고 주장한 것은 바로 '탕평'을 실현하기 위한 것이었다고 주장하여 탕평론이 북벌론의 연장선상에 있다는 것을 분명히 보여 주었다.[38]

1694년 갑술환국 이후에는 남구만·박세채·최석정 등 소론 탕평파 대신들이 숙종의 지지를 받으며 탕평책을 추진하는 가운데, 회니시비에 대해서는 숙종이 그것은 사가(私家)의 일이니 조정에서 논할 일이 아니라고 하면서 송시열과 윤증을 동시에 존중하는 모습을 보였으므로 상당 기간 큰 논란이 일어나지 않았다.

그런데 1714년 윤증이 죽자 최석정이 지은 제문에서 송시열이 '북벌(北伐)' 대의를 내세워 헛된 명성만을 누렸을 뿐 실질적인 성과는 없었다고 비판하자 조정에서 회니시비가 재연되었다. 1715년에는 『가례원류(家禮源流)』의 간행을 둘러싸고 논란이 격화되자, 숙종은 처음에는 소론편을 들었다가 이듬해인 1716년에는 윤증이 스승인 송시열을 공격한 말은 많지만 송시열이 윤선거를 욕한 말은 없다면서 노론편을 들어주었다. 이에 경기·충청·전라도 유생을 대표한 신구(申球) 상소가 나와서 윤선거가 송시열을 무함하였을 뿐만 아니라 효종까지 무함하였다고 주장하면서 그의 문집을 헐어버리라고 요구하자 숙종이 윤선거 문집 판본을 헐어버리게 하고, 결국 윤선거와 윤증의 관작을 추탈하였다. 이것이 이른바 병신처분(丙申處分)이었다. 이로써 갑술환국 이후 정국 운영의 대원칙이었던 탕평책이 무너지고 노론이 전권을 행사하기에 이르렀다. 이것은 회니시비가 탕평책의 향방을 보여주는 바로미터라는 것을 입증한 것이었다.[39]

1715년 『가례원류』를 둘러싼 시비가 일어나자 윤증 문인들은 양득중에게 윤선거와 윤증을 변론하는 상소를 지어줄 것을 요청하였는데, 양득중은 이것을 거절하였다. 이때 양득중은 윤증이 박태보에게 보낸 편지를 인용하여 자신의 입장을 피력하였다.[40]

앞서 언급한 나양좌 상소문을 작성한 사람은 박태보였는데, 윤증은 이 상소를 반대하였다.[41] 그 이유는 윤선거가 북벌을 위해 예송을

39) 김용흠, 2020, 「晩靜堂 徐宗泰의 정치 활동과 탕평론」, 『고전번역연구』 11, 韓國古典飜譯學會, 77~79쪽.
40) 『덕촌집』 권9, 「擬答尹大源書」, 총간 180-168라.
41) 김용흠, 1996, 「朝鮮後期 老·少論 分黨의 思想基盤 −朴世堂의 『思辨錄』 是非를 中心으로」, 『學林』 17, 延世大 史學硏究會, 70~72쪽.

비판하였듯이, 정치는 정책 논쟁을 중심으로 전개되어야 한다는 것이 윤선거의 뜻인데, 자기 부친을 변론하기 위해 상소하는 것은 의리 논쟁에 빠져들게 되어 그러한 취지를 거스르게 될 것이기 때문이었다. 즉 당시 윤선거 문인들은 송시열의 부당한 공격으로부터 스승을 변론하지 않을 수 없었지만 그것은 스승의 뜻을 계승한 탕평론과 어긋난다는 딜레마에 빠져 있었던 것이다. 그리하여 윤증은 나양좌 상소문이 나와서 자신의 부친에 대한 모함이 한번 신변(伸辨)된 것을 다행으로 여겼지만 이것은 '초심(初心)'이 '전이(轉移)'된 것이어서 다시 '무정견(無定見) 무정력(無定力)'에 빠졌다고 개탄하였던 것이다.[42]

양득중은 이러한 윤증의 편지를 인용하여 상소하는 일이 '이익이 없고, 의리에 마땅치 않다[무익어사無益於事, 유겸어의有慊於義]'고 하면서, 피차가 '혈전(血戰)'을 벌여서 승리하려고 하면 갈등이 끝없이 이어질 것이라고 우려하였다.[43] "사문시비는 조정에서 바로잡을 일이 아니"라는 것이 그의 기본 입장이었으며, 이러한 의리가 밝혀진다면 사습(士習)을 바로잡을 수 있고 당쟁도 종식시킬 수 있다고 보았다.[44] 이것은 양득중이 윤증 못지않게 윤선거의 북벌론과 숙종대 탕평론 사이의 연관관계를 정확하게 인식하고 있음을 보여준다.

양득중은 그 대신 죽기 직전에 「명대의변(明大義辨)」을 지어서 송

42) 『덕촌집』 권9, 「擬答尹大源書」, 총간 180-168라~169가 "函丈答朴定齋書曰'今玆之事, 不能堅定, 以至於此. 蓋不肖之心, 亦不堪其構誣, 猶以一卞爲幸, 故不覺初心之轉移也. 事出之後, 始復惕然無定見、無定力, 可懼可愧'云者, 赤心惻怛, 誠意藹然, 此所以爲吾函丈盛德也, 恐不可以一時撝謙之言而看也."

43) 『덕촌집』 권9, 「擬答尹大源書」, 총간 180-169나~다, "無益於事, 有慊於義, 吾兩人語默, 實涉無謂矣。。。是則惟以血戰求勝爲務, 正兵家所謂'譬如兩鼠鬪於穴中, 將勇者勝'也. 此非迂儒所敢聞也. 況此方求勝, 彼亦求勝, 一向如此不已, 畢竟何所底止耶? 弟之昨書所謂'未知末梢何者爲勝而何者爲負'云, 而將來看看漸到眞境矣."

44) 『덕촌집』 권9, 「與尹長文書 己亥」, 총간 180-180나, "斯文是非, 非可取正於朝廷一語, 實是俟不惑之正義。。。苟使此一義明於一世, 則士習可以自正, 民俗可以自淳, 黨比傾軋, 可以自然妥帖矣."

시열의 북벌론을 비판하였다. 이 글의 요점은 송시열이 1649년 효종에게 올린 「기축봉사(己丑封事)」에서 주자(朱子)의 차자(箚子)를 잘못 인용하는 우스꽝스러운 잘못을 범하였다는 것이다. 그 가운데 '수정사이양이적(修政事以攘夷狄)' 항목에서 그 내용은 '화이적(和夷狄)'인데, 억지로 '양이적(攘夷狄)'이라고 이름 붙이고,45) 주자의 '척화지설(斥和之說)'을 빌려서 당시의 '강화지사(講和之事)'를 설명하는 데 이용하여, 주자의 이름을 빌려서 자신의 사욕을 차리려 하였다는 것이다.46) 당시에는 청나라와 '강화(講和)'할 수밖에 없는 것이 현실이었는데도 주자의 '양이적(攘夷狄)'설을 빌려서 효종에게 영합하여 스스로 출세하는 도구[발신지적치發身之赤幟]로 삼았으며, 주자가 강화(講和)를 비판한 말은 은폐하고, 그 대신 있지도 않은 '어리석게도 이익을 탐하면서 수치를 모르는 자들[완둔기리무치자頑鈍嗜利無恥者]'을 억지로 설정하여 주자의 '삼엄(森嚴)하고 정대(正大)한 말'을 빌려서 비판하는 우스운 일을 자행하였는데도 온 세상 사람들이 그 명실(名實)을 구분하지 못한다고 비판하였다.47) 특히 그는 송시열을 공격하는 자들, 즉 소론 당인들까지도 당쟁에 빠져서 서로 공격하기에 바쁠 뿐 이러한 점을 깊이 있게 지적하지 못하는 현실을 개탄하였다.

또한 송시열이 주자를 제멋대로 인용하여 자신의 주장을 합리화한 부분을 나열하고, 끝부분에서는 윤선거가 '지금은 주자의 시대와는 다르다'고 하면서 점잖게 송시열을 꾸짖은 구절을 인용하여 끝을 맺었다.48) 즉 그가 송시열 북벌론의 허구성을 비판하고 윤선거 북벌론을 긍정적으로 평가하면서도 윤씨 일문의 상소 요구를 거절한 것은

45) 『덕촌집』 권5, 「明大義辨 庚申」, 총간 180-97나.
46) 『덕촌집』 권5, 「明大義辨 庚申」, 총간 180-99다.
47) 『덕촌집』 권5, 「明大義辨 庚申」, 총간 180-98.
48) 『덕촌집』 권5, 「明大義辨 庚申」, 총간 180-100나.

효종대의 북벌론과 소론 탕평론 사이의 연속성을 정확하게 이해하고 있었기 때문에 나온 것이었다. 또한 그와 관련하여 '천하의 일은 시세에 따라서 그에 맞는 정책을 추구해야 한다'고 한 것은 북벌론의 연장선상에서 새로운 사상과 정책을 모색할 수 있는 가능성을 보여준다.[49]

이처럼 양득중은 양팽손 이래 가학(家學)의 전통 위에서, 향촌 재지사족이면서도 소론으로 좌정하고 북벌론과 소론 탕평론에 대한 깊이 있는 이해를 보여주었다. 이것은 사승관계 못지않게 그의 학문이 자득(自得)의 경지에 이르렀기 때문에 가능한 일이기도 하였다.[50]

III. 실사구시 학문관과 조선후기 실학

1. 허위지풍 비판과 실사구시 학문관

양득중은 당시 국가가 위태롭고 민생이 도탄에 빠진 것은 학문이 잘못 되거나 학자가 없기 때문이 아니라 허위(虛僞)의 풍조가 만연되어 있기 때문이라고 하였다. 그는 당시 사회를 바로잡는 데 공자·맹자의 유가(儒家) 사상을 실천하면 충분할 것으로 보았으며, 정자(程子) 등 송대의 유학자들이 단절된 유학을 이어서 그 사상을 재천명하였다고 본 것도 당대 유학자 일반과 다를 것이 없다. 공자가 정리한

---

49) 『덕촌집』 권5, 「明大義辨 庚申」, 총간 180-99나, "凡天下之事時與勢移, 莫不各有其宜." 이렇게 보면 북벌론은 상황변화에 따라서 언제든지 북학론으로 변모될 수 있으며, 탕평론을 통해서 양자를 연속선상에서 이해할 수 있을 것이다. 최근의 논고(許太榕, 2010, 「17·18세기 北伐論의 추이와 北學論의 대두」, 『大東文化硏究』 69, 성균관대 대동문화연구원)는 이러한 측면을 간과하였기 때문에 양자의 대립적 측면만을 강조한 것으로 보인다.

50) 李建芳, 『蘭谷存稿』, 「德村先生梁公墓碑」.

육경(六經)에 그 내용이 다 있으며, 그 가운데 『예기(禮記)』의 『대학(大學)』과 『중용(中庸)』에 그 요체가 들어 있는데, 정자가 이것을 '표장(表章)'한 이래 주자의 집주(集註)가 나왔고, 혹문(或問)에는 여러 유자들의 견해가 담겨 있어서 얼마든지 볼 수 있다고 하였다.[51] 그 근거가 된 이기(理氣)·인성론(人性論)을 긍정하고,[52] 공맹의 도(道)를 실천하기 위해 송학(宋學)에서 제시한 존양(存養)·성찰(省察)의 수양론을 모두 수용하였다.[53]

이러한 훌륭한 학문이 있어서 조선왕조 국가에서는 '숭유중도(崇儒重道)'를 구호로 내걸었지만 '허위지풍(虛僞之風)'이 습성(習性)이 되어서 전승되기에 이른 것은 '문승(文勝)'의 폐단에서 시작하여 '당비지사(黨比之私)'에서 완성되었다고 한다. 숭유중도라는 구호 자체가 유학과 조사(朝士)를 둘로 나누는 결과를 초래하여, 조정 신료들은 스스로 수양하지 않으니 수기치인(修己治人)의 의리가 점차 희미해져서, 유학은 오히려 출사하지 않는 것을 고상하게 여기고, 조정 신료들이 유학이라는 이름으로 이것을 숭장(崇獎)하여 그것이 문승의 폐단에 빠진 것을 자각하지 못한다고 조선후기 정치에 특유한 존재인 산림을 분명하게 비판하였다.[54]

여기에 장보(章甫)의 무리가 합세하여 당비(黨比)를 이루면 서로 갈등하여 사생(師生)의 의리를 강론하면서 스승을 변론하는 상소를 일삼을 뿐, 학문은 치지도외하여 자신의 존재를 망각하고, 진신(搢紳)은 자신이 맡은 직무를 돌보지 않아서 국가가 있는 줄을 모른다. 이들은 '위사도(衛斯道) 부세교(扶世敎)'를 표방하면서 '사생지의(師生之義)'를 내세웠지만 사생(師生)으로는 많은 사람을 끌어들이기 어려

---

51) 『덕촌집』 권2, 「辭別諭召命疏 辛酉」, 총간 180-43라~44나.
52) 『덕촌집』 권4, 「理氣論」, 총간 180-64가~65다.
53) 『덕촌집』 권4, 「揠苗說」, 총간 180-76라.
54) 『덕촌집』 권1, 「辭召之疏 己酉」, 총간 180-19가~다.

우므로 사문(斯文)을 내세워서 당(黨)을 규합하는 핵심 장치로 삼고, 사우(祠宇)와 서원(書院)을 통해서 세력을 결집한다.55)

　그런데도 국가가 이것을 도와주니, '오도(吾道)'라는 이름으로 '오유(吾儒)의 의리(義理)'를 빌려서 국가의 재물을 도둑질하여 '무상행사(誣上行私)'하고 각자 문호를 세워서 그 경영에 골몰할 뿐 국가가 쇠약해지는 것은 알지 못한다. 이처럼 의리를 가탁(假托)하고 허위를 숭상하니 유자의 '상생상양지도(相生相養之道)'는 멸절되기에 이르고 말았다는 것이다.56) 그로 인해 국가와 민, 군주와 신하, 경연(經筵)과 정교(政敎), 학교와 유생, 유자와 도덕이 분리되어 따로 놀아서 정치는 무너지고 민은 유리도산하였다고 고발하였다.57)

　양득중은 당시 이처럼 허위의 풍조가 만연하여 빚어진 폐단을 극복하기 위한 방안으로 실사구시(實事求是)를 제시하였다. 그가 말하는 '실사(實事)'란 특별한 것이 아니라 각자가 맡은 직분을 충실하게 수행하는 것이고, '구시(求是)'란 사람들이 각자 맡은 직무에서 마땅히 해야 할 일을 수행하면서 그 옳은 것을 살펴서 구하고 그 그른 것을 과감하게 제거하는 것이다. 군주는 다스리고 스승은 가르치며 선비는 주경야독(晝耕夜讀)하는 것이 바로 실사라고 하였다.58) 양득중은 맹자가 여민동락(與民同樂)을 말한 것과 같은 차원에서 영조에게 실사구시를 입지(立志)의 표준(標準)으로 제시하였다.59) 또한 『주역(周易)』의 원리를 설명하면서 학문이란 '실심(實心)'을 갖고 '실사(實

---

55) 『덕촌집』 권1, 「辭召之疏 己酉」, 총간 180-19다~라.
56) 『덕촌집』 권1, 「辭召之疏 己酉」, 총간 180-20가~나.
57) 『덕촌집』 권2, 「又辭疏 丁巳」, 총간 180-41다~라, "蓋至此而國自國, 民自民; 君自君, 臣自臣; 經筵自經筵, 政敎自政敎; 學校自學校, 章甫自章甫; 儒爲別樣人, 道爲別件物事, 各自散落, 不相管攝. 《記》曰'其政散, 其民流, 誣上行私而不可止也'."
58) 『덕촌집』 권2, 「辭召之疏 辛亥」, 총간 180-30가~다.
59) 『덕촌집』 권2, 「告歸疏 辛亥」, 총간 180-33가.

事)'를 통해서 '실리(實理)'를 추구하는 '실학(實學)'이어야 한다고 실사구시 학문관을 정리하였다.[60)]

양득중은 당시의 선비들이 '위사도(衛斯道) 부세교(扶世敎)'를 내세우면서 말끝마다 의리를 말하고 염치를 내세우지만 당시보다 의리가 막히고 염치가 땅에 떨어진 적은 없었다고 개탄하였다. 그가 볼 때 벼슬에 나아간 자가 실천해야 할 진정한 의리는 삼황오제(三皇五帝)가 개물성무(開物成務)한 실사(實事)에 나아가서 민생(民生)의 이용후생(利用厚生)을 도모하는 것인데, 삼대 이후로 군주와 신하된 자들은 자기 직분을 알지 못하고 오직 명리(名利)만을 추구할 뿐이라고 비판하였다.[61)]

양득중은 이처럼 의리가 허구화된 것은 수신에 치중하는 송학(宋學)의 폐단이라고 분명하게 지적하였다.[62)] 그가 양심(良心)·양지(良知)를 거론하고, 천하의 리는 일본만수(一本萬殊)이며, 일본지리(一本之理)가 우리 몸에 있다는 것을 자각하는 것이 바로 무위(無僞)라고 말한 것은 분명 양명학의 심즉리(心卽理)와 유사한 측면이 있으며,[63)] 이것은 송학의 폐단을 의식하고 나온 것임이 분명하다. '의리로써 천하를 혼란하게' 만드는 것은 나의 마음에 의리가 있고, 국가가 나의 몸에 근본을 두고 있다는 것을 모르기 때문이라고 지적한 것도

---

60) 『덕촌집』 권2, 「辭別論召命疏 丁巳」, 총간 180-37라~38가, "苟非吾心之淡然虛明, 則無以見易理之潔靜精微矣. 吾心之淡然虛明, 易理之潔靜精微, 亦惟曰'眞實無妄'而已. 是知盈天地之間, 只是一箇實理而已. 理則實理, 心則實心, 學則實學, 事則實事, 無一毫私僞參錯於其間, 則實心淡然虛明, 而實理潔靜精微矣. 吾儒法門由來如此, 非若異端虛無寂滅之敎也."

61) 『덕촌집』 권4, 「揠苗說」, 총간 180-77다~라.

62) 『덕촌집』 권1, 「辭召之疏 己酉」, 총간 180-19가, "蓋自宋儒以來, 義理之蘊, 畢陳無餘, 而已有文勝之漸矣."; 총간 180-20가, "楚屈平《離騷》之賦, '蘭芷變而不芳, 荃蕙化爲茅. 何昔日之芳草, 今直爲此蕭艾也. 豈其有他故兮, 莫好修之害也.'"

63) 한정길, 2013, 앞 논문, 108~111쪽.

그와 유사한 인식을 보여준다.[64]

그렇다면 그가 양명학의 주요 명제인 심즉리, 치양지(致良知), 지행합일(知行合一)을 명시적으로 거론하지 않은 이유는 무엇일까? 송학을 집대성한 주자학(朱子學)은 중세 정치사상으로서는 타의 추종을 불허하는 논리적 정합성을 갖추고 있지만 그 사상 자체에 문제가 없는 것은 아니었다. 중국에서 송대 이학(理學)이 명대 심학(心學)으로 변화된 것은 주자학이 가진 문제점을 극복하는 과정이기도 하였다는 점에서 유학의 발전으로 볼 수 있다.[65] 양득중이 지적한 것과 같이 17세기 조선의 유자들이 허위의 풍조에 빠져든 것은 주자학 자체의 결함에서 연유된 측면도 있다고 보아야 할 것이다. 따라서 당시의 국가적 위기를 극복하려는 문제의식을 가진 유자들이 양명학에 관심을 갖는 것은 지극히 자연스러운 일이었다.[66]

그럼에도 불구하고 양득중이 양명학을 드러내놓고 표방하지 않은 것은 그가 수기치인이라는 유학의 본령에 보다 충실하려고 하였기 때문이었다. 중국에서는 양명 좌파가 나와서 이것을 부정하여 양명학 말류의 폐단이라고 비판받았다. 양득중이 개물성무(開物成務)의 실사(實事)로써 민생의 이용후생(利用厚生)을 도모하는 것이 벼슬하는 자들의 직분이라고 지적한 것은 이러한 측면에서 중요한 의미가 있었다. 이것은 그가 송명 이학의 수기(修己) 프레임에서 벗어나서 수기치인(修己治人)을 유학의 본령으로 간주하였다는 것을 의미하는 것이다. 즉 양득중의 실사구시 학문관은 양명학을 넘어선 유학을 지향

---

64) 『덕촌집』권1, 「辭召之疏 己酉」, 총간 180-17라~18가, "由是而人不知吾心之有義理, 又不知義理之在於吾心, 又不知天下國家之皆本於吾身, 馳騖虛僞, 遂成風俗, 百弊俱生, 靡有止屆, 以至於眩曜張皇, 誣上行私, 而不自覺其爲非."

65) 楊國榮 지음, 김형찬·박경환·김영민 옮김, 1994, 『양명학 —王陽明에서 熊十力까지』, 예문서원 ; 陳來 지음, 안재호 옮김, 1997, 『송명성리학』, 예문서원.

66) 김용흠, 2020①, 앞 책, 243쪽.

한 것이었다.

2. 실사구시 경세론과 실학

그렇지만 양득중은 조선왕조 국가가 직면한 신분제와 지주제의 모순에 대한 분명한 인식을 보여주지는 못하였다는 점에서 그의 학문을 조선후기 실학으로 간주하는 데 어려움이 있다. 물론 그가 17세기에 대동과 균역을 원칙으로 하는 제도 개혁을 통해서만 북벌이 가능하다고 본 윤선거의 북벌론을 잘 알고 있었으므로 양반과 지주의 특권을 제거 내지 약화시켜야 한다는 문제의식은 기본적으로 갖고 있었다고 보는 것이 합당할 것이다. 그렇지만 그가 실사구시를 원칙대로 추구한다면 사실에 기초하지 않은 제도 개혁을 말하기는 어려웠을 것이라는 점에 실사구시 경세론의 취약점이 존재한다.

그가 상소문을 통해서 영조에게 거듭 건의한 것은 탕평(蕩平)을 추진하는 원칙과 양역(良役)의 폐단을 바로잡는 방안, 그리고 서원(書院)의 폐단을 제거하는 것이다. 우선 탕평에 대해서는 먼저 의리를 밝히고 취사를 결정하여[명의리明義理 정취사定取舍] 백성들로 하여금 조정의 처분이 모든 사람들이 인정하는 공적인 시비(是非)에서 나와서 광명정대하기가 청천백일과 같다는 것을 알게 해야 하며, 일마다 이렇게 하여 세월이 지나 사람들이 저절로 믿고 따르게 되면 자연스럽게 피차 간에 의심이 풀려서 소융(消融) 탕평의 영역에 이를 수 있다고 보았다. 만약 그렇게 하지 않고 탕평 그 자체를 하나의 명목으로 표방하고 목전에서 성급하게 그 효과를 보려고 들면 의리와 인심에 미진한 점이 남아서 탕평의 실효를 거두기 어려울 것이라고 경계하였다. 양득중은 맹자의 '알묘(揠苗)'에 대한 비판을 인용하면서 '물정(勿正) 물조장(勿助長)'이라는 말로 요약하여 제시하였는데, 이

것은 실사구시를 탕평책 추진의 대원칙으로 천명한 것이었다.[67]

16세기 이래 군포 징수로 군역을 대체하게 되자, 양반과 노비를 제외하고 상민(常民)들만 그것을 부담하게 되었는데, 민이 이것을 견디지 못하고 유리도산하게 되면 이웃과 친족은 물론 심지어 이미 죽은 자나 어린 아이에게까지 부과되는 이른바 인징(隣徵), 족징(族徵), 백골징포(白骨徵布), 황구첨정(黃口簽丁) 등의 폐단이 나오게 된다. 이것이 조선후기 내내 민을 괴롭히고 국가의 존립을 위협한 이른바 양역의 폐단이었는데, 양득중은 이에 대해 이이(李珥)의 「동호문답(東湖問答)」을 인용하여 징수하지 못한 모든 군포를 탕감해 주라고 주장하였다. 그로 인해 국가재정이 결손되는 것은 감수할 수밖에 없다는 것이 이이의 주장이었다고 한다. 그리고 그것에 맞춰서 양입위출(量入爲出)해야 하며, 국가 스스로 솔선수범하여 사치를 없애고 절약을 실천해야 할 것으로 보았다.[68]

양득중은 앞서 언급한 숭유중도의 구호가 서원과 사우가 난립하는 폐단을 부추겼다고 보았다. 숭유중도의 구호 때문에 선비들이 서원과 사우에 몰려들어 명리(名利)를 추구하는 장소로 삼고 근본 없는 의리를 가탁하여 허위의 풍조를 숭상하였다는 것이다. 원래 서원은 인재 양성에 목적을 두고 있고 사우는 현인을 제사하는 기능만을 가져 서로 그 역할과 기능을 달리하였지만 17·18세기에 당쟁이 격화되는 와중에 그 구분이 사라지고 폭발적으로 증가되어 사회문제가 되었다. 특히 숙종대에는 환국으로 집권 당파가 반복하여 교체되는 가운데 첩설(疊設)과 남설(濫設)이 만연되어 서원이 비정상적으로 격증하자 1713년 첩설 금지령이 내려질 정도였다.[69] 양득중은 이처럼 국가가

---

67) 『덕촌집』 권2, 「辭召之疏 庚戌」, 총간 180-26나.
68) 『덕촌집』 권2, 「辭召之疏 庚戌」, 총간 180-26나~라.
69) 鄭萬祚, 1997, 『朝鮮時代 書院研究』, 集文堂, 253~260쪽.

금지하였음에도 불구하고 설립 연도를 조작하여 이를 회피하고 원안
(院案)에 등재된 이름을 날조하여 보노(保奴)를 제한하는 규정마저도
무시하는 현실을 고발하였다.[70]

또한 양득중이 당시 선비들에게 만연된 허위의 풍조를 비판하면서
선비와 농민은 차별이 없으므로 주경야독(晝耕夜讀)하는 것이 선비
의 '실사(實事)'라고 한 것은 양반 신분제의 모순을 의식하고 나온 말
임이 분명하다.[71] 그는 영조에게 이것을 선비의 '직업(職業)'이라고
하면서 농사 지으며 국가에 역역(力役)을 바치고 동시에 경전을 익혀
서 수기치인의 도리를 수양하는 존재가 바로 그것이라고 말하였다.[72]
그렇지만 신분제의 폐단을 직접적으로 지적한 것은 보이지 않으며,
지주제의 문제점에 대한 언급 역시 찾을 수 없다.

그런데 그가 말년에 올린 상소문에서는 '경계(經界)'를 바로잡은
것이 삼황오제가 개물성무한 '제일의(第一義)'라고 주장하였다. 옛적
에는 경계를 바로잡아서 민에게 굳건한 항업(恒業)이 생기니 병사를
수괄하는 폐단이 없었고 귀천상하가 모두 '각득기직(各得其職)'하여
인심과 풍속이 돈후해졌다는 것이다. 그런데 후세에는 경계가 무너져
서 무한대로 '사점(私占)'이 확대되어 민에게 항산이 없으니 부역은
불균해지고 호구를 밝힐 수 없으며 군대가 정비되지 않고 사송(詞訟)
과 형벌(刑罰), 회뢰(賄賂)가 그치지 않아서 풍속이 각박해졌다고 하
였다. 토지(土地)는 천하의 대본(大本)이므로 대본이 바로잡히면 모
든 일이 그에 따라서 바로잡힐 것이라고 하면서 이것은 천경지의(天
經地義)이므로 바꿀 수 없다고 주장하였다.[73]

이것은 지주제에 대한 개혁 의지를 강력하게 피력한 것으로 볼 수

---

70) 『덕촌집』 권2, 「辭召之疏 辛亥」, 총간 180-30라.
71) 『덕촌집』 권2, 「辭召之疏 辛亥」, 총간 180-30나~다.
72) 『덕촌집』 권3, 「登對筵話」, 총간 180-55다.
73) 『덕촌집』 권2, 「又論疏 辛酉」, 총간 180-46다~라.

있는데, 그는 이와 함께 유형원(柳馨遠)의 『반계수록(磻溪隨錄)』이
바로 이 전제(田制)로부터 시작하여 설교(設敎)·선거(選擧)·임관(任
官)·직관(職官)·녹제(祿制)·병제(兵制)까지 남김없이 모두 거론하였
다고 소개하였다. 그는 이 책을 스승 윤증의 집에서 얻어 보았는데,
그 내용이 옛 성왕(聖王)의 유법(遺法)을 정리한 것으로 국가가 제대
로 된 정치를 행하려면 반드시 참고해야 할 것이라고 말한 윤증의 말
을 전하였다. 그리고 자신이 세심하게 살펴보니 '천리자연지공(天理
自然之公)'은 있지만 '인위안배지사(人爲安排之私)'는 없어서 질서정
연하고 조리가 있다고 높이 평가하였다.[74]

잘 알려진 것처럼 유형원은 『반계수록』에서 중국과 우리나라의 역
대 제도를 검토한 뒤, 토지제도의 개혁을 전제로 정치·경제·군사·교
육 등을 전면적으로 개혁한 새로운 국가구상을 제출하였다.[75] 양득
중이 여기에 주목한 것은 그의 실사구시 학문관이 체계적인 국가구상
으로까지 확대되어 나온 결과로 볼 수 있다. 조선후기 실학은 조선왕
조 국가의 봉건성(封建性)을 극복하려는 체계적인 국가구상을 빼놓
고는 거론할 수 없는데,[76] 양득중의 실사구시 학문관과 경세론은 이
로써 조선후기 실학에 손색이 없는 경지에 이르게 되었다.

---

74) 『덕촌집』 권2, 「又辭疏 辛酉」, 총간 180-47가~나.
75) 金駿錫, 2003, 『朝鮮後期 政治思想史 研究 −國家再造論의 擡頭와 展開』, 지식산
    업사 ; 정호훈, 2004, 『朝鮮後期 政治思想 研究』, 혜안.
76) 김용흠, 2020①, 앞 책. 조선후기 실학에 대해서는 그 개념을 두고 아직도 논란
    이 분분한 실정인데, 필자는 '조선후기 실학'은 역사적 개념이며, 유학의 경세
    론에 해당하는 사회경제 개혁론, 즉 새로운 '국가론'이 있어야 '조선후기 실학'
    으로 규정할 수 있고, 오늘날의 학문 범주에서는 '정치경제학'으로 규정할 수
    있다고 보았다.

IV. 영조 탕평책과 양득중의 탕평론

양득중은 경종대에 세제익위사(世弟翊衛司)에 근무하면서 영조와
인연을 맺었다. 영조는 즉위한 뒤 양득중을 불러 보고, 그가 '질실(質
實)'한 것에서 강렬한 인상을 받았다고 여러 차례 토로하면서 신뢰를
보였다.77) 그렇지만 그가 탕평책과 관련하여 인용한 맹자의 '물정 물
조장'은 너무 구체성이 없고, 양역의 폐단을 거론하면서 모든 도고(逃
故)를 탕척하라고 한 것은 비현실적으로 보였을 것이다. 그럼에도 불
구하고 좋은 말이라고 하면서 이어서 화폐에 대해서 물었다.

숙종대 상평통보가 전국적으로 유통되자 18세기 초에는 전황(錢
荒)이 발생하여 영조가 그 대응책 마련에 부심하였다. 당시의 전황은
동전을 폐지하거나 더 발행하지도 않는 봉건정부의 현상유지적 화폐
정책이 지속되는 가운데 상품생산·시장권의 성장에 기초한 화폐경제
가 확대되면서 동전이 봉건관부·양반관료·지주·부상(富商)들에게 집

77) 『덕촌집』 권3, 「등대연화」, 총간 180-48가 ; 『영조실록』 권30, 영조 7년 10월
29일 기미. 영조대 탕평책에 대해서는 다음 논고가 있다. 鄭萬祚, 1983, 「英祖代
初半의 蕩平策과 蕩平派의 活動」, 『震檀學報』 56 ; 崔完基, 1983, 「英祖朝 蕩平
策의 贊反論 檢討」, 『震檀學報』 56 ; 朴光用, 1984, 「蕩平論과 政局의 變化」, 『韓
國史論』 10, 서울대 ; 朴光用, 1985, 「英·正朝代 南人勢力의 위치와 西學政策」,
『한국교회사논문집』 II, 한국교회사연구소 ; 鄭萬祚, 1986, 「英祖代 中半의 政
局과 蕩平策의 再定立」, 『歷史學報』 111 ; 朴光用, 1994, 앞 논문 ; 1997, 「영조
대 탕평정국과 왕정체제의 정비」, 『한국사』 32, 국사편찬위원회 ; 정호훈,
1997, 「18세기 政治變亂과 蕩平政治」, 『韓國 古代·中世의 支配體制와 農民』(金
容燮敎授停年紀念韓國史學論叢 2), 지식산업사 ; 金駿錫, 1998, 「18세기 蕩平論
의 전개와 王權」, 『東洋 三國의 王權과 官僚制』, 國學資料院 ; 조준호, 2003, 「영
조 전반기 탕평책과 노론 내 분기」, 『조선시대의 정치와 제도』, 집문당 ; 원재
린, 2004, 「영조대 후반 소론·남인계 동향과 탕평론의 추이」, 『역사와 현실』 53,
한국역사연구회 ; 정호훈, 2004, 「18세기 전반 蕩平政治의 추진과 『續大典』 편
찬」, 『韓國史研究』 127, 韓國史研究會 ; 이근호, 2016, 『朝鮮後期 蕩平派와 國政
運營』, 민속원 ; 최성환, 2020, 『영·정조대 탕평정치와 군신의리』, 신구문화사.

중됨으로써 야기된 현상이었다. 따라서 전황으로 인해 피해가 집중된
계층은 직접 생산자층과 자본력이 열악한 소상인층이었으며, 그 중에
서도 소농민이 가장 많은 피해를 보았다. 특히 이 시기에는 매년 수
십만 냥에서 백만 냥을 헤아릴 만큼 각종 조세가 화폐로 납부되는 양
도 급증하였으므로 화폐구득을 위해서 농민층은 궁박판매와 고리대
수탈에 편입될 수밖에 없었다.[78]

이때 영조는 양득중에게 폐전(廢錢)과 정가(定價), 주전(鑄錢)에
대해서 물었는데, 양득중은 폐전은 생민(生民)의 명맥을 끊어버리는
일이라고 반대 의견을 분명히 하였고, 정가는 물품과 재화가 오르고
내리는 것은 인력으로 할 수 있는 일이 아니니 성공할 수 없을 것이
라고 하였으며, 주전에 대해서는 화폐 가치의 하락을 우려하였다.[79]
당시 영조는 폐전으로 여론을 유도하고 있었는데, 양득중은 여기에
반대한 것이었다. 이것은 결국 주전을 재개하는 것으로 결론이 났지
만, 향촌 유자였던 양득중이 중앙의 실무자들 못지않은 현실인식을
과시한 사례였다. 또한 양득중이 거론한 것이 영조에 의해 수용된 일
도 많았다. 대표적인 것이 1741년(영조 17)에 단행된 사원(祠院) 훼
철령이었다. 이것은 양득중이 서원과 사우의 폐단을 반복하여 거론한
것이 영조에 의해서 받아들여져서 신료들과의 논의 끝에 단행되었다
고 볼 수 있다. 이로써 서원과 사우가 남설되는 경향을 둔화시키는
성과를 거두었다.[80] 그리고 영조가 신하들이 내세우는 '명론(名論)'
이 '공평함을 잃었다'고 비판하고, 당론(黨論)을 '자작의리(自作義理)'
로 지목하여 파기하였으며, 의리를 주도한다는 산림(山林)이 군주를
무시한다고 비난한 것 등은 양득중이 허위의 풍조라고 지적한 것과

78) 方基中, 1997, 「금속화폐의 보급과 조세금납화」, 『한국사 33 -조선후기의 경제』,
    국사편찬위원회, 402~403쪽.
79) 『덕촌집』 권3, 「등대연화」, 총간 180-51다~52가.
80) 정만조, 1997, 앞 책, 298쪽.

일치된다.[81]

무엇보다도 양득중은 영조에게 건의하여 경연에서 『주자어류(朱子語類)』대신 『반계수록』을 진강하게 하고,[82] 그것을 간행하게 만드는 성과를 거두었다.[83] 영조는 심지어 이 책을 읽지 않은 신하들을 불성실하다고 질책하였으며,[84] 정조는 그 보유편에서 화성 건축 방안을 제시한 대목을 보고 놀라움을 표시하였다.[85] 또한 이익(李瀷)과 정약용(丁若鏞)으로 이어지는 근기남인은 물론 홍대용(洪大容)·박지원(朴趾源)·이덕무(李德懋) 등 노론 북학파 학자들도 당색을 넘어서 이 책을 높이 평가하였다.[86]

그렇지만 양득중이 영조에게 가장 큰 영향을 준 것은 그 탕평책과 관련되어 있다. 그가 탕평의 원칙으로 '실사구시(實事求是)'를 제시하자 영조는 이것을 써서 들이게 하여 벽에 걸어놓고 신하들에게 보도록 권유할 정도였다.[87]

영조가 천한 신분의 후궁 아들로 태어나서 임금 자리에 오를 수 있었던 것은 장희빈의 아들인 경종을 극도로 증오했던 노론의 지지와 후원을 받아서 가능하였으므로 즉위 당시의 왕권은 취약할 수밖에 없었다. 더구나 경종이 젊은 나이에 사거했으므로 그의 죽음과 관련된

---

81) 박광용, 1997, 앞 글, 53~54쪽.
82) 『영조실록』권53, 영조 17년 2월 23일 무오.
83) 『영조실록』권113, 영조 45년 11월 11일 기축.
84) 『승정원일기』1127책, 영조 32년 1월 21일 기축, "直講金▨曰, 救民之策, 莫若捐不急之官, 並小邑而分大邑, 見今經費, 多歸於慶科之頻, 科未得宦, 輒懷怨望, 武科頻而多失軍士, 術士有禁令, 而京士大夫惑於巧發奇中, 養育於家, 此等痼弊, 在所當禁, 還上之弊, 尤甚貧民, 食還時好, 納還時難, 有害而無益, 去其痼耗, 則稍除此弊矣, 況富者兼百人之産, 貧者無立錐[錐], 限田之法, 亦可立也. 李成中曰, 此言皆磻溪遂錄中言也. ▨曰, 此則未得見也. 上曰, 隨錄不得見云者, 不誠實也."
85) 『정조실록』권38, 정조 17년 12월 10일 기사.
86) 조성산, 2007, 『조선후기 낙론계 학풍의 형성과 전개』, 지식산업사, 347~351쪽.
87) 『영조실록』권21, 영조 5년 2월 10일 을유.

혐의로부터도 자유롭지 못하였다.

경종의 세자 책봉을 반대하다가 노론의 태두인 송시열이 죽었다고 간주하는 노론 당인들은 기사환국을 주도했던 남인과 그 계기가 된 경종을 원수처럼 미워하였다. 그리하여 경종 즉위를 전후하여 그를 제거하려는 음모를 추진하다가 신축년(1721) 환국과 임인년(1722) 옥사로 노론 4대신(大臣)이 죽고 수많은 노론 당인들이 처벌받는 결과를 낳았다. 노론 당인들은 이들이 영조를 위해 충성을 다하다가 죽었다고 보고 그 사건을 신임사화(辛壬士禍)라고 부르고, 이들의 충성을 기려서 신임의리(辛壬義理)라는 말을 만들어냈다.[88]

그렇지만 소론 역시 영조를 부정했던 것도 아니었으며, 장희빈의 아들을 비호해야 할 당파적 이유는 없었다. 갑술환국 이후 남구만·최석정 등 소론 탕평파 대신들이 장희빈의 아들인 세자를 보호해야 한다고 주장한 것은 당파적 이익을 떠나서 왕권론(王權論)에 입각한 탕평론을 실천한 것이었다.[89]

이들이 내세운 왕권론은 일차적으로 주자학 의리론(義理論)에 근거한 붕당정치의 모순을 극복하고, 정치질서를 정상화하기 위한 방안으로 제시된 것이었다. 당시의 관인(官人)·유자(儒者) 일반을 사로잡고 있던 절대적 논리인 주자학 의리론을 극복하는 주된 매개체는 국가와 국왕권이 될 수밖에 없었다. 주자학 의리론을 절대화하는 사고 속에는 국왕권마저도 이에 종속시키려는 신권(臣權) 중심 정치론이 자리 잡고 있었으며, 결국 주자의 군자(君子) 일붕당론(一朋黨論)에 빠져들어 당쟁을 종식시킬 수 없게 된다. 당시로서는 국가를 중심에 둔 왕권 중심 정치론, 즉 탕평론만이 이것을 극복할 수 있는 유일한

88) 김용흠, 2020②, 『당의통략 −조선의 정치와 당쟁을 다시 읽는다』, 아카넷, 261~263쪽.
89) 김용흠, 2000, 「朝鮮後期 肅宗代 老·少論 對立의 論理」, 河炫綱敎授停年紀念論叢, 『韓國史의 構造와 展開』, 혜안.

대안이었다.90)

원래 탕평론은 당파적 의리 논쟁을 지양하고 국가의 위기 극복을 위한 정책 마련에 정치적 역량을 집중하기 위해 마련된 정치론이었다. 호란 이후 국가적 위기를 극복하기 위해서는 대동법·균역법과 같이 당시의 양반 지배층의 계급적 이익을 제거하거나 양보하는 제도 개혁이 반드시 요구되었는데, 이것은 다수 양반 지배층의 반발을 넘어서야만 가능한 일이었다. 따라서 이들의 반발을 제어할 수 있는 군주권의 확립이 반드시 요청되었다. 여기에 왕권론이 탕평론의 중요한 구성 요소가 될 수밖에 없었던 필연성이 있었다.91)

갑술환국 이후 소론 탕평파는 왕권론에 입각하여 세자 보호를 자임하였으므로 숙종의 지지를 받고 탕평책을 실천에 옮길 수 있었다. 그와 아울러 국가의 위기 극복을 위한 제도 개혁에 노력하였다. 그렇지만 노론의 반발로 인해 제도 개혁은 지지부진하였으며, 세자의 지위까지도 위협받고 있었다. 결국 양반 지배층 다수가 세자를 지지하지 않는다고 판단한 숙종에 의해 병신처분(丙申處分)이 내려져 정국 주도권을 노론에게 내주면서 탕평책은 좌절되고 말았다.92) 숙종은 나아가서 1717년 노론 정승 이이명(李頤命)과의 정유독대(丁酉獨對)에서 세자 교체 가능성을 시사하여 1722년 임인년(壬寅年) 옥사(獄事)의 빌미를 제공하였다.93) 숙종대 소론 탕평파는 세자 시절 경종을 보호하였으며, 그가 즉위한 뒤에는 세제가 된 후일의 영조를 보호하려고 노력하였다. 따라서 영조가 즉위한 이후에도 왕권론에 입각하여

90) 김용흠, 2000, 위 논문 ; 2001, 「肅宗代 後半의 政治 爭點과 少論의 內紛 -'己巳 義理'와 관련하여」, 『東方學志』 111, 연세대 國學研究院.
91) 김용흠, 2008, 앞 논문 ; 2020, 앞 논문 ; 2020①, 앞 책.
92) 김용흠, 2009, 「숙종대 소론 변통론의 계통과 탕평론 -明谷 崔錫鼎을 중심으로」, 『韓國思想史學』 32, 韓國思想史學會 ; 2020, 앞 논문.
93) 김용흠, 2020②, 앞 책, 261~264쪽.

탕평책을 추진할 수 있었다.94)

　　양득중이 당시 양반 지배층 사이에 허위의 풍조가 만연하여 국가
의 위기를 부채질하고 있다고 누누이 지적한 것은 주자학 의리론에
매몰된 다수 지배층의 행태에 대한 예리하면서도 신랄한 비판이었으
며, 숙종대 소론 탕평파의 국가관을 향촌 유학자 입장에서 깊이 공감
하였기 때문에 나온 것이기도 하였다. 또한 그는 탕평책 추진의 대원
칙으로 실사구시를 제시하면서 다른 누구보다도 이것은 군주가 그 주
체가 되어야 한다고 분명하게 말하여 소론 탕평파의 왕권론을 적극
뒷받침하였다.

　　양득중은 『맹자』의 '친친이인민(親親而仁民) 인민이애물(仁民而愛
物)'을 인용하여, 군자(君子)가 물(物)과 민(民)에 대하여 차등을 두
는[유차등有差等] 이유는 그 근본이 하나[일본一本]이기 때문이며, 이
것이야말로 '무위(無僞)'이고, 만약 차등을 두지 않는다[무차등無差
等]면 근본이 둘이 되어[이본二本] 허위(虛僞)가 된다면서, 일본(一
本)은 유차등(有差等)이 되고 무차등(無差等)은 이본(二本)이 되는
것이 바로 진실과 거짓이 나뉘는 분기점이라고 하였다.95)

　　또한 '일본(一本)'이기 때문에 차등이 있고, 차등이 없는 것은 이
본(二本)이라고 거듭 주장하면서 이것을 '의리의 대두뇌처(大頭腦處)
이자 축저처(築底處)'라고 강조하고,96) '군신지의(君臣之義)'를 거론
하면서 초야에 있는 선비가 군주 앞에서 시비를 다투려 들고, '우리

---

94) 김용흠, 2001, 2020, 앞 논문.
95) 『덕촌집』 권1, 「고귀소」, 총간 180-15가~나, "臣又謹安, 孟子曰'君子之於物也,
　　愛之而不仁; 於民也, 仁之而不親. 親親而仁民, 仁民而愛物'. 尹氏以爲'何以有
　　是差等. 一本故也, 無僞也'. 輔氏以爲'一本故無僞而有差等. 若無差等, 是僞而二
　　本也'. 朱氏以爲'此聖人之仁, 歷萬世而無弊也'. 臣竊以爲一本之所以有差等與無
　　差等之所以爲二本, 此誠僞之所由分也." 이것은 『맹자』 「진심상(盡心上)」에서
　　인용한 것이다.
96) 『덕촌집』 권1, 「辭召之疏 己酉」, 총간 180-16가.

임금은 할 수 없다고 하는 것을 적(賊)이라고 한다'고 말한 것을 '무차등'이라고 비판하였다.97) 이것은 군주와 사대부를 구분해야 한다는 분명한 주장이었다. 그는 탕평의 주체가 군주임을 분명히 하였으며,98) 영조를 '군사(君師)'로 인정하고, 서원의 폐단을 거론하면서 선비들이 '위사도(衛斯道)'를 내세워서 '군주의 명령을 가볍게 여기고, 군주를 속이는 것을 작은 일로 여긴다'고 비판하기도 하였다.99)

또한 양득중은 영조가 조제론(調劑論)에 의거하여 붕당을 타파하려고 하지만 1729년 기유처분(己酉處分) 이후의 탕평이 표방에 그쳐서 '탕평'을 표방하는 별도의 '색목(色目)'이 나왔을 뿐이라고 비판하고, 그것이 조정론(調停論)에 그친 것을 식자들이 깊이 우려하고 있다고 전하였다.100) 이를 통해서 그가 조제론과 조정론의 차이를 분명하게 인식하고 있었음을 알 수 있다. 조정론과 조제론은 모두 파붕당(破朋黨)을 실현하는 방법으로 제시되었는데, 조정론은 당색 간 안배를 통해서 세력 균형을 도모하자는 것이므로 그 논리와 방법에서 붕당 긍정론을 벗어나지 못하지만, 조제론은 인물 등용의 기준을 변통과 경장을 통한 제도 개혁에 두고 있으므로 그 논리와 방법에서 파붕

---

97) 『덕촌집』 권1, 「辭召之疏 己酉」, 총간 180-17가~나, "君臣之義, 固是無所逃於天地之間, 而士之自處則有出處之分. 今世之爲士者, 身在草野而必欲爭是非於吾君之前. 人或言其有出處之分, 則以'吾君不能謂之賊'答之, 此非所謂無差等者乎." '吾君不能謂之賊'은 『맹자』 「이루상(離婁上)」에서 인용한 것이다.

98) 『덕촌집』 권1, 「辭召之疏 己酉」, 총간 180-18가, "而其蕩平之說, 亦旣次第陳達, 畢暴無餘, 惟在大聖人權度之中, 臣不敢更爲煩瀆."

99) 『덕촌집』 권2, 「又辭疏 丁巳」, 총간 180-41가~나.

100) 『덕촌집』 권2, 「辭召之疏 庚戌」, 총간 180-25라, "臣伏讀聖敎, 有曰'予欲調劑辛壬, 破去朋黨之痼弊, 而朝廷之上, 未有寅協之期. 云云'. 噫! 天無私覆, 地無私載, 日月無私照. 我聖上至公無私之心, 群下孰不仰之如天地之覆載日月之照臨耶? 只緣今日'蕩平'二字, 便爲目前標榜, 又將反此標榜, 更作別一色目, 前席有都俞而無吁咈, 朝廷有雷同而無可否之爭. 舉一世而幾於莊周之齊物, 傍觀者至有調停之譏, 而有識者之隱憂深慮, 蓋不知末梢之稅駕何地也, 可勝歎哉?"

당론이 될 수 있었다.[101)

　이렇게 보면 양득중의 실사구시 탕평론은 박세채가 제시한 황극탕평론의 주요 구성 요소인 왕권론과 조제론, 그리고 변통론, 즉 제도 개혁을 실사(實事)에 나아가서 실천하려는 원칙적인 탕평론임을 알 수 있다.[102) 영조는 이러한 양득중의 탕평론에 깊이 공감하고 그것을 실천에 옮기려 하였다. 그렇지만 즉위 초에는 군주권이 미약하여 숙종대처럼 환국이 반복되는 것을 피하지 못하였다.

　소론 완론에 속하는 박세채 제자들이 탕평론을 제기하여 영조가 이를 수용하고 탕평책을 추진하려 하였지만 노론의 격렬한 반발에 직면하여 소기의 성과를 거두지 못하였다. 주자학 의리론을 내세우며 탕평론 자체를 반대하는 세력이 노론의 중심을 형성하고 있었으며, 영조의 탕평책을 인정하더라도 최소한 신임옥사에 관여한 소론을 치죄하고 노론의 신임의리를 공인해야만 탕평책에 참여할 수 있다는 것이 이들의 기본 입장이었다.[103)

　결국 1728년 무신란(戊申亂)이 일어나 국가의 존립이 위협받고 나서야 탕평책은 본격적으로 추진될 수 있었다. 그 방향은 역설적으로 영조가 소론 탕평파를 설득하여 노론의 신임의리를 단계적으로 공인하는 과정이 될 수밖에 없었다. 영조 역시 신임옥사에 관련이 없을

---

101) 김용흠, 2020①, 앞 책, 180쪽.
102) 박광용은 양득중의 탕평론을 소론 준론계의 탕평론으로 분류하였다(박광용, 1994, 앞 논문, 87~89쪽). 그런데 준론과 완론을 소론의 의리를 기준으로 한 것과 탕평에 대한 입장을 기준으로 한 것을 분명하게 구분하지 않고 혼동하여 혼란을 초래하였다. 탕평론은 당시의 국가적 위기를 극복하기 위한 정책 마련에 정치력을 집중하려는 정치론으로 엄격하게 규정할 필요가 있으며, 완론과 준론의 구분은 노론에 대한 대응 차원으로 제한하여 보아야 하고, 양자에 모두 탕평론자가 있다고 보는 것이 당시의 현실을 설명하는데 보다 유용하다고 생각된다. 양득중은 준론 탕평론자이면서도 노론에 대한 대응에서는 완론의 입장을 취하였던 것이다.
103) 조준호, 2003, 앞 논문.

수 없었는데다가 임인년 옥사를 기록한 옥안(獄案)이 그 증거물로 존재했을 뿐만 아니라 경종독살설을 이유로 무신란까지 일어나서 국왕인 영조의 왕위계승이 그 정당성마저 위협받고 있었기 때문이었다.

이러한 상황에서 양득중이 '명의리(明義理) 정취사(定取舍)'하여 광명정대하게 시비를 공적으로 처분하라고 주장하고, 맹자의 '알묘(揠苗)'에 대한 비판을 인용하면서 '탕평'이라는 명목을 내세우지 말고 '물정(勿正) 물조장(勿助長)'을 원칙으로 자연스럽게 소융(消融) 탕평할 때까지 기다리라고 말한 것은 영조에게 이러한 난국을 헤쳐나가는 현실적인 이정표 역할을 하였을 것으로 보인다. '실사구시'는 그것을 집약한 명제였으므로 영조가 벽에 써 붙여 놓고 신하들과 함께 그 의미를 음미하려 하였던 것이다.

영조는 자신의 즉위 정당성과 연관된 노론의 신임의리를 공인해 줄 수밖에 없었지만 그 과정에서 노론의 당파적 행태를 누누이 지적하며 비판하였다. 그리고 택군설(擇君說)과 삼당구역론(三黨俱逆論)으로 신료들 전체를 비판하고, 삼종혈맥론(三宗血脈論)을 내세우며 노론의 신임의리를 견제하였다. 그리하여 1729년 기유처분(己酉處分)으로 신축년 건저(建儲)와 대리(代理)의 정당성을 확보한 뒤, 1740년 경신처분(庚申處分)으로 임인년 옥사 역시 반역이 아니라고 확인하였다. 이것은 겉보기에는 노론의 명분이 승리한 것처럼 보이지만 영조 입장에서는 왕권론에 입각하여 군주의 정통성을 확립하는 과정이기도 하였다.[104]

후대에 이건창(李建昌, 1852~1898)이 지은 『당의통략(黨議通略)』에서, 임인년 옥사로 영조가 모함당한 것을 씻어버리고 노론과 소론

---

104) 김용흠, 2020②, 앞 책, 380쪽. 정만조는 이것으로 소론 탕평이 종료하고 노론이 승리한 것이라고 평가하였다(1986, 앞 논문, 90쪽). 이것은 영조가 탕평책을 추진하기 위해서는 불가피한 과정이었다는 것을 간과한 것 같다.

의 준론자들이 같이 출사하는 길을 여는 것이 '진정한 탕평'이라고 주
장하였는데, 양득중의 탕평 노선도 이와 유사하였을 것으로 보인다.

영조는 이러한 탕평 노선을 『신유대훈(辛酉大訓)』으로 내외에 천
명하였는데,[105] 이것은 노소론 모두를 만족시킬 수 없었으므로 양측
모두에서 반발이 나왔지만 영조는 각선(却膳)과 선위 소동을 반복하
면서도 이것을 관철하였다. 이에 대한 소론 측의 불만을 역이용하여
소론을 숙청한 사건이 1755년 을해옥사(乙亥獄事)였으며, 그럼에도
불구하고 노론 측에서는 만족하지 못하고 신임의리를 내세우며 국왕
과 세자를 이간하여 사도세자를 죽음으로 몰고 간 것이 1762년 임오
화변(壬午禍變)이었다.[106] 이후 노론이 득세하여 탕평책은 형해화되
었으므로 영조는 외척 중심의 탕평당(蕩平黨)에 의지하여 가까스로
왕위를 유지할 수밖에 없었다. 조선후기의 정치에서 실사구시를 구현
하는 것은 이처럼 지난하였던 것이다.

V. 맺음말

양득중은 향촌의 재지사족으로서, 양란 이후 생산력이 발전하여
경제와 사회가 변화되는 흐름 위에서 그 가문이 개간과 연혼을 통해
서 가세를 확장하는 가운데 가학(家學)을 자득(自得)한 유학자이자
관인이었다. 그 가학은 양팽손의 명성과 안방준의 의열을 계승하려고
하였는데, 그가 박세채의 제자였던 박태초와, 소론의 태두였던 윤증
을 스승으로 섬긴 것은 소론 계통의 학문이 그것을 보다 정확하게 구

---

105) 김용흠, 2020②, 앞 책, 388~390쪽. 이렇게 보면 이건창과 종형제 사이인 이건
    방(李建芳, 1861~1939)이 양득중 후손의 요청으로 그 묘지명을 작성한 것은
    우연이 아니었음을 알 수 있다.
106) 최성환, 2020, 앞 책.

현하였다고 판단하였기 때문일 것이다.

양득중은 당시의 지배층이었던 관인·유자들 사이에서 허위의 풍조가 만연하여 민생을 도탄에 빠트리고 국가의 존립을 위협하고 있다고 보았다. 유학의 이름으로 유자의 의리(義理)를 가탁(假托)하여 국가의 재물을 도둑질하고, 군주를 속이고 사익을 도모하였으며, 사문(斯文)을 내세워서 당파를 조성하여 당쟁이 격화되었다는 것이다. 그는 이러한 폐단을 극복하기 위해 유자들이 실심(實心)을 갖고 실사(實事)를 통해서 실리(實理)을 추구해야 한다는 실사구시(實事求是) 학문관을 내놓았다.

그는 당시 유자들 사이에서 만연되어 있던 허위 풍조가 송학의 폐단에서 유래한 것이라는 것을 자각하고 양명학과 유사한 방법으로 이것을 극복하려 하였다. 그렇지만 그는 수기치인(修己治人)이라는 유학의 본령에 보다 충실하였으므로 송명 이학(理學)의 수기(修己) 프레임을 극복한 유학을 선보일 수 있었다.

양득중은 실사구시 학문관에 입각하여 영조에게 경세론을 제출하였지만, 그것은 실사(實事)에 입각하여 실현가능성을 전제로 구체적으로 제시하려 하다 보니, 체계적인 국가 구상은 드러나지 않았다. 그런데 그가 만년에 유형원의 『반계수록』에서 제시한 국가 구상에 깊이 공감하고 지주제의 개혁을 전제로 한 체계적인 국가 구상의 필요성을 자각한 것은 그의 실사구시 학문관이 조선후기 실학(實學)의 경지로까지 나아간 결과로 볼 수 있다.

그가 윤증의 제자였으므로 회니시비(懷尼是非)에 말려들지 않을 수 없었는데, 그는 이것을 조정에서 관여하여 판결할 사안이 아니라고 보았다. 회니시비는 개인적인 은원 관계를 떠나서 호란 이후 거국적인 아젠다가 된 북벌(北伐)에 대하여 윤선거와 송시열이 서로 다른 입장을 보였기 때문에 발생한 것이었다. 숙종대 윤선거 문인들은 윤선거의 북벌론을 계승한 것이 탕평론(蕩平論)이라고 간주하고 있었는데, 송시열의 공격으로부터 윤선거를 방어하는 것은 의리 논쟁에 빠져 들어서 정치에서 정책 논쟁이 실종될 위험이 있었기 때문에 윤선거 본인의 의도와 어긋난다는 딜레마에 빠졌다.

조선후기의 탕평론은 다른 무엇보다도 정치는 국가의 위기를 극복할 수 있는 정책을 모색하는 것에 그 역량을 집중해야 한다는 정치론이었는데, 회니시비는 그것을 개인적인 의리 차원으로 치환하여 당쟁을 격화시키는 결과를 초래하였기 때문이었다. 윤증이 자신의 부친을 변론하는 상소에 적극 나서지 못한 것이나 양득중이 윤씨 일문의 윤선거·윤증 변론 상소 요구를 거절한 것은 윤선거의 북벌론을 계승한 것이 탕평론이라는 것을 정확하게 공유하였기 때문에 나온 것이었다.

양득중은 숙종대 박세채가 제출한 황극탕평론(皇極蕩平論)을 구성하고 있던 왕권론(王權論)과 조제론(調劑論), 그리고 변통론(變通論)을 실사(實事)에 나아가서 실천에 옮겨야 한다고 본 원칙적 탕평론자였다. 영조대 조정에서 탕평론을 적극 주장한 것은 박세채 제자들 중심의 소론 완론(緩論) 계열이었다. 양득중이 영조에게 의리를 분명하게 밝혀서 시비를 공정하게 처분하여 자연스럽게 소융(消融) 탕평이 이루어질 때까지 기다려야 한다고 말한 것은 결국 노론의 동의를 받아서 이들과 함께 국가의 정책 마련에 역량을 집중해야 한다는 주장이었다. 그러므로 노론에 대한 입장에서는 준론(峻論)보다 완론에 가까웠다고 볼 수 있다.

양란으로 인한 국가의 위기를 겪으면서 뜻있는 지식인들 사이에서 당색을 떠나서 그것을 극복하는 방안을 진지하게 모색하는 경향이 등장하였다. 그 결과 당시의 기득권층이었던 양반과 지주의 양보 없이는 국가의 위기를 해소할 수 없다는 결론에 이르게 되었다. 이 시기에 대동(大同)과 균역(均役)이 시대적 화두가 된 것이 그것을 보여준다. 조선후기 실학은 바로 이러한 경향을 학문적으로 체계화하여 등장한 것이었으며, 이것을 정책으로 구현하려는 정치론이 바로 탕평론이었다. 대동과 균역을 지향하는 제도 개혁은 양반 지배층의 반발을 넘어서야만 가능한 일이었으므로 이들의 반발을 제어할 수 있는 군주권 확립이 반드시 요청되었다. 여기에 왕권론이 탕평론의 핵심 구성 요소가 될 수밖에 없었던 역사적 필연성이 있었다.

양득중은 이러한 맥락을 분명하게 인식하고, 『맹자』에 등장하는 친친(親親)과 인민(仁民)에 차등이 있는 것은 그 근본이 하나이기 때문이라고 해석하여 군주와 사대부의 역할을 구분함으로써 왕권의 초월성을 확보하려 하였다. 그리고 영조의 군사론(君師論)을 긍정하고, 탕평은 군주가 주도하여 추진해야 할 것으로 간주하였다.

영조가 모계의 신분적 하자에도 불구하고 왕위에 오를 수 있었던 것은 장희빈의 아들인 경종을 원수처럼 증오했던 노론의 도움이 있었기 때문에 가능하였다. 그래서 영조의 왕권 확립 과정은 노론의 신임의리를 긍정하는 방향에서 이루어질 수밖에 없었다. 그렇지만 그 과정에서 영조는 택군설과 삼당구역론을 통해서 노론 역시 당파적 행태에서 벗어나지 못하였다고 비판하고, 삼종혈맥론을 통해서 노론의 신임의리를 견제하였다. 그리고 우여곡절 끝에 결국 『신유대훈(辛酉大訓)』을 통해서 영조가 임인년 옥사에 관련되어 있다는 혐의를 씻어버리고 노론과 소론의 준론자들이 같이 출사하는 길을 열어놓았는데, 이것은 양득중을 비롯한 소론 일각이 탕평론을 구현한 것이기도 하였다.

영조 탕평론은 결국 양반 지배층의 계급적 이익을 대표하고 있던 노론 반탕평론자들의 반발을 넘어서지 못하고 좌절하고 말았다. 그렇다고 해서 국가의 위기를 극복하기 위해 양반 지주의 계급적 이익을 제거 내지 약화시키려 한 조선후기 실학과 탕평론의 존재 자체를 부정할 수는 없을 것이다. 양득중은 향촌 재지사족이면서도 실사구시 학문관과 탕평론을 통해서 양반 지주가 스스로의 기득권을 내려놓는 제도 개혁을 구현한 새로운 국가 구상을 지향하였다. 19세기 말에 등장한 당쟁망국론과 유교망국론은 양득중과 같은 진보적 지식인의 존재를 무시하는 결정적 문제를 안고 있다.

〈참고문헌〉

『肅宗實錄』, 『英祖實錄』, 『正祖實錄』, 『承政院日記』

梁得中, 『德村集』, 民族文化推進會 간행, 『韓國文集叢刊』 180책

尹東洙, 『敬菴遺稿』, 民族文化推進會 간행, 『韓國文集叢刊』 188책

李建芳, 『蘭谷存稿』

金成潤, 1997, 『朝鮮後期 蕩平政治 研究』, 지식산업사.

김승대, 2020, 「덕촌 양득중의 가계와 추숭에 관한 연구」, 『陽明學』 58, 한국양명
　　　　학회.

김용흠, 1996, 「朝鮮後期 老·少論 分黨의 思想基盤 -朴世堂의 『思辨錄』 是非를
　　　　中心으로」, 『學林』 17, 延世大 史學研究會.

김용흠, 2000, 「朝鮮後期 肅宗代 老·少論 對立의 論理」, 河炫綱敎授停年紀念論
　　　　叢, 『韓國史의 構造와 展開』, 혜안.

김용흠, 2001, 「肅宗代 後半의 政治 爭點과 ●●●●●內紛 -己巳 義理와 관련하여」,
　　　　『東方學志』 111, 연세대 ●●●●研究院.

김용흠, 2005, 「17세기 ●●●●● 갈등과 朱子學 政治論의 分化」, 오영교 편, 『조선
　　　　●●●●●세변동과 속대전』, 혜안.

김용흠, 2008, 「南溪 朴世采의 變通論과 皇極蕩平論」, 『東方學志』 143, 연세대
　　　　국학연구원.

김용흠, 2009, 「조선후기 왕권과 제도정비」, 이태진교수정년기념논총간행위원회,
　　　　『국왕, 의례, 정치』, 태학사.

김용흠, 2009, 「숙종대 소론 변통론의 계통과 탕평론 -明谷 崔錫鼎을 중심으로」,
　　　　『韓國思想史學』 32, 韓國思想史學會.

김용흠, 2010, 「肅宗代 前半 懷尼是非와 蕩平論 -윤선거·윤증의 논리를 중심으로」,
　　　　『韓國史研究』 148, 韓國史研究會.

김용흠, 2012, 「'당론서(黨論書)를 통해서 본 회니시비(懷尼是非) -『갑을록(甲乙錄)』과 『사백록(俟百錄)』 비교」, 『역사와 현실』 85, 한국역사연구회.

김용흠, 2014, 「전쟁의 기억과 정치 -병자호란과 회니시비」, 『韓國思想史學』 47, 韓國思想史學會.

김용흠, 2016, 「조선후기 노론 당론서와 당론의 특징 -『형감(衡鑑)』을 중심으로」, 『韓國思想史學』 53, 韓國思想史學會.

김용흠, 2020, 「晩靜堂 徐宗泰의 정치 활동과 탕평론」, 『고전번역연구』 11, 韓國古典飜譯學會.

김용흠, 2020①, 『조선후기 실학과 다산 정약용』, 혜안.

김용흠, 2020②, 『당의통략 -조선의 정치와 당쟁을 다시 읽는다』, 아카넷.

金駿錫, 1998, 「18세기 蕩平論의 전개와 王權」, 『東洋 三國의 王權과 官僚制』, 國學資料院.

金駿錫, 2003, 『朝鮮後期 政治思想史 硏究 -國家再造論의 擡頭와 展開』, 지식산업사.

朴光用, 1984, 「蕩平論과 政局의 變化」, 『韓國史論』 10, 서울대 국사학과.

朴光用, 1985, 「英·正朝代 南人勢力의 위치와 西學政策」, 『한국교회사논문집』 Ⅱ, 한국교회사연구소.

朴光用, 1994, 「朝鮮後期 '蕩平' 硏究」, 서울대 박사학위논문.

박광용, 1997, 「영조대 탕평정국과 왕정체제의 정비」, 『한국사』 32, 국사편찬위원회.

박병희·김석태, 2015, 「양득중, 조선후기 실사구시 정신을 배양하다」, 『덕촌집 1』, 한국고전번역원 한국문집번역총서, 경인문화사.

方基中, 1997, 「금속화폐의 보급과 조세금납화」, 『한국사 33 -조선후기의 경제』, 국사편찬위원회.

楊國榮 지음, 김형찬·박경환·김영민 옮김, 1994, 『양명학 -王陽明에서 熊十力까지』, 예문서원.

禹仁秀, 1999, 『朝鮮後期 山林勢力 硏究』, 一潮閣.

원재린, 2004, 「영조대 후반 소론·남인계 동향과 탕평론의 추이」, 『역사와 현실』 53, 한국역사연구회.

劉明鍾, 1977, 「德村 梁得中의 實學思想 - 陽明學과 實事求是의 折衷」, 『韓國學報』 6, 일지사.

유봉학, 1995, 『연암일파 북학사상 연구』, 일지사.

이경구, 2014, 「18세기 말-19세기 초 지식인과 지식계의 동향」, 『韓國思想史學』 46, 韓國思想史學會.

이근호, 2016, 『朝鮮後期 蕩平派와 國政運營』, 민속원.

李美珍, 2019, 「德村 梁得中의 趙苞 고사 인식과 그 의미」, 『語文研究』 제47권 제1호.

이상선, 2008, 「明齋와 德村의 交遊考」, 『儒學研究』 17, 충남대 유학연구소.

李熙煥, 1995, 『朝鮮後期黨爭研究』, 國學資料院.

정두영, 2009, 「朝鮮後期 陽明學의 受容과 政治論」, 연세대 박사학위논문.

鄭萬祚, 1983, 「英祖代 初半의 蕩平策과 蕩平派의 活動」, 『震檀學報』 56, 震檀學會.

鄭萬祚, 1986, 「英祖代 中半의 政局과 蕩平策의 再定立」, 『歷史學報』 111, 歷史學會.

鄭萬祚, 1997, 『朝鮮時代 書院研究』, 集文堂.

정호훈, 1997, 「18세기 政治變亂과 蕩平政治」, 『韓國 古代·中世의 支配體制와 農民』(金容燮敎授停年紀念韓國史學論叢 2), 지식산업사.

정호훈, 2004, 「18세기 전반 蕩平政治의 추진과 『續大典』 편찬」, 『韓國史研究』 127, 韓國史研究會.

정호훈, 2004, 『朝鮮後期 政治思想 研究』, 혜안.

趙成山, 2005, 「17세기 중·후반 서울·경기지역 西人의 경세학과 정책이념」, 『韓國史學報』 21, 高麗史學會.

조성산, 2007, 『조선후기 낙론계 학풍의 형성과 전개』, 지식산업사.

조준호, 2003, 「영조 전반기 탕평책과 노론 내 분기」, 『조선시대의 정치와 제도』, 집문당.

陳來 지음, 안재호 옮김, 1997, 『송명성리학』, 예문서원.

최성환, 2020, 『영·정조대 탕평정치와 군신의리』, 신구문화사.

崔完基, 1983, 「英祖朝 蕩平策의 贊反論 檢討」, 『震檀學報』 56, 震檀學會.

崔完基, 1997, 「개요」, 『한국사 33 - 조선후기의 경제』, 국사편찬위원회.

최윤정, 2020, 「덕촌 양득중의 論說類 작품 연구」, 『동양고전연구』 78, 동양고전
학회.

최윤정, 2020, 「덕촌 양득중의 시대 인식과 대응 양상 - 사직소(辭職疏)와 등대
연화(登對筵話)를 중심으로」, 『이화어문논집』 51.

한정길, 2013, 「德村 梁得中 학문의 양명학적 성격에 관한 연구」, 『陽明學』 34,
한국양명학회.

許太榕, 2010, 「17·18세기 北伐論의 추이와 北學論의 대두」, 『大東文化硏究』 69,
성균관대 대동문화연구원.

덕촌 양득중의 문학 연구*

최윤정**

* 이 논문은 2020년도 용인대학교 학술연구비 재원으로 수행된 연구임
** 용인대 교양교육원 교수

Ⅰ. 서론

본 연구는 덕촌 양득중(梁得中, 1665~1742)의 문학 세계를 살펴보고자 기획한 것이다. 덕촌은 명재 윤증의 학문 경향을 계승한 제자로 평가받고 있지만, 그동안의 연구는 다소 미진한 부분이 있었다. 특히 문학 분야의 연구가 미진하였는데, 이는『덕촌집(德村集)』에 수록된 작품들이 문예적인 측면보다는 정치사상적인 입장을 밝히고 있는 글이 많은 것과도 일정하게 연계된다.

덕촌 사상에 대한 초기 연구는 1970년대 유명종에 의해 비교적 일찍 이루어졌으나,[1] 후속 연구는 2000년대 이후에서야 이어졌다.[2] 초기 연구에서 덕촌의 사상은 실사구시(實事求是)를 양명학에 의거하여 논리화한 것으로 평가받았다.[3] 후속 연구에서는 양득중이 스승 윤증의 '진실의 공부'로 영조 임금에게 직간(直諫)한 것을 높이 평가한 바 있다.[4] 또한 양득중의 학문을 '양명학적 실심(實心)에 기반한 실학'으로 규정하는 것이 그의 학문성격에 보다 부합하는 것이라고 파악한 연구도 있었다.[5]

---

1) 유명종, 1977,「덕촌 양득중의 실학 사상–양명학과 실사구시의 절충」,『한국학보』6, 일지사, 175~188쪽.
2) 이상성, 2007,「명재 윤증과 덕촌 양득중의 학문 교유고」,『한국사상과 문화』40, 한국사상문화학회, 167~209쪽.
3) 유명종, 1977, 앞의 논문, 188쪽.
4) 이형성, 2009,「明齋 尹拯에 대한 後代 評價와 追崇」,『유학연구』20, 충남대학교유학연구소, 146~147쪽.
5) 한정길, 2013,「德村 梁得中 학문의 양명학적 성격에 관한 연구」,『陽明學』34, 한국양명학회, 87~88쪽.

최근에는 구체적인 작품을 대상으로 한 논의가 이루어지기도 하였는데, 양득중의 조포 고사 인식과 그 의미를 고찰한 연구가 있었다.[6] 그리고, 『덕촌집』에 수록된 논설류(論說類) 작품의 특징을 살펴본 연구,[7] 「사직소(辭職疏)」와 「등대연화(登對筵話)」를 중심으로 덕촌 양득중의 시대 인식과 대응 양상을 고찰한 논의가 진행된 바 있다.[8] 그리고 덕촌 양득중의 가계와 추숭에 관한 연구도 최근에 이루어졌다.[9]

본 연구에서는 기존 연구 성과를 수용하면서 『덕촌집』에 수록된 작품을 보다 범위를 넓혀 구체적으로 고찰하고자 한다. 『덕촌집』은 10권 5책으로 구성되어 있는데, 본고에서 살펴볼 글은 대부분 권4~6 잡저(雜著)에 수록된 것이다. 권4에는 총 10편의 글이 수록되어 있다. 덕촌이 15세에 저술한 「이기론(理氣論)」부터 말년에 지은 글까지 수록되어 있다. 권5에는 서발(序跋)과 서후(書後) 등 11편이 수록되어 있다. 권6에는 통문(通文)·만필(漫筆)·제문(祭文)·축문(祝文) 등 20편의 글과 13제 24수의 시가 수록되어 있다. 특히 시작품은 양적으로도 적고, 대부분 교유관계에서 나온 것이며, 시적 감흥에 의한 경물시나 서정시는 별로 없다는 것이 특징이다. 이런 요소 때문에 그동안 덕촌의 문학 연구가 활발하게 이루어지지 않았던 것으로 파악된다. 하지만 덕촌 작품의 특징을 온전히 밝히기 위해서는 그동안 다루어지지 않았던 텍스트를 보다 구체적으로 살펴볼 필요가 있다.

대체로 소론계 문학은 명분보다는 실질을 중요시하는 특징이 있는

6) 이미진, 2019, 「덕촌 양득중의 조포 고사 인식과 그 의미」, 『어문연구』 47권1호, 한국어문교육연구회, 283~308쪽.
7) 최윤정, 2020a, 「덕촌 양득중의 論說類 작품 연구」, 『동양고전연구』 78, 동양고전학회, 275~310쪽.
8) 최윤정, 2020b, 「덕촌 양득중의 시대 인식과 대응 양상 -〈사직소(辭職疏)〉와 〈등대연화(登對筵話)〉를 중심으로」, 『이화어문논집』 51집, 이화어문학회, 5~35쪽.
9) 김승대, 2020, 「덕촌 양득중의 가계와 추숭에 관한 연구」, 『陽明學』 58, 한국양명학회, 5~64쪽.

데,10) 『덕촌집』에 수록된 문학 작품 연구를 면밀히 한다면, 당대 소론계 문인이자 학자였던 덕촌의 위상을 밝히는 데 일조하리라 예상한다. 본고에서는 당대 시대상이나 덕촌 양득중의 생애와 밀접한 관련이 있는 작품을 선별하여 덕촌의 작품 평가 기준과, 덕촌 작품의 주제별 특징 양상을 구체적으로 살펴보고자 한다.11)

II. 덕촌 양득중의 작품 평가 기준

당대에 덕촌 작품에 대한 평가는 주로 책문(策問)이나 논(論), 부(賦)에 대한 것이 남아 있다. 안여해(安汝諧)는 덕촌이 14세 때에 지은 책문을 보고 크게 놀라며 글로 면려하였는데, "안으로는 학포(學圃, 양팽손)의 가성(家聲)을 떨치고 밖으로는 우산(牛山, 안방준)의 의열(義烈)을 빛냈다."라고 평가하였다. 또한 30세에는 현석 박세채에게 글을 올렸는데, 당시 현석은 덕촌이 지은 논(論)과 부(賦)를 보고 한번 만나기를 원한다는 서찰을 보냈다고 한다.12)

그리고 덕촌의 외증손인 윤인기(尹仁基)가 저술한 『덕촌집』의 발문(跋文)에는 덕촌 문장에 대한 평가를 다음과 같이 하고 있다.

> 학문을 하는 것은 오로지 진실무위(眞實無僞)를 위주로 하여 문장으로 발현되었으며 늙을수록 더욱 순후하였다. 무릇 의리의 변별은 간독(簡牘)에 있고, 경륜(經綸)의 지혜는 장소(章疏)에 있다. 기

---

10) 김영주, 2004, 「조선후기 소론계 문학이론의 형성 배경(Ⅰ)」, 『동방한문학』 26, 동방한문학회, 7쪽.
11) 본고에서는 기존 연구에서 구체적으로 다루어지지 않은 작품을 선별하여 연구를 진행하였다.
12) 『德村集』 年譜 戊午年, 甲戌年 참조.

타 잡저는 시대를 슬퍼하고 시속을 안타까워하는 말이 아님이 없어 하나같이 허위를 배척하고 실질에 힘쓰는 뜻에서 나왔다. 시대를 슬퍼함이 지극한 까닭에 시속을 안타까워함이 간절하고, 시속을 안타까워함이 간절한 까닭에 말이 깊었으나 말세(末世)가 도도(滔滔)하여 지견(知見)이 불합(不合)하였으니, 마땅히 선생은 당시에 용납되지 않았고 선생의 책 또한 지금 세상에 용납되기 어려운 것이다.[13]

주로 덕촌의 산문 작품의 특장점을 제시하였고, '의리와 실질'을 강조한 그의 사상과 특징에 주목하였다. 시대를 슬퍼하고 시속을 안타까워한 덕촌 작품의 특징은 당대에 용납되기 어려운 점이 있었음을 조심스럽게 밝히고 있다.

한편 『덕촌집』에서 덕촌이 직접적으로 문학과 관련된 언급을 한 것을 찾기는 어렵다. 다만 그가 교유했던 인물들을 평가한 글이나, 그의 논설류 작품 등의 내용을 통해 유추해볼 수 있다. 덕촌은 허위(虛僞)를 배격하고 실사(實事)에서 올바름을 구하는 실학을 강조하였으며,[14] 이러한 학문관이 특정 인물과 작품을 평가하는 주요 요소로 작용하였다.

덕촌이 옥봉 백광훈(白光勳, 1537~1582)과 그의 아들인 송호공 백진남(白振南, 1564~1618) 가문(家門)의 유묵(遺墨)을 살펴보고 지은 글에서 덕촌의 작품 평가 기준을 살펴볼 수 있다.

---

13) 『德村集』「德村先生集跋」, "(前略)爲學 專以眞實無僞爲主 發爲文章 到老益醇 凡義理之辨 在於簡牘 經綸之謨 在於章疏 其他雜著 無非傷時病俗之辭 一皆出於斥虛務實之旨 而傷之至 故病之切 病之切 故言之深 末世滔滔 知見不合 宜乎先生之不容於當時 而先生之書亦難容於今世也(後略)."(본고에서 인용한 원문과 번역본 텍스트는 한국고전번역원 한국고전종합 DB(https://www.itkc.or.kr/main.do)를 활용하였음. 이하 권수만 표기)
14) 한정길, 2013, 앞의 논문, 91쪽.

아, 선생의 시문과 서법의 묘함은 진실로 이미 나라에서 빛났고 중국 조정에까지 소문이 났었다. 역시 이미 죽백(竹帛)에 써서 전해 준 것이 끝이 없고, 또 이미 집에 보관해 두어 사람들에게 외우도록 하니 밝게 사람들의 이목을 비추었으며, 송호공의 계술(繼述)의 뜻도 저와 같았다. 소자는 바야흐로 발돋움하여 앙모하기도 부족하고, 본받을 겨를도 없는데 어찌 구구한 찬탄을 할 수 있겠는가.

다만 이 장첩을 가만히 살펴보니 몸가짐을 바르게 하고 집을 바르게 한 방법이 자상하였다. 더욱 간절히 뜻을 극진히 해야 할 것은 일찍이 부부가 집안에 있는 사이와 인륜의 처음이 만들어지는 시초에 있지 않음이 없었다. 이는 『중용(中庸)』에서 인용한 「상체(常棣)」의 시로 "처자 간에 정이 좋고 뜻이 합하며, 형제 간이 이미 화합하여"의 말에서 "너의 실가를 마땅하게 함"에 이르렀으니, 공자(孔子)가 말한 "이렇게 되면 부모가 그 편안하실 것이다."의 뜻이다. 정부자(程夫子)는 "『주관(周官)』의 법도는 '관저(關雎)'와 '인지(麟趾)'의 뜻에서 직접 근본했다."라고 말했으니, 아, 지극하도다. 자제들에게 과명(科名)을 구하여 이 세상에 치신하기를 권유했다면, 다만 그 마땅히 해야 할 도리를 다 하도록 가르쳤을 것인데 한 번도 공리를 꾀할 마음이 전혀 없었고, 의와 리, 득과 실의 사이에서 곧바로 반듯하여 벼랑이 우뚝 선 듯하였다.

그 선생이 스스로 한 일에서는 바야흐로 큰 이름을 누리고, 밝은 때에 처하여 군자가 휘정(彙征)의 기회를 탔음에도 오히려 매양 구원(丘園)의 즐거움에 연연하여 영진(榮進)을 사모하는 마음이 없었으니 아, 그 마음속에 보존된 것을 알겠다. 그 마음속에 보존된 것이 이와 같았기 때문에 담박하고 깨끗한 지조와 맑고 화락한 기운이 시와 문장이 되어 드러나고, 초서와 예서가 되어 드러났으니 그 뛰어나고 특별한 것이 이와 같았다. 어찌 자잘하게 배웠다면, 이와 같은 시와 이와 같은 글씨이겠는가. 상상해보건대 그 한때의 명현 무리들

인 율곡과 우계 같은 여러 선생들이 서로 함께 마음을 기울여 공경
하고 소중히 여긴 것은 홀로 그 밖의 시와 글씨뿐만이 아니니 그 이
택(麗澤)의 이익과 학문의 공을 이에 속일 수 없다. 이는 나만 지금
그것을 알지 못할 뿐만 아니라 세상에도 아는 사람이 드물다. 그러
므로 감히 그 뒤에 가만히 기록하여 돌려보내고, 구구한 앙모의 사
사로움을 보였다.[15]

이 글은 덕촌이 39세인 1703년(숙종 29)에 쓴 것이다. 옥봉의 시
서(詩書)가 높이 평가되는 이유는 공리를 꾀하지 않는 마음 자세에서
비롯된 것이었다고 파악하였다. 자제들에게 과명(科名)을 구하는 처
신을 가르친 것이 아니라, 몸가짐을 바르게 하고 집을 바르게 하는
방법을 자상하게 안내하였다고 평가하였다. '담박하고 깨끗한 지조와
맑고 화락한 기운이 시와 문장이 되어 드러나고, 초서(草書)와 예서
(隸書)가 되어 드러났다.'고 극찬을 하였다.

이러한 평가는 그 다음해에 쓴「백옥봉가장초(白玉峯家狀草)」에서
도 반복적으로 나타난다. 이 글은 옥봉 백광훈의 5세손인 백수형(白

---

15)『德村集』권5「書白玉峯松湖兩世家問後 癸未」, "(前略)嗚呼 先生詩文與書法之
妙 固已華國而聞於中朝矣 亦旣書之竹帛而垂之無窮矣 亦旣家藏而人誦之 赫然照
人耳目矣 而松湖公繼述之意又如彼 小子方且跂慕之不足 師法之不暇 豈其區區贊
嘆之所可及哉 但竊觀夫是帖 於飭躬正家之道詳矣 尤所惓惓而致意者 未嘗不在於
夫婦居室之間人倫造端之始 此中庸所引常棣之詩 而言妻子好合而兄弟旣翕 而至
於宜爾室家 而子曰父母其順矣乎之意也 程夫子語周官之法度 而直本之關雎麟趾
之義也 嗚呼至矣 其勸子弟求科名致身於此世 則只敎以盡其所當爲之道 無一計功
謀利之心 而於義利得失之際 直自斬截壁立 至其先生之所自爲 則蓋方享大名 處
明時 乘君子彙征之會 猶每眷戀於丘園之樂 而無慕乎榮進之心焉 嗚呼 此可以見
其內之所存矣 其內之所存如是 故其恬儋皎潔之操 淸通和樂之氣 發之爲詩文 發
之爲草隸 其奇偉絶特 有如是也 夫豈屑屑然學爲 如是之詩如是之書哉 想其一時
名賢輩 若栗谷牛溪者先生 相與傾心而敬重之者 不獨於其外之詩與書而已也 而其
麗澤之益 學問之功 於是乎不可誣矣 此則非但余乃今知之 世亦鮮有知者 故敢竊
識其後而歸之 以見區區仰慕之私云."

受珩)이 옥봉공(玉峯公)의 묘도(墓道)에 표각(表刻)이 없는 것을 한
스러워하며, 친구인 덕촌에게 묘갈명을 요청한 글에 덧붙인 것이다.

백수형은 옥봉의 언행을 채록한 글의 미진한 부분을 덕촌에게 보
완하여 편찬해줄 것을 요청하였다. 하지만 덕촌은 백수형에게 다음과
같은 질문과 답변을 이어가며 자신의 생각을 피력하였다.

"기록이 마땅히 이와 같으니 글 쓴 사람이 당연히 스스로 지어야
할 것입니다. 돌아보건대 어찌 다시 차례대로 편찬하겠습니까. 다만
옥봉공이 수립한 것이 이와 같이 찬란하니 당시 벗의 성대함도 이와
같았습니다. 그런데 결국 묘도를 새긴 것조차 없으니 무슨 이유입니
까?"하였다.

수형이 말하기를, "그렇습니다. 일찍이 옥봉공의 외손인 안휴(安
烋)의 집에 한석봉(韓石峯)과 최간이(崔簡易)의 수첩이 있는 것을
보고서 대체로 공의 묘갈문은 간이에게 요청하였고, 석봉은 스스로
돌에 글씨를 쓰려고 했습니다. 또 수형의 고조부인 송호공(松湖公)
이 증왕부(曾王父)에게 작은 편지를 부쳤는데 말하기를 "양호(兩湖)
의 관찰사가 모두 절친한 벗이니 선묘의 비석을 세우고, 선조의 글
씨를 새기며, 선조의 문집을 간행할 때가 바로 지금이네."라고 했습
니다. 생각하건대 묘갈문을 짓고 쓰는 것과 같은 일은 이미 맡아서
할 사람이 있어서 또한 혹 이미 받아두었을 것입니다. 그런데 오직
돌에 새기는 어려움을 걱정하는 것이 무슨 연유인지는 알지 못하겠
고, 마침내 돌에 새기지 아니하여 행장의 초(草)와 묘갈문이 함께
전해지지 못하였습니다. 이 기록 중의 묘지(墓誌)에서 대략 '운운이
다'라고 말한 것은 가보 중에는 실렸는데, 편찬자의 이름도 쓰지 않
았고 문장도 온전하지 못하니 아마도 비석에 새기려 했던 문장인데
그 절반을 잃어버린 것인가 알 수가 없습니다."하였다.[16]

위 글에서 덕촌은 애초에 글을 쓴 사람이 그 글을 편찬해야 하고, 다른 사람이 이를 대신하기 어렵다는 의견을 표출하였다. 그리고 당대 업적이 뛰어나고 교유하는 이가 많았던 옥봉이 묘도에 표각이 없었던 이유를 질문하였다. 이에 백수형은 당대 저명한 문장가인 간이 최립과 한석봉이 묘갈문을 쓰고 새기려 했지만, 어떤 연유인지 묘각을 새기지 못하여 행장과 묘갈문이 전해지지 못한 상황을 설명하였다.

다음으로 덕촌은 본인이 먼저 살펴보았던 옥봉공 가문의 유묵 속에서 옥봉공 지행의 여러 개략을 알 수 있었는데, 백수형이 이를 기록하지 않은 이유에 대해 재차 질문하였다. 이에 백수형은 "이를 기록함에 삼가 그 문자가 세상에 공개된 것만을 취하고, 가문(家間)의 경우는 이 옥봉공의 사적인 글에 관계되기 때문에 감히 싣지 않았습니다."17)고 답변하였다.

이에 덕촌은 다음과 같이 자신의 견해를 제시하며, 옥봉공 가문의 유묵을 상고할 것을 백수형에게 조언하였다. 첫째, 보통 사람의 좋은 행실의 위대함은 일상적인 행동의 세세함에서 나오고, 사업의 현달(顯達)은 규문(閨門)의 세밀함에서 비롯된다고 보았다. 그러므로 다른 사람을 잘 관찰하는 사람은 그의 위대하고 현달함이 아니라 세세하고 치밀한 것을 평가해야 한다고 강조하였다.

둘째, 옥봉의 글은 그 마음에 보존된 것과 처신의 방법이 다른 책

---

16) 권5 「書白玉峯家狀草後 甲申」, "(前略)錄之當如是矣 作者宜自裁焉 顧何用復纂次爲 第以公之所樹立 煇赫如此 當時朋知之盛 又如此 而卒無墓道之刻 何也 受珩曰然 曾於公之外系安恬家 見有韓石峯與崔簡易手帖 盖請公之墓碣於簡易 而石峯自擬書諸石也 又受珩之高王父松湖公寄曾王父小簡 有曰兩湖方伯 皆至切之友 先墓之石 先筆之刊 先集之行 此其時也云云 意若碣文之作與書 已方有當之者 亦或已受出矣 而惟以刻石之難爲慮者 未知豚何 竟未刻石 而并狀草與碣文不傳也 是錄中墓誌 略曰云云者 載之家譜之中 而不著撰者之名 文亦不全 意或此其欲石之文而逸其半耶 未可知也(後略)."

17) 위의 글, "受珩之爲是錄 謹取其文字之公於世者 家間則係是公私藝之書 故不敢載矣."

과 비교했을 때 더욱 절실하다고 보았다. 그 근거로 근본을 바로잡는 태도를 강조한 것을 들었다. 특히 부부 간의 예를 가장 먼저 제시한 것이나, 남을 속이지 않는 '물기(勿欺)'의 정신을 높이 평가하였다.

셋째, 독서를 논의함에 경서를 근본으로 삼는 태도에도 주목하였다. 옥봉공은 자손들에게 『논어』와 『소학』 읽기를 강조했을 뿐만 아니라, 의리의 소재를 마음으로 깨닫지 못한 채 입으로만 외우는 태도를 경계하였다. 이는 옛 사람의 독서 방법을 깊이 얻은 것으로 후대의 구이지학(口耳之學)과 비교할 수 있는 바가 아니라고 평가하였다.

넷째, 옥봉공이 시골에 살면서 사물에 응대하는 도리 또한 부지런히 다한 것도 높이 평가하였다. 옥봉은 당대 큰 명성을 누렸고, 아는 친구들이 조정에 가득하여 높은 벼슬에 오를 수 있었을 것이다. 그러나 곧 한 터럭의 영화와 명성이 그 마음에 머물지 않았고, 초연히 늘 세속에서 멀리 떠날 생각을 두었다는 것에 주목하였다.[18]

이 글은 옥봉공을 평가한 것이지만, 여기에서 덕촌이 강조한 내용은 다른 인물이나 작품을 평가하는 기준으로 적용할 수 있을 것이다. 인물이나 작품의 외적인 현달함이 아니라 내적인 세세함을 관찰하는 것, 허위가 아닌 근본을 추구하는 정신, 형식적인 앎이 아닌 자득(自得)한 지식을 실천하는 것 등은 덕촌이 지향한 가치관이자 인물과 작품을 평가하는 기준이었다고 할 수 있겠다.

덕촌 양득중은 '진실무망(眞實無妄)'을 자기 삶의 지도 원리로 삼았던 인물이다. 인품은 꾸밈이 없고 질박하였으며, 학문은 허위를 배격하고 실사(實事)에서 올바름을 구하는 실학을 강조하였다.[19] 이러한 사상적 특징은 문학 작품의 주제에도 일정하게 연계되어 나타난다. 본고에서는 덕촌의 문학 세계를 '치심(治心)과 지족(知足)의 삶

18) 권5 「書白玉峯家狀草後 甲申」
19) 한정길, 2013, 앞의 논문, 91쪽.

추구, 혼란한 세태(世態)와 대응 의식, 의리와 실상(實狀) 중시'라는
세 가지 양상으로 구분하여 살펴보았다.

III. 덕촌 문학의 주제별 특징 양상

1. 치심(治心)과 지족(知足)의 삶 추구

「소심재기(小心齋記)」는 덕촌이 19세인 1683년(숙종 9)에 지은 글
이다. 덕촌의 백부인 양우회(梁禹會, 1635~1680)가 집 한 채를 지어
자제들을 가르쳤는데 현액을 '소심재'라고 하였다. 이에 「소심재기」를
지었는데 학문에 정진하여 선대의 가르침을 더럽히지 말라는 뜻을 기
술하였다.

> 대개 심(心)이란 사람의 신명(神明)이니 한 몸을 주관하여 만사
> (萬事)를 거두는 것으로 온갖 조화가 이로부터 나타나고, 사람의 법
> 칙도 이로부터 세워져 사람이 만물의 영장으로 천지에 참여할 수 있
> 는 이유는 바로 이것이 있어서이다. 그러나 그 마음의 물건됨이 기
> 운을 타고 발하여 변동을 헤아릴 수가 없으니 혹은 나가고 혹은 들
> 어와서 그 향함을 알 수가 없고, 외물의 요란스러운 것이 또 어지러
> 이 이르고 중첩되어 와 틈을 엿보게 된다. 한 생각이 보존되지 않으
> 면 몸뚱이 밖으로 내달리고, 잠깐 사이에 혹시 소홀하다면 천 리 먼
> 데까지 방탕히 흘러 분분히 형기(形氣)의 사사로움에 부림을 받아
> 본체의 바름이 이에 없어진다. 본체의 바름이 곧 없어진다면, 금수
> 와 더불어 또한 무엇이 다르겠는가. 이 때문에 군자는 이것을 두려
> 워하여 경계하고 삼가며 공경하고 엄숙히 하여 몸을 곧추세우고 스

스로를 지키면서 전전긍긍 깊은 못에 임하여 얇은 얼음을 밟듯이 하
고, 조심조심 사당에 들어가 예법을 받들 듯이 하며, 동정(動靜) 간
에 차이가 없고, 표리(表裏)에서 일관되게 하여 항상 이 마음을 엄
숙하게 하여 감히 조금이라도 게으르지 않도록 해야 한다. 그러한
후에야 이러한 마음이 항상 보존되어 외물에 거리끼지 않아 마음속
에 태연히 백체(百體)가 명령을 따른다. 그러한 다음에 사람이 된
이치를 저버리지 않고 금수로 돌아감을 면한다. 이것이 군자가 소심
을 귀하게 여기는 까닭이니, 소심은 학문을 하는 데에 첫 번째 중요
한 방법이다.20)

　백부가 '소심재'라고 편액한 것은 관씨(管氏) 「제자직(弟子職)」의
'소심익익(小心翼翼)'의 말에서 취한 것이었다. 덕촌은 이에 대해 "소
심이라고 이른 것은 그 마음을 거두어들여 늠름히 스스로를 지켜 감
히 방종치 않는다는 뜻이다."라고 설명하였다. 마음의 본체를 바로하
는 것이 인간을 인간답게 하는 것이라고 생각하였다. 이를 항상 일관
되게 실천해야 하며, 학문을 하는 기본 자세라고 파악하였다.

　　이와 같은 이유로 평소 그 마음을 가다듬고 그 몸을 엄숙히 하여
　　용모는 공손히 하고 언어는 삼가여 처사(處事)와 접물(接物)과 거처

---

20)　권4 「小心齋記」, "(前略)蓋心者人之神明　主一身而振萬事者也　萬化由是而發焉
　　人極由是而立焉　人之所以靈乎萬物而參乎天地者　正在乎此矣　然而其爲物也　乘氣
　　而發　變動不測　或出或入　莫知其鄕　而外物之擾擾者　又紛至而遝來　投間而抵隙焉
　　一念不存　則馳騖於軀殼之外　須臾或忽　則流蕩乎千里之遠　紛紛然役於形氣之私
　　而本體之正　於是乎亡矣　本體之正旣亡　則其與禽獸又何擇焉　是以君子爲是之懼　戒
　　愼祗栗　聳然自持　兢兢乎臨深履薄　屬屬乎入祠奉律　罔間乎動靜　貫徹乎表裏　常使
　　此心儼然肅然　不敢小懈　然後此心常存而不累於外物　泰然於方寸之中而百體從令
　　焉　夫然後可以不負爲人之理而免於禽獸之歸矣　此君子所以貴於小心　而小心爲學
　　問下工底第一要道也(後略)."

와 음식에 이르기까지 하나도 소심을 두지 않음이 없었다. 그리고
자제를 가르칠 때에도 또한 일찍이 이것으로써 정성을 다하고 간곡
히 하니 그 소심의 방법에 진실로 이미 마음으로 터득하고 몸소 행
하며 자기에 충족하고 남에게 미쳤으니 어찌 겉치레에 힘을 써서 대
략 어렴풋함을 보고 문득 구이(口耳)를 바탕삼아 얕고 얕은 것을 하
는 사람과 비교하겠는가. 이에 특별히 이 두 개 글자를 끄집어내어
나타내어 밝혀 벽 사이에 걸어두고 자제로서 거처하는 사람은 여기
에서 거처하게 하고, 여기에서 책을 읽게 하여 아침저녁으로 목격하
고, 잠깐이라도 이를 돌아보아 밥 먹고 휴식하는 사이도 없이 잊지
않도록 하여 일삼을 것이 있도록 한다면, 복을 드리우되 바름으로써
하고 그 방책을 계도하는 것이 아, 깊고도 지극해질 것이다.[21]

덕촌은 백부가 항상 매사에 '소심(小心)'했던 것을 높이 평가하며
겉치레에만 힘썼던 당대인들의 가벼운 처신과 대조하였다. 그리고 자
신을 포함한 후학들이 이러한 자세를 본받아 마음을 다스리고, '심중
(心中)에 각인하여 잠시도 잊지 않고, 소중히 받들어 힘써 지킬 것'[22]
을 강조하였다. '소심재'는 백부인 양우회가 주로 강학한 가학(家學)
의 중심 공간이었고, 이곳에서 함께 장성한 덕촌의 종형제들은 장성
해서도 우애 있게 교유를 지속했던 것으로 파악된다.[23]

---

21) "(前略)故其平日所以齊其心肅其躬 容貌而恭 言語而謹 以至於處事也接物也 居處
   焉飲食焉也 無一不在於小心 而其於敎子弟焉也 亦未嘗不以此而諄諄焉懇懇焉 則
   其於小心之道 固已得之心而行之身 足乎己而及乎人矣 豈比夫務外者略見彷彿而
   便爲口耳之資之淺淺者爲哉 於是乎特拈出此二箇字 表而章之 揭諸壁間 使子弟之
   居焉者 居處於是 讀書於是 日夕焉目擊 造次焉顧諟 無食息之頃而不忘 有所事焉
   則其所以垂裕以正 啓迪其蹊徑者 吁亦深且至矣(後略)."
22) 『中庸』 제8장, 공자께서 말씀하시기를 "안회의 사람됨은 중용을 택하여 한 가
   지 선을 얻으면 받들어 가슴에 깊이 새기고 그것을 잃지 않았다(回之爲人也 擇
   乎中庸 得一善 則拳拳服膺 而弗失之矣)."

또한 덕촌은 24세(1688년) 때에 안여해(安汝諧)의 '이병재'에 대한 「이병재기(理病齋記)」를 지어서, 마음을 정(靜)하게 하는 법을 제시하였다. 덕촌의 지우였던 안여해는 어려운 형편에도 학업을 꾸준히 하였다. 10년 넘게 과거 시험을 준비하여 진사시에는 뽑혔으나 문과 시험에는 합격하지 못하였다. 하지만 불행히도 안질이 생겨서 서책을 버려두고 약을 쓰기에 매진했으나 약이 별 효과가 없었고, 마침내 고질병이 되어 침울해하다가 '이병재'를 짓고 병을 다스리고자 하였다.

안여해는 자신을 찾아온 덕촌에게 「이병재기」를 요청하였다. 덕촌은 이에 안여해와 나눈 대화를 직접 제시하면서 자신의 견해를 펼치는 방식으로 「이병재기」를 서술하였다. 안여해는 병을 다스리는 방법으로 여러 가지 제안을 하지만, 덕촌은 이것만으로는 충분하지 않다고 하며 계속 깊이 있는 생각을 유도하였다. 안여해는 다음과 같은 대안을 순서대로 제시하였다. '좋은 약을 구해 복용하는 것 → 눈을 밝게 하는 방법 제시('책 읽기를 줄임, 생각을 덜함, 내면 보는 것을 오로지 함, 외관 보기를 간략히 함, 아침에 늦게 일어나고 밤에 일찍 잠') → 음란함을 멀리하는 것'

하지만 덕촌은 이러한 방법이 좋긴 하지만, 병을 근본적으로 다스리지 못 할 것이라 경계하였다. 안여해가 마침내 스스로 깨우쳐서 "옛사람의 말에 '마음을 움직이면 온갖 병이 생기고, 마음이 고요하면 온갖 병이 멸한다.'라고 했네. 나는 이것을 가슴에 새겨서 오로지 마음을 고요히 하는 데 힘을 쏟아 이것으로 내 병을 다스리고자 했다네."라고 하자 그제서야 덕촌은 안여해의 말을 인정하며 다음과 같이 자신의 견해를 덧붙였다.

지극하고 좋아서 이에 더할 것이 없겠네. 비록 그렇지만, 또한 하

23) 김승대, 2020, 앞의 논문, 21쪽.

나의 견해가 있다네. 대체로 마음은 억지로 고요하게 만들 수 있는 것이 아니어서 득실과 애환의 경계에 밝은 자만이 거의 그렇게 할 수 있다네. 대체로 득실은 일리(一理)요, 애환은 일도(一塗)인지라 그것이 옴에 물리칠 수가 없고, 그것이 감에 멈추게 할 수가 없으며, 무엇을 피하고, 무엇에 편안해하며, 무엇에 나아가고, 무엇을 물리치겠는가. 이에 밝다는 것은 누(累)가 없음을 말함이요, 누가 없다면 마음이 고요해지고, 마음이 고요해지면 몸이 수고롭지 않으며, 몸이 수고롭지 않으면, 정신이 어긋나지 않는다네. 눈이라는 것은 정신이 모이고, 형체의 순수한 것으로 형체가 온전하고 정신이 회복된다면, 눈은 곧바로 밝아질 것이네. 지난번에 자네가 이 병에 걸리지 않았을 때 죽도록 고생하며 오로지 과명(科名)을 구하다가 마음의 누를 얻기도 하고 잃기도 했었지. 득실이 누가 되기 때문에 마음이 안정되지 못하였고, 마음이 안정되지 못하였기 때문에 몸이 수고로웠으며, 몸이 수고롭기 때문에 정신이 어긋났으니 자네에게 이 병이 있는 것은 의심하지 마소. (중략)

이와 같다면, 이 재에서 지낸 것이 비록 10년이 되고, 좋은 약이 만 상자라 하더라도 그대의 병은 끝내 다스릴 수가 없을 것이네. 바라건대 그대는 죽도록 고생하고 처량해함을 그치고서 또한 누를 없애는 것이 좋겠으니, 어찌 얻음이 없고, 잃음이 없으며, 슬픔이 없고, 기쁨이 없음이 있고서 이것을 누가 없고, 생각이 없으며, 걱정이 없다고 이르겠는가. 배가 고프면 먹고, 목이 마르면 마시며, 배가 부르면 휴식을 취하고, 누웠다가 가며, 고달프면 쉰다네. 잠이 들면 영혼과 교유하고, 잠에서 깨면 형체를 열어서 해가 가고 달이 옴이 나와 무슨 상관이며, 추위가 가고 더위가 옴이 나에게 무슨 상관이겠는가. 아득하고 화락하여 홍몽(鴻蒙)을 초월하고 희이(希夷)와 혼동하면 길이 조물주와 더불어 외물에 접하더라도 인간에게 득실과 애환이 있음을 알지 못한다네. 이에 이러한 이유로 마음이 안정되고, 몸

이 수고롭지 않으며, 정신이 어긋나지 않을 것이니, 자네는 기록해
두게.24)

 덕촌은 마음을 고요하게 하는 것은 억지로 이루어지는 것이 아니
라, 득실과 애환에 얽매이지 않는 자세에서부터 비롯된다고 보았다.
'눈'은 정신이 모이고, 형체의 순수한 것으로 형체가 온전하고 정신이
회복된다면, 눈은 곧바로 밝아질 것이라고 하였다. 무엇보다도 덕촌
은 안여해가 과거 시험에 지나치게 힘쓰다가 건강을 잃게 된 것을 안
타까워하였다. 마음과 몸은 서로 관련된 것이므로, 어느 한쪽이 균형
을 잃으면 다른 쪽도 어긋날 수밖에 없는 이치를 설명하였다. 마음의
안정을 먼저 찾아야 안여해가 앞서 제시했던 다른 방법도 실제로 효
과가 있을 것이라고 파악하였다.
 글의 말미 부분에서는 유자후(柳子厚)의 글과 『도덕경』에 나오는
'홍몽(鴻濛)'과 '희이(希夷)'의 경지를 제시하며 세상사에 초연하게
대응할 것을 조언하였다. '홍몽(鴻濛)'은 천지가 생기기 전에 기운만 엉
키어 있는 상태이고,25) '희이(希夷)'는 보아도 보이지 않고, 들어도 들
리지 않는 것으로26) 본디 무성무색(無聲無色)한 도의 본체를 말한다.

---

24) 권4 「理病齋記」, "(前略)至矣善矣 蔑以加矣 雖然 抑又有一說焉 夫心不可强使之
   靜也 惟明於得喪悲懽之域者幾矣 夫得喪一理 悲懽一塗 其來也 不可以却 其去也
   不可以止 夫奚避奚處 奚就奚去 明乎是者 是謂無累 無累則心靜 心靜則形不勞 形
   不勞則精不虧 目者精之會也 形之粹也 形全精復 目乃明矣 曩子之未有斯疾也 役
   役焉惟科名是求 此以得喪累其心也 得喪爲之累 故心不靜 心不靜故形勞 形勞故精
   虧 無惑乎子之有斯疾也 (中略) 若是則居是齋雖十季 藥之良雖萬篋 子之病 亦終
   莫之能理矣 願言吾子舍其所役役焉與戚戚焉者 且爲是無累者可也 安有無得無喪
   無悲無懽 是之謂無累也無思也無慮也 飢而食 渴而飲 飽而休 伸而行 倦而息 其寐
   也魂交 其覺也形開 日往而月來 何與於我 寒往而暑來 何與於我 冥冥然熙熙然 超
   鴻蒙混希夷 長與造物者接於物外 而不知人間有得喪與悲懽焉 若是故心靜 若是故
   形不勞 若是故精不虧 願吾子志之(後略)."
25) 『道德經』 "混希夷超鴻蒙."

덕촌의 조언에 안여해는 그동안 자신이 취했던 '마음의 정(精)'을 얻는 방법이 잘못되었다는 것을 깨닫고 반성하며, 덕촌의 말을 잊지 않을 것을 약속하였다. 하지만 이러한 다짐이 무색하게도 안여해는 4년 후에 35세라는 젊은 나이에 세상을 떠나고 말았다.[27]

한편 덕촌은 본분을 지키며 사는 삶을 지향하였는데, 다음 「사오와(四吾窩)」라는 작품에서 이러한 면모가 두드러지게 나타난다.

〈1연〉

鑿吾之井耕吾田　내 샘을 파고 내 밭을 갈면서
生長收藏一任天　생·장·수·장을 다 하늘에 맡기네
寒往暑來天自運　한왕·서래도 하늘이 절로 움직이니
年年耕鑿又年年　해마다 갈고 파고 또 해마다

〈2연〉

莫說蒼蒼在上天　푸름이 저 하늘에만 있다 말하지 마소
一身還有一般天　이 한 몸도 도리어 하늘과 한가지라네
惟於耕鑿生涯裏　오직 밭 갈고 샘 파는 생애 속에서
隨分而安便是天　분수 따라 편안함이 곧 하늘이로세

〈3연〉

不是玄玄別有天　아득한 곳에 따로 하늘 있지 않으니
自然之外更無天　자연 벗어나 다시 하늘이 없다네
百年三萬六千日　백년 세월이라 삼만 육천일 동안
自往自來都是天　절로 갔다 절로 옴이 모두 하늘이지

---

26) 『道德經』 "視之不視 名曰夷 聽之不聞 名曰希."
27) 『德村集』 年譜 壬申年, "덕촌은 안여해의 만사와 제문을 지어 곡하였다."

시의 제목인 '사오와(四吾窩)'는 덕촌의 당호(堂號)인데, '내 밭을 갈고, 내 샘물을 마시며, 내 천성을 지켜, 내 생애를 마친다는 뜻'이다. 이는 덕촌이 지향했던 삶의 모습을 응축적으로 보여준다. 스스로 노동을 하고, 분수를 지키며 사는 삶, 지족(知足)을 느끼며 소박한 행복을 추구했던 것을 알 수 있다.

〈1연〉의 1~2구에서는 몸소 샘을 파고 밭을 갈면서, 자연의 섭리인 '생장수장(生長收藏)'의 이치를 따르는 모습을 보여주고 있다. 3~4구에서도 계절의 순리에 따라 세월이 흘러가고, '천리(天理)'가 순환함을 제시하고 있다. 덕촌은 자연을 따르면서 해마다 묵묵히 농사를 지을 뿐이다.

〈2연〉의 1~2구에서는 '창천(蒼天)'과 '일신(一身)'이 동일하다고 인식하고 있다. 하늘의 이치를 따르며 사는 자신의 삶에 대한 자부심이 드러난다. 3~4구에서는 자연 속에서 노동을 하며 지내는 자신의 삶이 '분수(分數)'와 '천리(天理)'에 부합함을 제시하였다.

〈3연〉의 1~2구에서는 인간이 희구하는 별천지(別天地)가 아득한 곳에 따로 존재하는 것이 아니라고 보았다. '천(天)'이라는 존재는 물리적인 공간일 뿐만 아니라 인간이 열망하는 이상향과도 관련될 수 있다. 그것은 먼 곳에 있는 것이 아니라 인간이 살아가고 있는 자연 속에 공존하는 것이다. 3~4구에서는 절로 흘러가는 백년 세월도, 인간이 살아가는 시간도 모두 '천리(天理)'를 따라가는 것임을 강조하였다.

덕촌이 순리를 따르며 살고자 하는 자세는 벼슬에 나아갔을 때에도 변함없이 유지되었다. 그는 60세인 1724년 2월에 세제익위사 익찬에 임명되어 서연(書筵)에 출입했는데, 이 시기에 계방(桂坊)의 하번(下番)으로 있을 때 지은 시에서 "세상사는 뜬구름 밖, 공명을 나는 몰라라/ 인연 따라 우연히 벼슬에 나아갔으나, 가까이 모심은 기대하

지도 않았네/ 통행금지에 궁중이 고요한데, 꽃향기는 여름날에 더디
구나/ 전석의 물음에 대비하고자, 때때로 다시 시서를 읽어보네."28)
라고 하며 '세사(世事)'와 '공명(功名)'에 초연한 태도를 드러내었다.

   덕촌은 무조건 관직을 사양하는 것을 고상한 것으로 여기는 풍토
는 오히려 스스로 속이는 것이고, 솔직하지 못한 태도라고 비판하였
다. 본인의 분수에 맞게 관직에 나아가 자신의 뜻을 펼치는 것이 마
땅하다는 의견을 피력하기도 하였다.

   하지만 덕촌의 관직 생활은 노론과 소론의 갈등이 치열하게 일어
나고, 여러 사건으로 정국이 수차례 뒤바뀌는 상황 속에서 이루어져
서 순탄하지 못했다.29) 앞의 시를 지은 해 8월에 경종이 사망했고, 그
다음해인 1725년에 영조가 즉위하고 을사환국을 통해 노론이 주도권
을 장악하게 되자 덕촌은 곧바로 파직하게 되었다.30)

   이러한 상황에서 덕촌은 자신의 마음을 제대로 다스리고, 주관을
갖고 살아가는 삶을 추구하였다. 외부적인 환경을 탓하기보다는 자신
의 역량에 맞는 일을 해나가면서 순리에 따르는 자세를 보여주었다.

2. 혼란한 세태(世態)와 대응 의식

   『덕촌집』에 남아 있는 시작품이 양적으로 많지는 않지만, 덕촌은
시를 짓게 된 계기나 당시 상황을 작품의 제목이나 보충 설명으로 남
겼다. 이를 통해 당대 혼란한 세태나 교유 인물들 간의 논쟁점을 짐
작할 수 있는데, 다음과 같은 작품이 그에 해당한다.

---

28) 권6「甲辰在桂坊下番趙濟博 泰萬 賦詩步其韻永懷」, "世事浮雲外 功名我不知 隨
    緣偶就列 侍近本非期 地禁宮園靜 花香夏日遲 爲需前席對 時復讀書詩."
29) 최윤정, 2020b, 앞의 논문, 10쪽.
30) 『德村集』年譜 및 『英祖實錄』참조

林下何曾有爵名 산림에 묻혀 어찌 벼슬 이름 두었던고
偶然來去不須驚 우연히 오고 갔으니 놀랄 것도 없어라
試看滿院梧桐月 집에 가득한 오동나무 달을 한번 보소
依舊淸輝一樣明 그 맑은 빛이 옛날처럼 한결같네.[31]

위 시는 덕촌의 나이 53세 때인 1717년에 그의 스승 윤증이 죽은 뒤에 노론의 공격을 받아 관작을 삭탈당한 일을 겪고 지은 것이다. 윤증이 죽은 뒤 1년이 지나서, 유계가 저술한『가례원류』의 발문을 정호(鄭澔)가 쓰면서 그를 비난하여 노론·소론 간의 당쟁이 치열해졌다. 결국 소론 일파가 거세되고 윤증과 그의 아버지 윤선거의 관직이 추탈되었다.[32]

시작품의 1구에서는 평생을 실직(實職)에 나아가지 않고 징사(徵士)로서 지냈던 명재 윤증이 계속 임금의 부름을 받아 본의 아니게 벼슬을 받았던 것을 상기(想起)하고 있다. 2구에서는 평생 정쟁에 휘말렸던 스승 명재의 인생을 회고하며, 추탈된 사실이 그리 놀랄 것도 없는 일이라고 수용하였다. 이렇게 복잡다난한 인생사와 달리 3~4구에서는 '오동월(梧桐月)'이 한결같이 밝은 빛을 띠고 있는 모습을 시각적으로 제시하고 있다. 명재가 추구했던 지향점을 환한 달빛으로 환치시키면서 조용하게 시상을 마무리하였다. 1~2구에 제시된 험난한 세파와 3~4구의 안온한 분위기가 대조를 이루며 주제 의식을 강화하는 효과를 발한다.

이 일이 있은 지 5년 후인 1722년(경종 2)에 소론파 유생 김수귀·황욱 등의 상소에 의하여 복작되었는데, 덕촌은 그와 관련된 시작품

---

31) 권6「有感師門追奪事吟成一絶」
32) 고영진, 2001,「명재 사상의 형성과정과 한국사상사적 위치」,『務心과 實心의 유학자 명재 윤증』, 청계출판사, 29쪽.

을 남기기도 하였다. 이 작품은 제목 자체에 시적 정황을 상세하게
제시하고 있다. "임인년(1722년) 가을에 스승의 관작이 복원된 뒤
사인 이백소 세덕이 두 수의 단율을 지어 기쁨을 적고 서로 축하하자
여러 동지들이 모두 화답하기에 나도 마침내 졸렬함을 잊고 차운하여
작은 정성을 표하다."[33]

〈1연〉

未墜斯文一脉傳　사문이 실추되지 않고 한 학맥 전하더니
數窮陽九見戕賢　운수 다한 양구에 현인이 해를 당했네
世方短處容人勝　세상이 어지러울 때는 사람이 이기지만
道自長時有定天　도가 오래 지속되면 안정될 날 있으리라

〈2연〉

何待百秊公議展　어찌 백 년 동안 공론 펴지길 기대하랴
且看今日渙恩宣　오늘 얼음 녹듯 성은이 내려왔네
聖君繼述如斯大　성군의 왕업 계승이 이처럼 위대하니
休命從玆更赫然　이로부터 아름다운 명이 더욱 빛나리

　　제목에 제시된 이세덕(李世德, 1662~1724)은 1717년(숙종 43) 윤
증 부자의 신원(伸寃)을 장문으로 상소하였다가 금령을 어긴 죄로 전
라도 고금도(古今島)에 유배되기도 한 인물이다. 그는 이에 굴하지
않고, 1722년(경종 2) 다시 상소하여 윤증 부자의 죄상이 무고한 혐
의를 받고 있다고 주장한 바 있다.[34]

---

33) 권6「壬寅秋師門復官後李舍人伯邵 世德 賦二首短律志喜而相賀諸同志皆和之逐
　　亦忘拙次其韻以表微忱」
34) 한국역대인물 종합시스템 DB(http://people.aks.ac.kr) 참조

〈1연〉의 1~2구에서는 스승인 명재 윤증의 학맥이 전해지다가 추탈의 화를 입게 된 상황을 제시하였다. '양구(陽九)'는 양액(陽厄) 다섯에 음액(陰厄) 넷을 합친 음양가(陰陽家)의 술어로, 극에 달한 재액(災厄)을 말한다. 3~4구에서는 당쟁이 격화된 세상에선 권력을 쥔 자들이 일시적으로 이긴 듯 보이지만, 천도(天道)는 그러한 상황과 무관하게 존재할 것이라는 믿음을 보여주고 있다. 이와 같이 덕촌은 진실은 언젠가 밝혀질 것이라는 굳은 신념을 지니고 있었다.

〈2연〉의 1구에서는 인간사가 항상 정의로울 수만은 없는 현실을 직시하고 있다. 2구에서는 스승 명재의 관작이 복원된 것을 '성은(聖恩)'이 펼쳐진 것으로 인식하였다. 3~4구에서는 성군의 왕업의 위대함을 칭송하며 시상을 마무리하고 있다. 표면적으로는 왕업을 찬송한 것이지만, 이면적으로 스승의 업적과 가치를 인정하는 의미가 내포되어 있다.

또 다른 시작품에서 덕촌은 전례(奠禮)의 시비(是非) 논쟁에 대해 자신의 견해를 피력하였다. 다음 작품은 백광서(白光瑞, 1638~1716)의 장례 때에 노강서원(魯岡書院)의 유생들이 제문을 올리면서 제문의 형식과 문투를 두고 논란을 벌인 일과 관련이 있다. 백광서가 생전에 서원에 성의와 노력이 있어서 서원의 유생들이 그에게 정의(情義)가 있으니 돌아가셨을 때 전뢰(奠誄)로 조문하고자 하였다. 하지만 덕촌은 선배가 후학에게 제사한다는 의혹과 서원의 유생들은 사람마다 정(情)이 다르다는 논리로 이에 대해 부정적으로 평가하였다.[35]

덕촌은 이 일과 관련하여 시작품에 다음과 같은 후기를 남기기도 하였다. "이 일로 한두 명의 사우(士友)가 근래에 상소한 일이 합당한지 그렇지 않은지에 대하여 논쟁하다가 나에게 질문하기에 할 수 없이 답변하였으나, 이해하지 못하고 자기주장을 내세워 떠들기를 그만

---

35) 권9 「與尹大源書 丁酉二月」

두지 않자 그들이 돌아간 뒤에 시상에 잠겨 중얼중얼 읊조리니 저절
로 시어로 표현된 것이다."36) 이와 관련된 시 내용을 살펴보면 다음
과 같다.

〈1연〉

世事悠悠只自知　세상사 하염없음을 나 홀로 아니
紛紛强聒轉支離　시끌벅적한 소리들 갈수록 지루해
靜觀萬理逢源處　뭇 이치의 근원을 조용히 관조하세
一任傍人說是非　옆 사람이 시비를 따지거나 말거나

〈3연〉

物各付時和在中　사물이 각각 부여될 때 조화가 들어있으니
强而同處儘非同　억지로 같게 하면 어떻든 같은 게 아니네
箇中無限好消息　그 속에 무한히 좋은 소식을
試問浴沂狂簡翁　욕기와 광간을 말한 옹에게 물어보련다37)

〈1연〉의 1~2구에서 덕촌은 번잡하고 분분한 세상사에 대한 회의
를 드러내고 있다. 저마다 자신의 견해를 피력하지만, 막상 제대로 된
소통은 이루어지지 않고, 각자 자신의 입장만을 고수하는 상황에서
합일점을 찾기 어려웠을 것이다. 3~4구에서는 더 이상 세상 사람들
의 시시비비에 휘말리지 않고, 조용히 근본 이치를 성찰하고자 하는
의지를 드러내었다.

〈3연〉과 관련해서 덕촌은 다음과 같은 부연 설명을 첨부하였다.

36) 권6 「開坐偶吟 三首○寄敬庵」, "右有一二士友爭論近來疏事當否 旣有所問 不得
　不答 而不能領悟 强聒不舍 於其歸後 沉吟咏歎 不覺形於永言."
37) 권6 「坐偶吟 三首○寄敬庵」

"백씨 어른의 전뢰(奠誄)에 관한 일로 여직 임사경(任思敬, 1686~1757)과 의견을 주고받았으나 이해하지 못했기 때문에 개연한 마음이 없을 수 없어서 이러한 언지(言志)의 작품을 남긴 것이니, 함께 살펴주기를 바란다."

1~2구에서는 사물에는 원래 부여된 조화가 존재하니, 이를 억지로 조정하려 하여도 동일하지 않다는 사실을 강조하였다. 특히 덕촌이 그 다음에 다시 지은 시의 말미에 덧붙인 설명에 1구는 "전뢰(奠誄)의 일에서 정리(情理)와 예의(禮義)에 따라 경중의 차이를 두는 것은 곧 사물이 가지런하지 않아서이니 이는 사물의 정리이다. 그런데 그 정리를 각각 헤아리면 같으니, 이것이 곧 이른바 '경중은 다르다 할지라도 헤아리는 저울추는 같다.'는 것이다."라고 제시하였다. 2구는 정과 교분의 얕고 깊음을 논하지 않고 똑같이 원유(院儒)로 평미레질하여 죽은 자를 보내면서 제물을 논의하되 흩어지고 떨어져 이어지지 않는 것"[38]을 뜻한다고 하였다.

3~4구에서는 『논어』의 「선진(先進)」과 「공야장(公冶長)」편을 인용하여 자신이 전달하고자 하는 본의를 은연중에 내보이고 있다. 공자의 제자 증점이 "기수(沂水)에서 목욕하고 무우단(舞雩壇)에서 바람 쐬고 한 곡조 읊고서 돌아오겠다."라고 답한 일화와, "뜻은 크지만 일에는 소략하여 찬란히 문장을 이루었을 뿐 그것을 마름질할 줄 모르는 제자"[39]와 관련된 발언은 덕촌이 지향하는 바를 제시해준다. 자연과 더불어 즐기는 자세와 진정한 실천이 따르는 삶에 대한 희구가 나타나 있다.

---

38) 권6 「又用前韻和尹大源」, "且以奠誄事言之 自五服之親 以至宗戚姻婭朋友親疏 隨情禮有輕重者 便是物之不齊 物之情也 而其各稱其情則同 卽所謂輕重雖殊 稱錘同也 前詩物各付時和在中 亦此意也 不論情契淺深 一以院儒槩之 而送往議物 散落不屬者 卽前詩强而同處儘非同之意也."

39) 『論語』의 「先進」과 「公冶長」, "吾黨之小子狂簡 斐然成章 不知所以裁之."

이 시작품에 대해서 경암 윤동수(尹東洙, 1674~1739)는 다음과 같이 평가하였다. 경암은 덕촌의 시작품의 표현과 뜻을 어느 정도 인정하면서도, 한편으로는 시 내용에 대한 궁금증을 다시 질문하는 식으로 논의를 이어나갔다.

> 보내신 맑은 시를 오랜 동안 읊어보니 의미와 맛이 모두 좋은데 누가 형에게 시에 능하지 않다고 하던가요. 편구(篇句)가 원만할 뿐만 아니라 의리를 설파함도 매우 정당하여 이치를 밝게 보심을 깊이 탄복합니다. 옆 사람들의 시비는 스스로에게 맡겨두십시오. 다만 의리의 근원은 결코 쉽게 보지 못하는 것인데 형께서는 이를 의심 없이 꿰뚫어 본다고 생각하십니까. 여직(汝直)의 말이 어떠하였는데 이에 개연(慨然)함이 없을 수 없다는 것입니까. "기수에 목욕하고" 운운하였는데, 광간(狂簡)한 늙은이에게 취한 것이 무슨 뜻인지 잘 모르겠으니 마땅히 직접 뵙기를 기다려 가르침을 받겠습니다.[40)]

덕촌은 이에 화답하여 경암에게 총 5연인 한 편의 시를 지어 보냈다. 간략하게 시작품의 주요 내용을 살펴보면, 〈2연〉에서는 도리는 일상과 불가분의 관계를 갖고 있는 것이라 제시하였고, '진원(眞源)'은 그르지 않다는 신념을 강조하였다. 〈3연〉에서는 '충서(忠恕)'를 따르는 삶의 태도를 강조하고, 타인과 우열을 가르는 태도를 경계하였다. 〈5연〉에서는 '중도(中道)'의 중요성을 내세웠다. 편견과 아집을 버리고 진실로 중용의 도를 지킬 때 현명한 논의를 진행할 수 있다고 보았다. 하지만 사실에 부합하는 논의가 제대로 이루어지지 않아 비웃

---

40) 권9 「附尹敬菴書」, "(前略)淸詩諷詠之久 意味俱到 誰謂吾兄不能韵語耶 不但篇句之圓全 說義理 亦甚正當 深服見理之明也 傍人之是非 自當任之 而第義理逢源處 殊未易觀 兄則謂之洞觀無疑耶 汝直之言如何 而乃不能無慨然耶 浴沂云云 未知所取於狂簡翁者何意 當俟奉面承教耳(後略)."

음을 받게 된 현실에 대해 안타까워하였다.[41]

이상과 같이 덕촌은 혼란한 세태 속에서 일어나는 일에 대해서 언젠가는 진실이 밝혀질 것이라 믿었다. 그리고 자신이 믿고 있는 진실과 도리를 실천하기 위해 끊임없이 스스로 성찰하고, 지인들과 소통한 과정을 작품으로 남겼다.

3. 의리와 실상(實狀) 중시

「비효설(譬曉說)」은 우정이나 의리도 없이 서로 부합하며 무리지어 소변(疏辨)과 서원(書院)의 일만 말하는 유생(儒生)들의 교유를 풍자한 글이다. 본격적인 논의에 앞서서 덕촌은 '비유'의 의미를 강절(康節) 소옹(邵雍)의 말인 '작은 것은 큰 것의 그림자이다.[소자대지영小者大之影]'라는 것을 들어 작은 것으로써 큰 것을 비유하여 깨우치게 하는 원리로 설명하였다. 그 다음에는 맹자가 양혜왕을 깨우치고자 한 비유를 제시하였다.

> 또 마치 맹자가 양혜왕을 깨우치고자 사람을 죽임에 정사(政事)를 가지고 한 것과 사람을 죽임에 칼날을 가지고 한 것의 차이가 없는 것으로써 할 때 반드시 먼저 사람을 죽임에 몽둥이와 칼날이 다름이 있느냐고 물은 다음에 사람을 죽임에 정사와 칼날이 다름이 있느냐고 물었으니, 이것이 이른바 비유하여 깨우친 것이요, 이것이 이른바 작은 것으로 큰 것을 깨닫게 하는 것이다. 대개 사람을 죽임에 정사와 칼날의 다름이 없다는 것은 커서 보기가 어렵고, 사람을 죽임에 몽둥이와 칼날의 다름이 없다는 것은 작아서 보기 쉬우니, 만일 먼저 작은 것을 묻지 않고 갑자기 묻기를, "사람을 죽임에 정사

---

41) 권6 「又用前韻和尹大源」

와 칼날에 차이가 있습니까?"라고 물었다면, 왕은 반드시 놀라면서 감히 갑자기 "그렇습니다."라고 말하지 못했을 것이다. 그러므로 이제 먼저 사람을 죽임에 몽둥이와 칼날에 차이가 있는가를 물은 것이다. 사람을 죽임에 몽둥이와 칼날의 차이가 없음은 어린 아이도 모두 아는 바이다. 때문에 미처 깨닫지 못한 사이에 갑자기 말이 떨어지자마자 응대하여 말하기를, "차이가 없습니다."라고 하였다. 이제 이미 그림자를 얻었으니 어찌 형체를 벗어날 것인가. 형체가 진실로 면전에 서니 부끄러워 서로 대답한 것이다. 이에 또 계속해서 묻기를, "사람을 죽임에 정사와 칼날을 사용함에 차이가 있습니까?"라고 했으니, 왕도 미처 깨닫지 못한 사이에 갑자기 말이 떨어지자마자 응대하여 말하기를 "차이가 없습니다."라고 하였다. 옛사람이 비유하여 다른 사람을 깨우치는 것이 대강 이와 같았다.[42]

그 다음으로는 덕촌이 시골에 있을 때 겪었던 일화를 제시하였다. 지체 높은 무반(武班)으로 일찍이 곤수(閫帥)를 지낸 사람이 있음을 들었다. 덕촌은 그때 상을 당해 시골에 있었는데, 문득 서울 나그네로 조문을 온 사람이 있었다. 이윽고 조문을 받고 그 사람과 더불어 상대하여 대화를 나눠보니 자못 은근하면서 해학이 섞여 있었다. 그 사람이 이미 떠나고 옆 사람이 그가 누구인지를 물으니 성씨, 이름, 사는 곳 등 전혀 아는 바가 없었고, 단지 자(字)만 알고 있었다. 덕촌은

---

42) 권4 「譬曉說」, "(前略) 且如孟子欲曉梁惠王 以殺人以政之無異於殺人以刃 而必先問殺人以挺與刃有以異乎 然後乃問殺人以政與刃有以異乎 此所謂譬曉也 此所謂以小喻大也 蓋殺人以政與刃之無以異 大而難瞩 殺人以挺與刃之無以異 小而易見 若不先問其小者 而卒然問之曰 殺人以挺與刃有以異乎云 則王必愕然而未敢遽以爲然 故今乃先問殺人以挺與刃有以異乎 殺人以挺與刃之無以異 童兒之所共知也 故不知不覺之間 輒應口而對曰 無以異也 今旣得其影矣 安所逃其形乎 形固立於面前而靦然相對矣 於是又繼而問之曰 殺人以政與刃有以異乎 王亦不知不覺之間 輒應口而對曰 無以異也 古人之譬曉人 大率類此 (後略)."

이러한 존재에 대해 '무인(武人)의 사정우(射亭友)'라고 지칭하였다.

> 무릇 서울의 사정(射亭)에서 기예를 연습한 무인은 활과 화살을
> 잡고 나가서 멀리 바라보아 과녁을 펼친 집이 있으면 문득 가 이르
> 나니 사정의 수많은 활을 쏘는 사람 중에는 간혹 일찍이 함께 서로
> 만난 사람이 있으면 읍하여 예를 갖추었다. 인하여 그와 함께 짝을
> 지어 화살을 쏘았는데, 처음부터 과녁을 펼친 집이 누구의 집인지
> 묻지 않았고, 과녁을 펼친 집도 그 사람이 어떤 사람인지 묻지 않았
> 다. 무릇 여러 활을 쏘는 사람도 스스로 서로 모두 알 수가 없었고,
> 다만 오래오래 날마다 서로 좇다보니 안정(顏情)이 자연스럽게 익
> 어 이 때문에 친절한 벗이 되었다. 오직 이와 같았기 때문에 서로 성
> 이 무엇이고, 이름이 누구이며, 사는 곳이 어디인지를 알지 못하였
> 고, 여러 사람들의 입을 좇아 부르게 되니 아는 것이라곤 자(字)일
> 뿐이었다. 이것이 이른바 무인의 사정우이다.[43]

무인들이 무예 수련을 위하여 활터에 세운 정자에서 만나 자연스
럽게 친해지지만, 정작 상대방에 대해서는 기본적인 정보도 알지 못
하고, 그저 안면만이 있는 사이일 뿐이라는 것이다. 하지만 덕촌이 생
각했던 이상적인 교유는 "서로 아는 분수가 각각 얕고 깊음은 있었으
나 도의(道義)로써 서로 기약하고, 과실을 서로 바로 잡아주지 않음
이 없어서 학문을 갈고 닦아 오래되어도 싫지 않았으니 절로 인륜 가
운데 하나를 차지하는 벗은 그 도가 진실로 으레 이와 같아야 한다."

---

43) "(前略)凡京中武弁之習藝於射亭者 操弓矢而出 望見有張帿之家 則輒往而赴之 射
亭許多射夫之中 或有曾與之相面者 則揖而禮之 因與之爲耦而射之 初不問其張帿
之家之爲誰某之家 張帿之家 亦不問其人之爲誰某 凡諸射夫 亦不能自相諳悉 只
是久久逐日相從 顏情自然稔熟 因成親切之朋友矣 惟其如是 故不相知其爲何姓何
名何地居生 而隨衆口而呼之 所知者字而已 此所謂武弁之射亭友也(後略)."

고 생각하였다.

덕촌이 유생들의 교유에 문제를 느낀 것은 노강서원의 모임 및 기타 일이 있을 때 무리로 모인 사람 중에 처음부터 강의의 교분을 나눈 적이 없었고, 또한 일언반구도 의리를 이야기하거나 문자를 논하는 일이 없었던 것과 관련된다. 다만 유생의 무리가 날마다 일을 할 때에 소변(疏辨)의 일과 서원의 일만을 관심에 두었을 뿐이었다. 이러한 상황에 대해 덕촌은 다음과 같이 당대 유생들의 교유를 풍자하였다.

> 지금 성상께서 등극한 이후로 소변(疏辨)의 일과 서원의 일이 실현된 적이 없었으니 - 마땅히 미루어 조정에 올려서는 안 된다는 말을 하교한 이후로 일시에 일이 순조롭게 되어 다 무사했다. - 문득 초월(楚越)의 사람이 되어서 눈앞의 물색만을 예사로이 점검하였다. 이로 인하여 무인의 사정우를 상상해보니, 어렴풋이 희미하게 그림자가 되어 서로 비추었으니 친절(襯切)을 비유하여 깨우쳤다 하겠다. 생각하건대 사는 곳이 서로 가깝기 때문에 서로의 성이 무엇이고, 이름이 누구이며, 사는 곳이 어디인지는 알았으나 우정도 없고 의리도 없었으니 흡사 서로 부합한 것은 바로 이른바 우리 무리의 사정우였다. 그러나 무인의 사정우는 안정이 시종 한결같아서 달콤함 때문에 무너졌다 말할 수 없으나 우리 무리의 사정우는 반드시 그와 함께 당시 사람의 응견(鷹犬)이 되고자 했으니 그 뜻은 도리어 만 장 구덩이에 빠뜨리고자 한 이후에 그친 것과 같지 않다. 무인의 사정우는 진실로 장차 그와 더불어 비유한 것을 부끄럽게 여길 것이다.[44]

---

44) "(前略) 及至今上登極之後 疏辨事書院事 無所售焉 以不當推而上之朝廷之上下敎 之後 一時妥帖 都無事矣 則便作楚越之人 尋常點檢眼前物色 因而像想武弁之射亭

유생들은 자주 만나기는 하지만, 구체적인 사안에 대한 본질적인 논의를 하기보다는 표면적인 일에만 신경을 쓰고 있었다. 이는 마치 초나라와 월나라의 사람이 서로 거리가 멀리 떨어져 있어서 아무 상관이 없는 사이처럼 행동하는 것과 유사하였다. 서로에 대한 기본적인 안면만 있을 뿐 본질적인 우정과 의리가 없는 관계를 덕촌은 '우리 무리의 사정우'라고 지칭하였다. 그리고 이러한 양태는 당시 권력자들의 앞잡이 노릇을 할 뿐이라고 경계하였다. 글의 전반부에서 '비유'의 의미를 자세히 논의한 것은 결국 당대의 문제를 비판하기 위한 포석으로 볼 수 있다.

한편 「복수의(復讐議)」는 덕촌이 72세인 1736년(영조 12)에 당대 실화 사건[45]에 대해 느낀 바가 있어 지은 것이다. 살인자는 죽인다는 법령과 아버지의 원수를 갚는다는 의리 사이의 갈등에 대하여 논하였다. 덕촌이 「복수의」를 지은 계기를 살펴보면 다음과 같다.

> 대체로 자식에게 있어 부모는 천하의 대본(大本)으로 귀천인(貴賤人)이 모두 같아서 이(理)의 정점이요, 정(情)의 정점이며, 의(義)의 정점이라서 모든 천하 국가 만사 만물이 그보다 우선할 수는 없다. 그러므로 성인은 반드시 겉으로 드러내 그것을 율문 밖으로 나타내어 만세 윤강(倫綱)의 대의를 높이 내걸었던 것이다. 사람이 금

友 則依俙髣髴 影來相照 可謂襯切之譬曉矣 惟其所居相近 故相與知其爲何姓何名何地居生 而其無情無義 則恰與之相符 政所謂吾輩之射亭友也 然而武弁之射亭友 其顏靘終始如一 無甘壞之可言 而吾輩之射亭友 必欲與之同爲鷹犬於時人 不如其意則反欲陷之萬仞坑坎而後已 武弁之射亭友 固將羞與之爲譬矣."

45) 嶺南의 朴孝娘 사건: 1709년(숙종 35) 경상도 성주(星州)에서 죽산박씨(竹山朴氏)와 순천박씨(順天朴氏)가 산송(山訟)을 벌여 끝내 사람까지 살상했던 실화. 사건 발생 후 16년이 지난 1726년(영조 2)에 사건에 대한 재조사가 이루어져 진상이 밝혀졌지만, 정작 사건을 일으킨 가해자들에 대한 처벌은 이루어지지 않았음. (이상 「작품 해제」 참조)

수와 다른 까닭은 그 윤강이 있기 때문인데, 사람에게 윤리는 있고
주체가 없다면 곧 어지러울 것이다. (중략)

대저 이미 복수하는 것을 그 자식에게 허락했다면, 성군(聖君)이
허락한 것으로 이는 곧 법이 된다. (중략) 이것이 천지 간 명교(名
敎) 중의 첫 번째 관절(關節)이니 이 의리를 안 다음에 장차 인간이
금수와 다르다는 것과 인간이 귀하다는 것을 알게 될 것이다. 그러
나 고금의 이 옥사(獄事)를 은폐한 것을 낱낱이 보면, 늘 경전과 율
문이 서로 장애가 됨을 의심하여 좌우를 돌아보고 따를 바가 없어서
결국 법이 의리를 가리는 것을 면하지 못하였으니, 평소 개탄을 금
할 수 없었다.[46)

덕촌은 이 글에서 전체적으로 한유의 「복수장(復讎狀)」의 논의에
대해 반박하는 식으로 논지를 전개하였다. 글의 서두에서부터 한유의
「복수장」에 대해 문제를 제기하였고, 자신의 글 뒤에 한유의 글을 별
도로 첨부하였다. 덕촌의 「복수의」는 본인 스스로 '내용이 번다하지
만 줄일 수가 없었다'고 할 정도로 분량이 많은데, 한유의 「복수장」의
논의와 비교·대조하며 살펴보아야 이해가 용이하다. 먼저 「복수장」의
서두 부분과 본문의 주요 내용을 살펴보겠다.

원화(元和) 6년 9월에 부평현(富平縣) 사람 양열(梁悅)이 아버지
의 원수를 갚기 위하여 사람을 죽이고서 스스로 현에 이르러 죄를

---

46) 권5 「復讎議」, "(前略)盖子之於父 乃天下之大本 而貴賤之所同 理之極情之極義
之極 而凡天下國家萬事萬物 無得而居其先者 是以聖人不得不表而出之於律文之
外 以揭萬世倫綱之大義 人之所以異於禽獸者 以其 有倫綱 而人之有倫無主乃亂
(中略) 夫旣許之於其子 則聖君所許 是則爲法 (中略) 此乃天地間名教中一第關節
識得此義 然後方可以知人之所以異於禽獸與人之所以爲貴矣 然而歷觀今古之蔽此
獄者 每以經律之相礙爲疑 左右顧望 莫適所從 而終不免以法掩義 尋常不勝慨然
(後略)."

청하였다. 원화의 조칙에 "원수를 갚기 위한 살인은 진실로 상법(常法)이 있는데, 그 원통함을 풀고 죄를 청하여 죽음 보기를 마치 자기 집에 돌아가는 것처럼 하여 스스로 공문(公門)에 나아가 지극한 정성을 펴니 뜻이 순절(循節)에 있고 본래 목숨을 구할 생각이 없었다. 차라리 법도를 안 지키는 실수를 하여 특별히 사형을 감해줌을 따르나니 곤장 1백 대로 결정하고 순주(循州)로 유배를 보내라."라고 하였다. 이에 사관 직방원외랑 한유가 헌의하였다.[47]

한유는 『예경(禮經)』의 예법과 법령이 서로 다르다고 판단하였다. 그리고 여러 문헌을 들어 각각의 용례를 제시하고, 다음과 같이 논의를 제시하였다. 첫째, 마땅히 법률에 자세히 규정되어야 하는데 법률에는 그 조항이 없으니 조항을 빠뜨린 것이 아니라 아마도 복수를 허락하지 않으면, 효자의 마음을 손상시켜 선왕의 가르침에서 벗어나게 되고, 복수를 허락하면 사람들이 법에 의존해 멋대로 살인을 해도 그 시작을 금지할 수 없게 된다고 생각했기 때문이다.

둘째, 법률이 비록 성인에게서 근본했다고는 하지만, 그것을 집행하는 사람은 담당 관료이다. 경전에서 밝힌 것은 담당 관료를 제약한다. 그 의리가 경전에는 있으나 그 조항이 법률에서 깊이 빠졌는데, 그 의도는 법리(法吏)가 법에 의해서 오로지 결단하되 경술의 선비에게 경전을 인용하여 의논하려는 데에 있다.

셋째, "복수라는 이름은 비록 같으나 그 사안은 각기 달라서 백성들이 서로 복수함에 『주관(周官)』과 같이 말한 것은 지금 논의할 만하고, 혹은 관리에게 처형되는 바 「공양전(公羊傳)」과 같이 말한 것

47) 권5 「復讎議」 附記 「復讎狀」, "元和六年九月 富平縣人梁悅 爲父報仇殺人 自投縣請罪 勅復仇殺人 固有彝典 以其伸寃請罪 視死如歸 自詣公門 發於至誠 志在循節 本無求生 寧失不經 特從減死 宜決杖一百 配流循州 於是史官職方員外郎韓愈獻議云云."

은 지금 시행되어서는 안 된다.[48]

이에 대해 덕촌은 「복수의」에서 다음과 같이 문제제기를 하였다. "예법과 법령은 본래 서로 표리가 되는데, 어찌 같고 다름이 있음을 말했겠는가. 그러나 오늘날 그것을 일러 같고 다름이 있다고 운위하는 것은 다른 것이 아니라 양열의 복수를 가리켜 그것을 사람을 죽였다고 말한 때문이다."[49] 즉 한유가 양열이 '복수'한 것을 '살인'으로 규정했기 때문에 예법과 법령이 서로 다르다고 오인했다는 것이다.

그리고 덕촌은 당대(唐代)에 "양열을 때려 유배를 보낸 것은 아버지를 위해 복수한 사람에게 원망을 갚은 것이며, 이미 법에 마땅하지 않고, 또한 의리도 얻지 못하였으니 진정 이는 법으로 의리를 가린 것이다."라고 비판하였다. 덕촌은 복수와 살인을 다른 개념으로 보았고, 그 판단의 근거를 다음과 같이 제시하였다. "삼대(三代) 이전에는 풍화를 앞세우고 형벌을 나중에 하여 법령과 의리가 서로 표리가 되었으나 의리가 항상 법 밖에서 초연하였고, 복수하는 일은 어디서든 거리낌이 없었다고 하였다. 그러나 진한(秦漢) 이후에 의리가 점점 어두워져 법령만 한갓 존재하게 되었고, 복수하는 것을 허락하고 허락하지 않음의 논의가 있게 되었다."[50]

덕촌은 정당한 복수를 허락하는 것만이 이후에 서로 원수로 여기는 길을 끊는 것이라고 주장하였다. 그 근거로는 상명(償命)이 복수이고, 이 복수를 균등히 하는 것이 국가에 있어서는 법이 되며, 그 자

48) 위의 글
49) 권5 「復讎議」, "禮律本自相爲表裏 有何同異之可言 而今乃謂之有異同云者 無他 指梁悅之復讎 謂之殺人故也 指復讎之梁悅 謂之殺人."
50) 위의 글, "(前略)三代以前 先風化而後刑罰 法與義相爲表裏 而義常超然於法之外 故復讎之事 隨處無碍 (中略) 秦漢以後 義斬晦而法徒存焉 故於殺人者死 人皆知 其爲止殺之法 而於子之復讎 反不免有疑於輾轉相讎之弊 於是始有許與不許之論 (後略)."

식에게는 의리가 된다고 파악하였다. 덕촌은 정당한 복수 행위를 통해 그 이후의 문제를 미연에 방지할 수 있다고 보았다. 이는 덕촌이 다른 논설류(論說類) 작품에서도 부자 간의 도리를 '일본(一本)'으로 칭하고, 효(孝)의 가치를 충(忠)을 강조하기 위한 수단이나 다른 가치에 견주어 말하지 않고, 절대적인 가치로 강조한 것51)과도 일정하게 연계된다. 한유가 개별적인 복수의 상황에 따라 다르게 파악한 것과는 달리 덕촌은 복수의 합당한 이유가 있을 경우에는 허용 가능하다는 입장을 표명하였다.

덕촌은 논설류 작품에서 당대의 허위 의식과 문제점을 고사(故事)를 인용하여 논리적으로 비평하는 식으로 글을 저술하였다. 또한 의리와 실상을 중요시하고, 합당한 근거에 바탕한 논리적인 비판 의식이 두드러지는 공통점이 있다.52)

덕촌은 당대에 마땅한 도덕적 기준과 원칙에 따라 의리에 맞는 판단을 내리고자 하였고, 허위가 아닌 실상(實狀)에 부합하는 삶을 지향하였다. 이상 살펴본 작품에도 이러한 가치관이 반영되어 나타나 있다.

IV. 결론

본 연구에서는 『덕촌집』 권4~6의 잡저(雜著)에 수록된 텍스트를 중심으로 덕촌 양득중의 작품 평가 기준과, 작품의 주제별 특징 양상을 고찰하였다. 덕촌의 작품은 문예적인 글보다는 이념적인 논점을 위주로 제시한 것이 많다. 특히 시작품은 양적으로도 적고, 시적 감흥

51) 이미진, 2019, 앞의 논문, 300~301쪽.
52) 최윤정, 2020a, 앞의 논문, 307쪽.

에 의한 개인 서정시보다는 특정 상황에서 교유인들과 소통하기 위해 시작(詩作)을 한 경우가 많았다. 덕촌은 시를 짓게 된 계기나 당시 상황을 작품의 제목이나 보충 설명으로 직접 남겨서 당대의 세태나 쟁점을 짐작할 수 있게 하였다.

『덕촌집』에서 덕촌이 직접적으로 문학과 관련된 언급을 한 것을 찾기는 어렵지만, 그가 교유했던 인물들을 평가한 글이나, 그의 논설류 작품 등의 내용을 통해 유추해볼 수 있었다. 덕촌은 허위를 배격하고 실사(實事)에서 올바름을 구하는 실학을 강조하였으며, 이러한 학문관이 특정 인물과 작품을 평가하는 주요 요소로 작용하였다. 덕촌은 인물이나 작품의 외부적인 현달함이 아니라 내부의 세세함을 관찰하는 것, 허위가 아닌 근본을 추구하는 정신, 형식적인 앎이 아닌 자득(自得)한 지식을 실천하는 것 등을 중요시하였다.

덕촌 문학의 주제별 특징은 크게 세 가지 양상으로 정리할 수 있었다. 첫째, 치심(治心)과 지족(知足)의 삶을 추구하였다. 「소심재기」, 「이병재기」, 「사오와」 등의 작품에서 덕촌은 자신의 마음을 제대로 다스리고, 주관을 갖고 살아가고자 하는 의지를 드러내었다. 외부적인 환경을 탓하기보다는 자신의 역량에 맞는 일을 해나가면서 순리에 따르는 자세를 작품 속에서 구현하였다. 둘째, 혼란한 세태에 대한 대응 의식이 나타났다. 덕촌은 혼란한 세태 속에서 일어나는 일에 대해서 언젠가는 진실이 밝혀질 것이라 믿었다. 그리고 자신이 믿고 있는 진실과 도리를 실천하기 위해 끊임없이 스스로 성찰하고, 지인들과 소통한 과정을 교유시로 남겼다. 셋째, 의리와 실상(實狀)을 중시하는 양상을 드러내었다. 「비효설」과 「복수의」에서 덕촌은 당대에 마땅한 도덕적 기준과 원칙에 따라 의리에 맞는 판단을 내리고자 하였고, 허위가 아닌 실상에 부합하는 삶을 추구하였다. 그의 작품에도 이러한 가치 지향성이 반영되어 나타나 있다.

　이러한 덕촌의 문학 세계는 명분보다는 실질을 중시하고, 논리적인 비판 의식이 강한 특징을 지니는 당대 소론계 문학의 특징과도 연계된다. 본 연구를 통해서 덕촌 문학의 실상을 보다 구체적으로 파악할 수 있었고, 이는 소론계 문학의 지평을 넓히는 데에 일정하게 기여할 수 있을 것이다. 다른 소론계 문인들과의 구체적인 관계나 당대 문단 경향과의 비교 고찰은 향후 과제로 남긴다.

〈참고문헌〉

『英祖實錄』

양득중, 『德村集』, 민족문화추진회.

양득중, 2015, 『國譯 德村集』, 한국고전번역원.

윤증, 『明齋遺稿』, 민족문화추진회.

윤증, 2006, 『國譯 明齋遺稿』, 한국고전번역원.

한국고전번역원 한국고전종합 DB.

한국학중앙연구원, 한국역대인물종합시스템 DB.

        (http://people.aks.ac.kr)

고영진, 2001, 「명재 사상의 형성과정과 한국사상사적 위치」, 『務心과 實心의 유
    학자 명재 윤증』, 청계출판사.

김승대, 2020, 「덕촌 양득중의 가계와 추숭에 관한 연구」, 『陽明學』 58, 한국양명
    학회.

김영주, 2004, 「조선후기 소론계 문학이론의 형성 배경(Ⅰ)」, 『동방한문학』 26,
    동방한문학회.

유명종, 1977, 「덕촌 양득중의 실학 사상-양명학과 실사구시의 절충」, 『한국학보』
    6, 일지사.

이상성, 2007, 「명재 윤증과 덕촌 양득중의 학문 교유고」, 『한국사상과 문화』 40,
    한국사상문화학회.

이미진, 2019, 「덕촌 양득중의 조포 고사 인식과 그 의미」, 『어문연구』 47권 1호,
    한국어문교육연구회.

이형성, 2009, 「明齋 尹拯에 대한 後代 評價와 追崇」, 『유학연구』 20, 충남대학
    교유학연구소.

최윤정, 2020a, 「덕촌 양득중의 論說類 작품 연구」, 『동양고전연구』 78, 동양고전

학회.

최윤정, 2020b, 「덕촌 양득중의 시대 인식과 대응 양상 - 「사직소(辭職疏)」와 「등
대연화(登對筵話)」를 중심으로」, 『이화어문논집』 51, 이화어문학회.

한정길, 2013, 「德村 梁得中 학문의 양명학적 성격에 관한 연구」, 『陽明學』 34,
한국양명학회.

덕촌 양득중의
논설류(論說類) 작품 연구

최윤정*

* 용인대 교양교육원 교수

I. 서론

본 연구는 덕촌(德村) 양득중(梁得中, 1665~1742)의 문집『덕촌집(德村集)』에 수록된 논설류(論說類) 작품의 양상과 특징을 고찰하기 위해 시도되었다. 덕촌은 명재 윤증의 무실적(務實的) 학문 경향을 계승한 제자로 평가받고 있지만, 그동안 학계에서의 연구는 그리 활발하게 이루어지지 않았다. 하지만 소론계 문인으로서 구체적인 실상을 밝히기 위해 주목할 필요가 있다.

덕촌은 조선후기의 문신이자 학자이며, 소론의 영수인 윤증(尹拯)의 문인이다. 덕촌의 문재(文才)는 일찍이 주변 어른들로부터 인정을 받았다. 안여해(安汝諧)는 덕촌이 14세 때에 지은 책문(策問)을 보고 크게 놀라며 글로 면려하였는데, "안으로는 학포[學圃: 양팽손]의 가성(家聲)을 떨치고 밖으로는 우산[牛山: 안방준]의 의열(義烈)을 빛냈다."라고 평가하였다. 또한 30세에는 현석 박세채에게 글을 올렸는데, 당시 현석은 덕촌이 지은 논(論)과 부(賦)를 보고 한번 만나기를 원한다는 서찰을 보냈다고 한다.[1] 덕촌은 뛰어난 학행과 인품으로 박세채와 남구만에게 천거를 받아 1697년에 효릉참봉이 되었다. 이어 사재감주부·공조좌랑 등에 임명되었으나, 모친의 병환으로 부임하지 못했다. 1703년에 연안이씨와 재혼을 하면서 공주의 덕촌으로 이사하여 명재 윤증을 정식 스승으로 모시고, 그 문하에서 수학하게 되었다. 덕촌과 명재의 관계는 명재가 사망한 때인 1714년(숙종 40)까지 만 10년 정도 지속되었다. 윤동수(尹東洙)의 「경암유고(敬菴遺稿)」 연보

---

1) 『德村集』年譜 참조

에 의하면, 명재가 졸한 다음해부터 윤동원(尹東源)과 함께 자주 니산(尼山)의 정사(淨寺) 분암(墳庵)에 모여 유문(遺文)을 수습하였는데, 문인 양득중도 함께 참여하였다고 한다. 그리고 덕촌은 55세 때에 명재 연보를 편찬하기도 하였다.2)

1722년(경종 2) 세제익위사 익찬을 거쳐 사어·익위 등을 역임하고, 장령을 거쳐 동부승지에 이르렀다. 70대 이후에도 계속 관직에 제수되었으나, 덕촌은 연이어 사직소를 제출하며 사양하였다. 그러면서도 덕촌은 기회가 있을 때마다 영조에게 실사구시의 실학을 정치에 반영하도록 건의하고, 탕평책의 시행을 주장하였다.

이렇게 문재(文才)와 학행이 뛰어났던 덕촌 양득중에 대한 연구는 그다지 활발하게 이루어지지 않았다. 기존 연구는 주로 사상적 특징이나 스승 윤증과의 관련성이 논의된 정도이며, 아직까지는 다각적으로 그 구체적인 면모가 드러나지 않았다. 덕촌 사상에 대한 초기 연구는 1970년대 유명종에 의해 비교적 일찍 이루어졌으나, 그 이후에 후속 연구는 다소 간헐적으로 나타났다. 초기 연구에서 덕촌의 사상은 "실사구시·이용후생·개물성무(開物成務)가 인간의 진성(眞性)을 드러내는 수단이요 성(誠)이며 양지(良知)의 발현이 곧 실학이라 한 바가 독특하며, 실사구시(實事求是)를 양명학에 의거하여 논리화한 것"3)으로 평가받았다.

초기 연구가 이루어진 지 30년이 지나서야 이상성에 의해 후속 연구가 본격적으로 이루어졌는데, 이는 덕촌의 스승인 명재 윤증과의 연관성을 중심으로 한 것이다. 이 연구에서는 "덕촌 양득중은 윤증의 제자 중에서도 돋보이는 인물로 평가된다. 그는 숙종 때 학행으로 천

---

2) 이상성, 2007, 「명재 윤증과 덕촌 양득중의 학문 교유고」, 『한국사상과 문화』 40, 한국사상문화학회, 173~176쪽. ; 『德村集』, 『明齋遺稿』 年譜 참조.

3) 유명종, 1977, 「덕촌 양득중의 실학 사상-양명학과 실사구시의 절충」, 『한국학보』 6, 일지사, 188쪽.

거를 받아 벼슬에 나아간 이래 영조에게 '실사구시'의 정신을 강조한
인물로 유명하다. 이러한 학문적 성격은 스승 명재로부터 비롯된 것
이었다. 두 인물의 삶의 방식이나 태도에 차이점이 있긴 하지만, 진리
추구에 있어서는 열린 마음과 자세를 보여 주었는데, 성리학의 본령
에 정통하면서도 양명학이나 실학 등 다양한 학문을 배워 현실에 적
용하고자 하였다."4)고 평가하였다.

　이후 이형성의 연구에서는 스승 윤증과 제자인 양득중의 관련성을
언급하면서 "윤증의 학문을 계승한 문인은 100여 명에 이른다. 그 문
인들은 윤증의 무실적(務實的) 학문 경향을 계승하면서도 신원을 회
복하려고 노력하였다. 특히 문인 가운데 양득중은 정직(正直)을 치란
(治亂)의 기틀로 여겼는데, 양득중이 스승 윤증의 '진실의 공부'로 영
조 임금을 직간(直諫)한 것"5)을 높이 평가하였다.

　또한 한정길의 연구에서는 양득중 학문의 양명학적 성격에 대한
논의가 좀 더 심도 있게 진행되었다. 이 논문에서는 "양득중은 양명
학의 기본 명제들을 전혀 사용하고 있지 않다. 그럼에도 그의 심체
(心體)에 대한 이해와 격물치지(格物致知)에 대한 이해에는 양명학적
성분이 농후하게 들어 있다. 그는 실심(實心)이 곧 실리(實理)요 성
(誠)이라고 말할 뿐만 아니라 모든 사람들이 동일하게 갖춘 것으로
본다. 양득중의 학문을 '양명학적 실심에 기반한 실학'으로 규정하는
것이 그의 학문성격에 보다 부합하는 것"6)이라고 보았다.

　가장 최근에 이루어진 이미진의 연구에서는 조포(趙苞)를 논평한
한(韓)·중(中) 자료를 살핀 뒤, 이중에서 양득중의 조포 고사 인식과

---

4) 이상성, 위 논문, 168쪽.
5) 이형성, 2009, 「明齋 尹拯에 대한 後代 評價와 追崇」, 『유학연구』 20, 충남대학
　교유연구소, 146~147쪽.
6) 한정길, 2013, 「德村 梁得中 학문의 양명학적 성격에 관한 연구」, 『陽明學』 34
　호, 한국양명학회, 87~88쪽.

그 당대적 의미를 고찰했다. "양득중은 윤동수와 여러 차례 서신을 교환하면서 조포 고사를 논평하고 정이(程頤)의 논평을 비판했다. 이를 통해 양득중은 부자 간의 도리를 인륜의 근본으로 삼아야 한다고 강조했으며, 그 근본이 말단에 밀리게 된 이유는 대의명분을 절대 의리로 삼아 사우(祠宇)와 서원을 중심으로 세력을 형성해간 노론에게 있다고 보았다."7)고 논의하였다.

기존 연구에서는 주로 덕촌 양득중과 스승인 명재 윤증과의 학문적 연계성이나, 덕촌 사상의 특징적 면모를 중심으로 논의가 이루어졌다. 하지만 논의 대상이 한정적인 측면이 있어서 보다 다각적인 연구가 필요하다.

본 연구에서는 기존 연구 성과를 수용하면서, 그간의 논의에서 간과되었던 덕촌 양득중의 논설류(論說類) 작품에 대해 보다 면밀하게 고찰해보고자 한다. 대체로 논설류 작품에는 특정 사안에 대한 저자의 입장과 관점이 논리적으로 분명하게 드러나는 장점이 있다는 점에 착안하여 연구 대상으로 선정하였다. 먼저 『덕촌집(德村集)』에 수록된 논설류 작품의 대체적인 양상을 살펴보고, 덕촌의 사상과 글쓰기의 특징적인 면모를 보여주는 작품을 선별하여 논의를 진행하였다.

Ⅱ. 『덕촌집』 논설류의 작품 양상

『덕촌집』은 연보와 원집 10권 5책으로 구성되어 있다. 권두(卷頭)에 간략한 총목이 있고, 권마다 작품명을 수록한 목록이 따로 실려 있다.8) 『덕촌집』에는 다양한 장르의 산문과 시작품이 수록되어 있다.

---

7) 이미진, 2019, 「덕촌 양득중의 조포 고사 인식과 그 의미」, 『어문연구』 181, 한국어문교육연구회, 303쪽.

논설류 작품은 권4~5에 수록되어 있는데, 의론(議論)과 논변을 위주
로 한 작품의 목록을 살펴보면 다음과 같다.

<표 1> 『덕촌집』 논설류 작품 목록

권수	작품명 (저술시기)	핵심 내용
권4	「이기론(理氣論)」 (1679년: 15세)	인물의 이기편전(理氣偏全)의 뜻을 논함
권4	「조여중석후자설 (曹汝中錫厚字說)」 (1691년: 27세)	여중 조석후의 명자설(名字說)
권4	「비효설(譬曉說)」	당대 유생들의 교유를 무인들의 사정우(射亭友)에 빗대어 풍자함
권4	「조포혜소사왕복후설 (趙苞嵇紹事往復後說)」 (1739년: 75세)	조포(趙苞)와 진(晉)의 혜소(嵇紹)의 고사 인용/ 군신의 의리와 부자의 친함의 경중과 선후를 논함
권4	「알묘설(揠苗說)」 (1739년: 75세)	맹자의 '알묘설' 인용/ 당시 허위의식의 풍조를 논함
권4	「상향이곡설 (相向而哭說)」 (1739년: 75세)	맹자의 '상향이곡설' 인용/ 근본 없는 의리의 공허함을 비판함
권5	「복수의(復讐議)」 (1736년: 72세)	한유의 「복수장(復讐狀)」, 영남(嶺南), 박효랑(朴孝娘) 사 건 인용/ 복수의 의리에 대한 문제
권5	「명대의변(明大義辨)」 (1740년: 76세)	송시열의 「기축봉사(己丑封事)」의 문제와 북벌론 비판
권5	「명대의변후설 (明大義辨後說)」	송시열의 북벌론 비판

『덕촌집』에 수록된 논설류 작품은 권4 산문 총 10편 중 6편, 권5
총 11편 중 3편으로 양적으로 많지는 않지만, 그의 사상과 글쓰기의
특징적 맥락을 살펴보는 데 매우 중요한 자료이다. 덕촌은 주로 당대

8) 『德村集』 해제 참조.

의 허위 의식과 문제점을 고사(故事)를 인용하여 논리적으로 비평하는 식으로 글을 저술하였다.

『덕촌집』 권4에 수록된 「이기론(理氣論)」은 덕촌이 15세인 1679년에 지은 글로, 어린 나이지만 그가 학문에 접근했던 방식을 엿볼 수 있게 한다. 그는 "일찍이 『맹자』와 『중용』에서 논한 이(理)와 기(氣)가 같지 않다는 것에 의문을 가지고 있었다"고 하며, 스스로 궁구한 이치와 배움에 대한 자세를 다음과 같이 서술하였다.

> 만물이 태어난 후에 나아가 기로써 말하자면, 인(人)에게 지각 운동이 있고 물(物)도 지각 운동이 있어서 춥고 더움을 알 수가 있고, 배고프고 배부름을 알며, 생을 좋아하고 죽음을 미워하는 마음은 사람과 혹 다르지 않은데, 이것은 기가 같기 때문이다. 이로써 말하자면, 인은 음양오행의 이치를 받아서 인의예지의 성이 된 것이니, 이것이 어찌 물이 얻어 온전히 할 수 있는 것이겠는가. 그러므로 주자는 일찍이 이의 다름은 편전(偏全)이 혹 다르기 때문이라고 한 것이니, 이것은 이가 다르기 때문이다. 그렇다면, 『맹자』의 이른바 "기(氣)는 같으나 이(理)는 다르다."라고 한 것은 만물의 이체(異體)를 관찰하고서 이가 각각 그 형체에 따라서 편전의 다름이 있다는 것이 아니겠는가. 대개 만물의 일원을 논하자면, 이는 같은데 기는 다르고, 만물의 이체(異體)를 관찰한다면, 기는 같은데 이는 달라서 두 책의 말이 각각 가리키는 바가 서로 어긋나지 않음을 알 수가 있다. (중략)
>
> 성인은 어떤 사람이며, 나는 어떤 사람인가. 기가 가지런하지 않다 하나 이는 어찌 같지 않겠는가. 진실로 기를 바로잡고, 이를 성찰하여 곧은 것으로 길러 해침이 없으면 호연지기가 시들지 않고, 강대한 형체가 천지 사이에 가득차서 하늘을 우러러보아도 부끄럽지 않고, 땅을 굽어보아도 부끄러움이 없으리니, 사람 가운데 금수를

나는 면한 줄을 알았노라. 아, 아득한 천하에 사람은 어찌 적으며,
물은 어찌 많은가. 이(理)인가, 기(氣)인가, 또한 사람인가. 힘쓸지어
다, 우리들은 힘쓰지 않으리오. 안다고 말하는 것이 아니라 배우기
를 원하노라.9)

　　다음으로 「비효설」은 우정도 없고 의리도 없이 서로 부합하며 무
리지어 소변(疏辨)과 서원(書院)의 일만 말하는 유생들의 교유를 무
인들의 사정우(射亭友)에 빗대어 풍자한 글이다. 여기에서 덕촌은
"옛사람은 사람을 가르칠 때에 비유하여 깨우치기를 잘했기 때문에
사람들은 절로 쉽게 깨우쳤다. 이른바 비유하여 깨우친다는 것은 저
것으로써 이것을 비유하여 깨닫게 하는 것이다. 저것으로써 이것을
비유한다는 것은 작은 것으로써 큰 것을 비유함의 깨우치기 쉬움만
같음이 없으니, 대체로 작은 것은 큰 것의 그림자로 큰 것은 보기가
어렵고 작은 것은 보기가 쉽다."10)라고 하며 비유를 통한 깨우침의
의미를 강조하였다.

---

9) 『德村集』 권4, 「理氣論」, "(前略)卽乎萬物有生之後而以氣言之 則人有知覺運動
　　物亦有知覺運動 而能知寒煖 識飢飽 好生惡死之心 與人或不異焉 此禽之所以同
　　也 以理言之 則人能稟陰陽五行之理而爲仁義禮智之性 則是豈物之所得而全者乎
　　故朱子嘗謂理之異者 偏全之或異也 此理之所以異也 然則孟子之所謂氣同而理異
　　者 無乃觀萬物之異體而理各隨其形 而有偏全之異者乎 蓋論萬物之一原 則理同而
　　氣異 觀萬物之異體 則氣同而理異 可見二書之言 各有所指而不相悖者矣 (中略)
　　聖何人也 我何人也 氣雖有不齊 理豈有不同 苟能矯揉乎氣 省察乎理 以直養而無
　　害 則浩然不餒 剛大之體 塞乎天地之間 仰不愧俯不怍矣 人中之物 吾知免夫 噫
　　悠悠天下 人何少而物何多也 理耶氣耶 抑亦人耶 勖哉 吾黨可不勉哉 非曰能知
　　願學焉." (본고에서 인용한 원문과 번역본 텍스트는 한국고전번역원 한국고전
　　종합 DB를 활용하였음.)
10) 『德村集』 권4, 「譬曉說」, "古人之敎人 善於譬曉 故人自易曉 所謂譬曉者 以彼
　　譬此以喩之也 以彼譬此 莫若以小喩大之易曉 蓋小者大之影 而大者難睹 小者
　　易見也."

「조포혜소사왕복후설」은 후한(後漢)의 조포(趙苞)와 진(晉)의 혜소(嵇紹)의 고사를 가지고 군신의 의리와 부자의 친함의 경중과 선후를 논하였다. 덕촌은 군신의 의리도 중요하지만, 부자 간의 도리를 인륜의 한 근본적인 이치라 하며 다음과 같이 역설하였다.

　　아, 천지가 있은 뒤에 만물이 있고, 만물이 있은 뒤에 남녀가 있으며, 남녀가 있은 뒤에 부부가 있고, 부부가 있은 뒤에 부자가 있으며, 부자가 있은 뒤에 군신의 상하가 있고, 군신의 상하가 있은 뒤에 예의를 시행할 곳이 있으니, 이 천지라는 것은 만물을 거느리는 부모임을 알 것이다. 부모는 각 한 사람의 천지이다. 처음에는 아버지에 의지하고, 태어날 때는 어머니에게 의지하니 천지가 아니고 무엇이겠는가. 오직 이 한 근본이 천하에 있음에 존비(尊卑)와 귀천(貴賤)이 없이 각자 그 사람의 부모가 있는 곳을 따라서 각자 그 감정을 주관하고, 각자 그 의리를 오로지하며, 각자 보편적인 천지가 되니 바로 이른바 "달이 모든 시냇물에 떨어짐에 곳곳마다 모두 동그란 모습이다."로 한 근본의 이치가 바로 이와 같으니, 천하에 어찌 부모 없는 나라가 있겠는가. 천지가 다하고 고금에 뻗치도록 우리 도의 한 줄기 맥은 모두 한 근본의 이치에 불과할 뿐이다.[11]

이 외에도 「알묘설(揠苗說)」에서는 맹자의 알묘설을 인용하여 당시 허위의식의 풍조를 논하였고, 「상향이곡설(相向而哭說)」에서는 맹

---

11) 『德村集』 권4, 「趙苞嵇紹事往復後說」, "(前略)嗚呼 有天地然後有萬物 有萬物然後有男女 有男女然後有夫婦 有夫婦然後有父子 有父子然後有君臣上下 有君臣上下然後禮義有所措 是知天地者 統萬物之父母也 父母者 各一人之天地也 資始於父 資生於母 非天地而何也 惟玆一本之在天下 無尊無卑 無貴無賤 各隨其人父母之所在 而各主其情 各專其義 各自爲一般天地 政所謂月落萬川 處處皆圓 一本之理正自如此 天下豈有無父之國哉 竅天地亘古今 吾道一脉 都不過一本之理而已 (後略)."

자의 말씀이 잘못 적용되는 예를 비판하며, 근본 없는 의리의 공허함
을 비판하였다.

　권5에 수록된 「복수의」는 당시 실화인 영남의 박효랑(朴孝娘) 사
건을 듣고 느낀 바가 있어 지은 것으로, 살인자는 죽인다는 법령과
아버지의 원수를 갚는다는 의리 사이의 갈등에 대하여 논한 것이다.
덕촌은 부자 간의 의리를 '일본(一本)'이라 내세우고 그 근거를 다음
과 같이 제시하였다.

　　자식이 그 아버지에 이르면 곧, 내 몸이 나온 곳이요, 일본(一本)
　이 말미암아 세워진 것이다. 인륜의 첫째에 있으면서 귀천의 나뉨도
　없으니 천지 만물을 들어 서로 바꿀 수 없다면, 무릇 사람의 자식이
　되어 다른 사람이 그 아버지를 죽인 것을 보고서 어찌 다른 사람이
　살인자는 죽인다는 마음으로 본 것과 동일한 차원에서 말할 수 있겠
　는가. 국가가 처리해야 할 것이지만, 또 어찌 예사롭게 살인을 멈추
　는 법과 비교하여 함께 하겠는가. 이는 성인이 특히 『예경(禮經)』에
　서 "함께 하늘을 머리에 일 수 없다."라는 대의(大義)를 높이는 것이
　면서 곧바로 "거적을 깔고 방패를 베개 삼도록 하여 병기(兵器)를
　가지러 되돌아가지 않고 싸운다."라는 것이다.[12]

　덕촌은 개인 간의 의리만이 아니라 대외 관계 속에서의 문제에도
주목하였는데, 이를 극명하게 보여주는 글이 「명대의변(明大義辨)」과
「명대의변후설(明大義辨後說)」이다. 「명대의변」에서는 송시열의 「기

────────────

12) 『德村集』 권5, 「復讎議」, "(前略)至於子之於其父 則乃吾身之所自出而一本之所
　由立 居人倫之首而無貴賤之分 擧天地萬物而不可以相易 則凡爲人子而視他人之
　殺其父 豈與夫他人之視之以殺人者死之心 同年而語哉 國家之所以處之也 又豈與
　夫尋常止殺之法 比而同之哉 此聖人所以特揭不共戴天之大義於禮經 而直使之寢
　苫枕干 不反兵而鬪者也(後略)."

축봉사(己丑封事)」 중의 '정사(政事)를 닦아 이적(夷狄)을 물리친다.'[13)는 조목을 들어 실상과 명분, 시기와 형편의 추이에 마땅한가를 논하고 송시열의 북벌론을 비판하였다. 「명대의변후설」에서도 "이는 대체로 주자의 말을 흉내 내고 과유(科儒)들의 거짓 문자를 전용하여 붓끝을 놀려 장시관(掌試官)을 현혹시키기 위한 여투(餘套)이다."[14)라고 하며, 다음과 같이 구체적인 비판을 서술하였다.

> 대개 말을 공손하게 하고 금폐를 바쳐서 종사(宗社)를 잇는다면, 이미 스스로 굴욕하여 구차하게 보존하는 것이다. 그리고 5, 7년을 기약한다면, 5, 7년간 굴욕을 당하면서 구차하게 보존하는 것이며, 1, 2십 년을 기약한다면, 1, 2십 년간 굴욕을 당하면서 구차하게 보존하는 것이다. 평소에 항상 스스로 굴욕을 당하면서 구차하게 보존하니 기약할 수 있는 것은 관문을 닫고 약속을 끊음에 불과할 뿐이었다. 그래서 그 소위 이루었다고 말할 수 있는 것도 관문을 닫고 약속을 끊는 계책을 이루었다는 것이요, 그 실패했다고 말할 수 있는 것도 관문을 닫고 약속을 끊는 계책을 성사시키지 못했다는 것이다. 그러니 관문을 닫고 약속을 끊는 계책을 성사시키지 못한다면 패망할 뿐인 것이다. 왜, 그러한가? 말을 공손하게 하고 금폐를 바쳐서 근근이 구차하게 잇다가 하루아침에 갑자기 관문을 닫고 약속을 끊는다면, 전쟁의 시작이 우리로부터 비롯될 것이다. 전쟁의 시작이 이미 우리로부터 비롯되었다면, 강화(講和)할 수 있는 방법이 이미 끊어질 것이고, 강화할 수 있는 방법이 이미 끊어져 관문을 닫는 계책이 성사되지 않는다면, 어찌 망하는 것을 기다리지 않겠는가. 이 이치

---

13) 『宋子大典』 권5, 「己丑封事」, "修政事以攘夷狄."
14) 『德村集』 권5, 「明大義辨後說」, "(前略) 此蓋依倣朱子之言 全用科儒假文字舞筆端 以眩主司者之餘套也."

의 형세가 반드시 그러한 것이다.15)

　이상 대략적으로 살펴본 덕촌의 논설류 작품에서는 의리와 실상을 중요시하고, 합당한 근거에 바탕한 논리적인 비판 의식이 두드러지는 공통점이 있다. 특히 덕촌의 말년 시기에 주요한 작품을 집중적으로 저술한 것은 당대 혼란했던 시대 상황과 일정 부분 연관된 것으로 보여진다.

　영조 시기는 즉위 초부터 노론과 소론의 갈등으로 혼란스러운 상황이었다. 영조는 즉위년인 1724년에는 노론 주륙에 앞선 소론 김일경과 목호룡을 처형하였고, 그 다음해엔 붕당의 폐해를 하교하며 탕평책을 제시하였다. 하지만 1728년(영조 4)에는 소론인 이인좌가 경종의 복수를 다짐하며 반란을 일으켰고, 그 다음해엔 노론 4대신 중 이건명·조태채의 신원이 이루어졌다. 1733년(영조 9)에는 화해를 거부하는 노론·소론 영수들이 모두 면직되었다.16) 이러한 시기에 덕촌은 끊임없이 왕에게 탕평책의 시행을 주장하였으나, 실제적으로 해결되지 않은 면이 많았다.

　본고에서는 덕촌의 말년 시기 작품 중에서 그의 사상과 글쓰기 표현에 주요한 특징을 보여주는 세 작품인 「알묘설」, 「상향이곡설」, 「명대의변」을 선별하여 보다 구체적인 면모를 살펴보고자 한다. 이 세 작품은 모두 그의 특징적 면모가 종합적으로 응축된 작품으로 평가할 만하다.

---

15) 위의 글, "蓋卑辭金幣 以延宗社 則已自屈辱而苟存矣 期以五年七年則五年七季之間 爲屈辱而苟存矣 期以十季二十季 則十季二十年之間 爲屈辱 而苟存矣 平時恒自屈辱苟存 而所期不過閉關絕約而已 其所謂成者 閉關絕約之計成也 其所謂敗者 閉關絕約之計不成也 而閉關絕約之計不成則亡而已 何者 卑辭金幣 僅僅苟延 而一朝遽欲閉關絕約 則戰爭之端 自我始之矣 戰爭之端 既自我始 則講和之路已絕矣 講和之路已絕 而閉關之計不成 則不亡何待 此理勢之必然者也(後略)."

16) 이덕일, 1998, 『당쟁으로 보는 조선 역사』, 석필, 374~377쪽.

III. 논설류 작품에 나타난 주제 의식

1. 허위 의식에 대한 비판: 「알묘설(揠苗說)」

양득중은 '진실무망(眞實無妄)'을 자기 삶의 지도 원리로 삼았던 인물이다. 인품은 꾸밈이 없고 질박하였으며, 학문은 허위(虛僞)를 배격하고 실사(實事)에서 올바름을 구하는 실학을 강조하였다. 그는 '진실무망'을 유가의 법문으로 간주하였으며, 현실을 비판하고 구제할 수 있는 정치원리로 이해하였다.[17]

이러한 태도는 그가 저술한 논설류 글에 잘 나타난다. 그의 논설문에는 본인이 주장하고자 하는 것에 대해 직접적으로 서술하기보다는 비유적인 표현을 전제로 깔고 제시하는 경우가 많은데, 「알묘설」에도 그러한 서술 방식이 나타난다. 이는 앞서 살펴본 「비효설」의 논지와도 일맥상통한다. 「알묘설」의 구체적인 내용을 살펴보면 다음과 같다.

> ① 맹자(孟子)가 이르기를 "반드시 무슨 일을 하되 미리 기약하지 말아서, 마음에 잊지도 말며 억지로 조장(助長)하지도 말아서 송나라 사람의 싹을 뽑은 것 같이 하지 말라."고 하였다. 조장의 말은 호연지기(浩然之氣)를 기르기 위한 말이기는 하나 만사가 다 그렇지 않음이 없으니 한 이치가 근원을 만남이 본래 이와 같다. 이 뜻을 수십 년 전에 벌써 터득했으나 알묘(揠苗)의 비유에 이르러서는 오히려 믿지 않아 보통 싹을 뽑으면 싹이 모두 마른다라고만 생각했더니, 조장의 폐단이 이다지도 심하였던가. 이제 세상사를 겪은 지 이미 오래되어 진정과 허위를 모두 살핀 다음

---

17) 한정길, 2013, 위 논문, 91쪽.

에야 비로소 성현의 말씀이 바로 이 진경(眞境)을 묘사함에 한 터럭도 본분(本分) 외에 더한 것이 있지 않음을 깨달았다. 또한 입으로는 의리의 담론을 그치지 않은 듯하지만, 의리의 어둡고 막힌 것이 이때만한 적이 없었고, 말로는 반드시 염우(廉隅)를 일컫지만, 염치의 도를 잃어버린 것이 오늘날보다 심하지 않았었다. 이 두 구는 내가 근래 허위 풍조를 평론한 요결(要訣)로 그 실상은 입으로 의리의 담론을 그치지 않았기 때문에 의리가 어둡고 막혔으며, 말마다 반드시 염우를 일컬었기 때문에 염치의 도를 잃으니, 이것이 바로 싹을 뽑아 싹이 말랐다는 것이다. 아, 싹을 기르고자 한다면 오직 그 뿌리에 물을 주고 토양을 북돋우며 잡초를 매주어 그 살려고 하는 뜻을 발랄히 통하게 해주면 뿌리에서 줄기가 생기고, 줄기에서 가지가 나며, 가지가 빼어나고, 빼어난 가지에서 꽃이 피며, 꽃에서 열매를 맺어 날마다 때가 이르러 익기를 기다릴 뿐이다. 그런데 이제 송나라 사람은 그렇게 하지 않고 뿌리에 물도 주지 않았으며, 토양은 북돋우지 않아 잡초가 나고 황폐해져버렸다.[18]

② 그런데 지금의 선비는 이와 달라서 자신의 심신은 우선 논할

18) 『德村集』 권4,「揠苗說」,“(前略) 孟子曰 必有事焉而勿正 心勿忘 勿助長也 毋若 宋人之揠苗然 助長之言 雖爲養氣而言 萬事莫不皆然 一理之逢源 本自如此也 此 意數十年前 已自見得 而至於揠苗之譬 則猶未能信得及 尋常以爲揠苗則苗盡枯矣 助長之弊 乃如是之甚耶 及今涉世旣久 閱盡靑僞 然後始覺聖賢之言 正是摹寫眞境 非一毫有加於本分之外也 且如口不絕義理之談 而義理晦塞 莫此時若 言必稱廉隅 而廉恥道喪 未有甚於今日 此二句 乃余之評論近世虛僞之風之要訣 而其實則惟其 口不絕義理之談 故義理晦塞 言必稱廉隅 故廉恥道喪 此正是揠苗而苗枯也 噫 欲 苗之長 惟有漑其根殖其土耘其草 使其生意藹然暢達 根而榦 榦而枝 枝而秀 秀而 花 花而實 以竢日至之時而熟焉而已矣 而今者宋人則不然 根不漑矣 土不殖矣 稂 莠而荒穢矣 (後略).”

것도 없으며, 또한 자신의 집이 있음을 알지 못하고, 다만 사도(斯道)를 호위하고 세교(世敎)를 부지하는 말로 좋은 하나의 제목을 짓고 이른바 도라고 하는 것은 특별히 일개 허공에 매달린 채 독립되어 있어서 다른 사람을 만나 의탁하는 것으로 생각한다. 마치 신령스러운 귀신이 큰 무당에게 강림함에 드디어 그 사람에게 도가 보존되었다라고 여기고, 그 사람의 집을 우리 도의 집이라고 여겨 몸소 가서 호위하는 것과 같다. 또한 스스로 자신이 이미 우리 도의 집과 우리 도의 일족(一族)에서 출입했다고 하지만 교유해보면 또한 전연 의리를 돌아보지 않는다. 이에 말을 하고 일을 행할 적에 늘 '의리' 두 글자를 가지고 한결같이 눈앞의 방자(榜子)를 만들어 입으로 화두(話頭)를 그치지 않고, 이일이 의리에 흡족치 않더라도 우리 도의 집과 서로 간섭하지 않는다면 방해할 것이 없다라고 생각한다. 간혹 우리 도의 집을 방해하는 것이 있으면 사람들이 장차 뭐라 말할까?에 대해 즉시 힘써 남에게 분석하고 해명하여 말하기를 "내가 이 일을 하는 것은 원래 우리 도의 집이 알 바는 아니다."라고 한다. 우리 도의 일족의 집에서는 비록 의리에 어긋나는 일이 생기더라도 일체 가리고 피하여 남이 감히 꾸짖지 못하게 하고, 혹은 우리 도의 집에 막히고 핍박할까 두려워하여 무릇 우리 도의 집을 호위하는 사람이 있으면 비록 임금을 속이고 윗사람을 농락하는 일을 하더라도 자신이 짓밟는 것을 꺼려하지 않는다. 어떤 사람이 혹시 옳지 않은 것을 말하면, 도리어 우리 도의 집에 정성이 없다라고 하여 공격하기를 힘써 하여 이것으로써 의리의 당연함을 삼으니, 이른바 입으로는 의리의 담론을 그치지 않으나 의리의 어둡고 막힘이 이때만한 적이 없었다. 이렇다면 온 세상을 들어 뽑아서 온 세상의 싹이 마른 것이니 탄식을 금하겠는가.[19)]

이 글은 덕촌의 나이 75세(1739, 영조 15) 때 쓴 것이다. 도입부인 ①에서는 맹자의 '조장설(助長說)'을 제시하면서 본인의 논의를 펼치고 있다. 맹자가 제시한 '조장의 말'은 본래 '호연지기(浩然之氣)'와 관련된 것이나, 만사의 근원적인 이치는 한 가지로 상통한다고 파악하고 있다.

그리고 말로는 끊임없이 의리의 담론과 염우(廉隅)를 일컫지만, 실상은 의리가 막히고 염치의 도를 잃어버린 당대의 상황을 개탄하였다. 마치 송인이 자라지 않은 싹을 미리 뽑아낸 것처럼 말로만 명분을 내세워 본질을 잃은 현실을 대응시켜 자신의 논리를 펴고 있다.

②에서는 말로만 의리를 앞세우는 당대의 상황을 보다 구체적으로 제시하였다. '사도(斯道)'와 '세교(世敎)'를 내세워서 파당을 짓는 당대의 상황을 개탄하고 있다. '우리 도의 일족(一族)'이라 무리지으면서 결국은 다른 무리에 대해서는 배타적인 태도를 보이는 현실을 비판하였다. 혹시라도 반대 의견을 표출하면 여지없이 바로 공격하여 적대시하는 세태를 예리하게 포착하며, 의리의 담론만 난무하는 세상을 '온 세상을 들어 뽑아서 온 세상의 싹이 마른 것'에 비유하였다.

이어지는 글에서는 『예기』, 『맹자』, 『사기』의 「화식열전(貨殖列傳)」, 『장자』의 「대종사(大宗師)」, 『시경』의 「맹(氓)」, 「건상(褰裳)」, 『주역』

19) 위의 글, "(前略) 今之爲士者 異於是 其身心則姑不論 亦不知有其家 而直以衛斯道扶世敎之言 作爲好箇題目 以爲所謂道者 別有一箇懸空獨立 遇其人而托焉 如靈神之降於大巫 遂以其人爲道之所存 以其人之家爲吾道之家而身往衛焉 又自以爲身旣出入於吾道之家與吾道之一族 交遊則亦不可全然不顧義理 於是發言擧事 每將義理二字 作一目前榜子 而口不絕於談頭 以爲此事雖未安於義理 而與吾道之家不相干涉 則無所妨也 若或有妨於吾道之家 則人將謂之何哉 乃力爲之分解於人曰吾之爲此事 元非吾道之家之所知也 至於吾道之一族之 家雖有悖義非理之事 而一切爲之揜諱 令人不敢訶謫 恐或捱逼於吾道之家 凡有可以衛吾道之家者 雖欺君罔上之事 亦不憚身自蹈之 人或有言其不是者 則反以爲無誠於吾道之家 而攻之不遺餘力 以是爲義理之當然 此所謂口不絕義理之談 而義理晦塞 莫此時若也 是則擧一世而揠之 而擧一世而苗枯矣 可勝歎哉(後略)."

의 「이괘(頤卦)」 등의 주요 문구를 인용하면서 자신의 주장의 근거를
좀 더 정교하게 제시하였다. 특히 시경을 인용한 부분에서는 "처음
벼슬에 오른 이후로 날마다 점을 치고 관상을 보는 사람과 밤낮으로
유락하는 곳에서 요사(繇辭)를 살피고 형색을 관찰하여 손가락을 굽
혀 승진을 기약한다. 그러나 문득 누패(累牌) 때문에 나아가지 못하
고 염우의 이름을 내기하듯 취한다면, 이른바 '내가 약속을 어긴 것이
아니라 그대에게 좋은 중매가 없어서이니라. 청컨대 그대는 노하지
말지어다, 가을로 기약하자 하였노라.'[20]인 것이다. '나와 같은 무리
가 소명을 받들어 조정에 다다름에 무리들이 놀래며 비웃고 손가락질
하면서 처사(處士)가 담을 넘고 틈새를 뚫으며, 정녀(鄭女)가 치마를
걷고 유수(洧水)를 건넜네.'[21]라고 말한다."라고 하며 사군자(士君子)
가 몸을 세움에 한번 패하면 만사가 와해되는 것을 음란한 여성의 비
유를 들어 표현하고 있다.

　이 글의 마지막 부분에서는 자신의 주장에 반론을 제시하는 가상
의 사람을 설정하여 본인에게 비판을 가하는 당시 반대파의 논리를
다음과 같이 일축하고 있다.

　　③ 『맹자』의 알묘(揠苗)의 가르침은 만세의 통론으로 오늘에 더
　욱 분명히 깨우쳤다. 나는 이에 이를 위해 말하기를, "송나라 사람의
　알묘는 마땅히 '소알묘(小揠苗)'가 되고, 지금 사람의 알묘는 마땅히
　'대알묘(大揠苗)'가 되니, 대소는 다르나 이치는 한 가지이다."라고
　하니, 혹자가 나에게 이르기를, "지금 세정(世情)의 물색이 참으로
　이와 같습니다. 그러나 다만 군자의 말씀이 너무 박절에 가까우니

---

20) 『詩經』 「氓」, "匪我愆期 子無良媒 將子無怒 秋以爲期."
21) 『詩經』 「褰裳」, "至於如我輩之承召命而赴朝者 羣駭而聚笑 指之謂處子之踰牆鑽
　　隙 鄭女之搴裳涉洧."

중후의 도가 아님이 아니겠습니까?"라고 하였다.

　　나는 내 자신도 모르게 놀라면서 응답하기를, "진정 박절하다고 이를 수 있습니다. 그러나 이렇듯이 박절한데도 그것을 보고서 부끄러운 마음을 가질 수 있는 사람을 내 진정 천백 사람 중에서 한두 명도 얻을 수 없으니, 장차 어찌 한단 말입니까. 또한 일찍이 이것을 경험한 바가 있는지라 오직 이와 같이 하여 짐짓 반드시 다른 사람이 보기를 분명히 하고 알기를 깊이 하고자 말이 이에 이름을 깨닫지 못하였으니 대개 또한 어쩔 수가 없습니다. 그러나 이는 우선 세상 사람들이 깨달을 수 있는 것에 나아가 말했을 뿐입니다. 또한 이것보다 더 한층 진보한 것은 우선 감히 입을 열지 못하고 세상 사람들이 장차 어떻게 얽매임에서 벗어나는지를 천천히 살핀 다음에 거의 발설할 수 있을 것입니다."하였다.22)

　　③에서 가상의 인물은 덕촌의 논리가 지나치게 박절한 것이 아닌가 문제를 제기하고, 충후(忠厚)의 도를 내세운다. 덕촌은 이러한 지적을 한편으로 인정하면서 자신이 박절해보일 수도 있지만, 자신의 잘못을 스스로 인정하는 사람이 없는 현실 때문에 신랄한 비판을 할 수밖에 없다고 토로한다.

　　특히 "송나라 사람의 알묘는 마땅히 '소알묘'가 되고, 지금 사람의 알묘는 마땅히 '대알묘'가 된다"는 것으로 자칫 장황해보일 수 있는 글 전체의 맥락을 일목요연하게 정리하고 있다. 덕촌은 잘못된 상황

22) 『德村集』 권4, 「揠苗說」, "孟子揠苗之訓 萬世之通論 而在今日 益覺分明矣 余於
　　是爲之言曰 宋人之揠苗 當爲小揠苗 今世之揠苗 當爲大揠苗 大小雖殊 理則一也
　　或謂余曰 今世世情之物色 誠有如此者 而但君子之辭令 無乃近於迫切而非忠厚之
　　道乎 余不覺瞿然而應之曰 誠可謂迫切矣 然而如是之迫切 而見之而能有愧恥之心
　　者 吾未能信其得一二於千百 此將柰何 亦嘗有所驗之矣 惟其如是 故必欲人之見之
　　明知之深 不覺言之至於如此 蓋亦不得已也 然而此則姑就世人之所可曉者言之而
　　已 又有進於此一層者 而姑未敢開喙 徐看世人之將如何解脫然後庶可以發說矣."

에 문제의식을 갖지 않는 것을 질타하고, 부끄러워할 줄 모르는 이들이 각성하기를 촉구하였다.

2. 진정한 예(禮)의 추구: 「상향이곡설(相向而哭說)」

다음으로는 「알묘설」과 같은 해에 덕촌이 저술한 「상향이곡설」을 살펴보겠다. 이 글에서도 근본 없는 의리의 공허함을 비판한 공통점이 있다. 이 글의 서두에서는 허위 의식이 극에 달한 실상을 덕촌이 반복적으로 역설하게 된 계기를 다음과 같이 서술하였다. "이 한 설(說)은 내가 평소 항상 말한 것으로 기유년(1729, 영조 5) 등대(登對)에서 제일 먼저 이 설을 말하였고, 그 후 연이은 진언(進言)의 상소에서도 이를 말하지 않은 적이 없었으니, 이는 지금의 고황(膏肓)의 병이다."23) 그리고 그 이후의 사직소에서 그가 전했던 말을 인용하며, 다음과 같이 논의를 진행하였다.

① 바야흐로 나는 경술년(1730, 영조 6) 겨울 소명을 사양하는 상소에서 세도(世道)의 변화와 허위의 풍조를 덧붙여 말하기를, "바야흐로 지금 천지 사이에는 다만 군신과 사제의 두 의리가 나란히 대치(對峙)하여 각자 문호(門戶)를 만들고, 부자와 형제, 붕우와 친척, 인생 일용의 아름다운 도리는 점차 그믐달과 같아 어두운 형체만 있을 뿐입니다."라고 했으니, 대개 온 세상이 뽑혀져 윤강(倫綱)의 한 근본이 마침내 마르게 되었다. 대저 일본(一本)의 이치는 천지의 성(性)으로 군신을 부자의 위에서 뽑는다면, 부자의 친함이 어찌 마르지 않을 것이며, 사제를 골육의 위에서 뽑는다면 골육의 정이 마르

<hr/>

23) 『德村集』권4, 「相向而哭說」, "此一說 乃余之平日恒言 而己酉登對 首以此說爲言 其後連上進言之疏 亦莫不以此爲言 此乃當今膏肓之疾."

지 않으려 해도 그럴 수 있겠는가. 진실로 허위가 심하고, 어둡고 막
힘이 깊으며, 세상의 변화가 궁극에 달했다 말할 수 있다.[24]

② 대개 오늘에 바로 천지 기수(氣數)가 극히 각박한 때를 만나
하늘이 부여한 양심으로 인내하며 그와 함께 눈을 들어 상대하려 했
는데, 대낮에 차마 보지 못할 일을 차마 보게 되니 불행이 심하다.
그러나 이 세상에 태어나 이 세상을 위하여 또한 차마 무단히 매
몰될 수가 없어서 어쩔 수 없이 붓을 잡고 참으면서 기록하게 되
었다.[25]

①에서는 덕촌의 나이 66세 때인 경술년(1730, 영조 6)에 제출했
던 사직소를 직접 인용하고 있다. 군신과 사제의 두 의리가 대치하여
문호와 당파를 만들고, 뿌리가 하나인 ‘윤강(倫綱)’의 근본을 메마르
게 하여 ‘허위’가 극에 달한 상태를 지적하였다. ②에서는 이 글을 쓰
게 된 직접적인 계기와 목적을 밝히고 있다.
다음 ③에서는 스승 명재 윤증의 장례를 치르면서 실제로 일어났
던 사례를 들어 당대 잘못 적용되고 있는 ‘상향이곡설(相向而哭說)’의
예를 구체적으로 비판하였다.

③ 대개 이른바 ‘마주보며 통곡하다’라는 것은 그 유래에 근원이

---

24) 위의 글, “(前略) 余於庚戌之冬辭召命之疏 附進世道之變虛僞之風而曰 方今天地
之間 只有君臣師生二義並立對峙 各作門戶 而父子兄弟朋友親戚人生日用之懿倫
漸如餒死晦之月 但有黯然之魄 而盖擧一世而撼之 而倫綱之一本 居然而枯矣 大抵一
本之理 天地性性 而撼君臣於父子之上 則父子之親 安得不枯乎 撼師生於骨肉之上
則骨肉之情 雖欲不枯 得乎 誠可謂虛僞之甚矣 晦塞之深矣 世變之極矣(後略).”
25) 위의 글, “盖今日 正當天地氣數極脊薄之會也 以天所賦之良心 忍與之相對擧目
而忍見人所不忍見之事於天日之下 不幸之甚矣 然而生斯世也 爲斯世也 亦不忍無
端埋沒 故不得不援筆而忍而記之.”

있다. 지난 갑오년(1714, 숙종 40) 봄에 함장[函丈, 윤증]의 초상이 나
서 나는 집례(執禮)를 하였다. 성복(成服)이 도착한 다음에 주인이
조계(阼階) 아래에서 이윽고 손님들에게 절을 하였고, 나도 자리에
앉았다.

유사(有司)가 앞으로 와 엎드려 말하기를, "과천의 조(趙) 어르신
께서 한 말씀을 하시며 와서 아뢰도록 했습니다."하니,

나는 말하기를, "무슨 말씀인가?"하였다.

유사가 말하기를, "조 어르신께서는 문하제인(門下諸人)은 오늘
당연히 마주보고 통곡해야 한다 했습니다."

하였다. 내가 말하기를, "이 의리는 내 알 바가 아니네."

하니 유사가 마지못해 일어나 갔는데, 뜰 가득 곡소리가 일제히
일어났다. 대개 조 어르신과 봉사(奉事) 백(白) 어르신 및 도이(道
以)·소부(昭夫) 등 뭇사람들은 한때의 강의로 이 의론을 정하여 스
스로 마땅히 시행해야 할 것으로 생각하여 의심을 하지 않았다. 그
러므로 유사를 시켜 알려왔으나 의심스러운 뜻으로 서로 물은 것이
아니라 속으로 매우 민망스러웠는데 어떻게 할 수가 없어서 다만 자
리에 앉아 고개를 숙여 엎드려 여러 사람들의 통곡이 그치기만을 기
다렸다. 그 다음에 다시 문제를 제기한 사람이 없었기 때문에 재차
개설(開說)하지는 않았으나 마음속으로 많은 사람 중에 반드시 그
것을 아는 사람이 있을 것이고, 또한 반드시 그것을 변별할 수 있는
사람이 있을 것이라고 생각하였다.[26]

26) 위의 글, "蓋所謂相向而哭 其來有源 昔在甲午春函丈初喪 余爲執禮 到成服後 主
人於阼階下 旣拜賓 余亦就坐 有司來伏於前曰 趙果川丈有一言 使之來白矣 余曰
何言 有司曰 趙丈以爲門下諸人 今日當相向而哭矣 余曰 此義吾所不知也 有司纔
起去 而滿庭哭聲齊發 蓋趙丈與白奉事丈及道以 昭夫諸人 一時講定此議 自以爲當
行無疑 故令有司來報 而非以疑義相問也 心甚悶之而無如之何 只得於坐次俯伏 以
待諸人之哭止矣 其後無人更有提問 故不復有所開說 而竊自以爲許多人中 必有知
之者 亦必有能辨之者."

④ 3월이 되어 향지산(香芝山)에서 장사(葬事)를 지낼 때 하관(下棺)한 다음에 이윽고 모두 장지(葬地)에서 곡을 하였고, 주인이 곡을 구슬프게 운 다음에 그치자 부축하여 막차(幕次)에 나아가 장차 죽 먹기를 권유하였다. 그런데 갑자기 또 유사가 와서 고하기를, "과천의 조 어르신께서 집례에게 아뢰어 서로 마주보고 통곡하기를 청해보라 했습니다."하였다. 나는 이에 흠칫 놀라 돌아보니 조 어르신께서는 오히려 관이 묻힌 자리에 있으면서 통곡 소리가 매우 구슬펐고 눈물을 하염없이 흘렸는데, 때때로 머리를 들어 말하기를, "집례에게 아뢰어 서로 마주보고 통곡합시다."하였다.

나는 이때 감사(監司) 한배하(韓配夏)·자의(諮議) 이태수(李泰壽)·대원(大源)·자후(子厚) 등 사람들과 함께 앉아 있었다. 내가 사람들을 향해 말하기를, "지난 번 초상이 났을 때 일이 갑작스럽게 일어나 분명한 해설을 하지 못하여 한번 잘못을 초래했으나 지금은 어쩔 수 없이 대략 말씀을 드리지 않을 수 없습니다. 공문제자(孔門弟子)들은 각국에 흩어져 있는 사람들로서 한 스승을 똑같이 섬기다가 하루아침에 산이 무너지고 들보가 꺾여 문득 3년이 지나자 의지할 곳도 없었고, 우러러볼 곳도 없었습니다. 각자 행장을 꾸려 각자 자신의 집으로 돌아가니 이때 이러한 이별은 마땅히 어떤 마음이었겠습니까. 정성이 마음속에서 우러나와 자기도 모르게 통곡했을 것이니, 이것이 이른바 '마주보고 곡한다'는 것입니다.

오늘 우리들은 처음 초상이 났을 때부터 지금까지 아침저녁과 초하루와 보름에 곡하는 것을 뜻에 마땅히 했거늘 이제 또 관이 묻힐 때에 곡을 하고, 또 반우제(反虞祭)에서 곡을 하려고 하며, 또 연이어 아침저녁으로 곡을 하려고 합니다. 이때 주인은 곡을 이미 구슬프게 다한 다음에 그치고 막차에서 죽을 먹으려 하는데, 우리들은 별도로 마주보고 곡을 하려 하니 그 의리가 어디에 있습니까?" 라고 하니, 많은 사람들이 모두 "그렇구만."이라고 하니, 유사가 이 뜻을

조 어르신께 말씀드려 곡을 그쳐 마쳤다. 대개 이 일은 본래 사람이
반드시 힘을 들이고 생각함을 기다린 다음에야 알 수 있는 것은 아
니다. 다만 글의 이치를 조금 이해하고, 『맹자』 본문을 화평한 마음
으로 독서한 자라면 사람마다 알 수가 있는 것이다. 보통 사람으로
서 보자면, 부끄럽고 창피해서 실로 다른 사람들에게 얼굴을 들기가
어려운데, 조 어르신께서 인도하고 많은 사람들이 동조하여 한 사람
도 그것을 옳다 그르다 판별한 이가 없었다.[27]

위 글에서는 스승인 명재 선생의 장례 때 일어났던 일을 덕촌 자
신과 주요 인물이 나누었던 대사와 행동을 중심으로 서술하면서 구체
적인 문제점을 '보여주기 수법'으로 제시하고 있다. ③에서는 조 어르
신의 지시에 따라 명재의 문하생들이 당연히 마주보고 통곡해야 하는
상황에 대해 덕촌은 의아심을 갖기는 했지만, 다른 이들도 문제점을
인식했으리라 생각하고 직접 논의를 하지는 않았다. 하지만 시간이
흘러 슬픈 마음을 추스려야 하는 시간이 다가왔는데도 동일한 일이
반복되자 이에 대한 이의를 제기하였다.

④에서는 상향이곡설의 유래를 제시하며 자신의 주장의 근거로 삼

---

27) 위의 글, "(前略)至三月香芝葬事時下棺後 旣皆臨壙而哭 主人哭盡哀而止 扶就幕
次 方勸歠粥 忽又有司來告曰 趙果川丈使自于執禮 請相向而哭 余於是瞿然回顧
則趙丈向在臨壙之位 哭聲甚哀 涕淚交橫 時時擧頭而言曰 自于執禮 請相向而哭
余時與韓監司 配夏 李諮議 泰壽 大源 子厚諸人同坐 余乃向諸人言曰 向者初喪時
事出蒼黃 未及分明解說 以致一番誤著 今則不得不略有開說矣 孔門弟子以散在各
國之人 而同事一師 一朝山頹梁壞 奄過三秊 無可依矣 無可仰矣 各治其任 各還其
家 此時此別 當何爲心 情發於中 不覺痛哭 此所謂相向而哭也 今日吾輩則自初喪
至今日 朝夕朔望之哭 惟意所宜 而今又臨壙而哭 又將反虞而哭矣 又將連有朝夕之
哭矣 此時主人哭已盡哀而止 方歠粥于幕次 而吾輩別與相向而哭 其義何居云 則
諸人皆以爲然 有司以此意言于趙丈而止其哭而罷矣 蓋此事本非人之必待費力致思
而後可知 只是稍解文理 孟子本文 平心讀書者 人人之所知也 自常人見之 其羞
愧忸怩 實難擧顔於人 而趙丈倡之 衆人和附 無一人別其是非(後略)."

고 있다. 이는『맹자(孟子)』「등문공상(滕文公上)」에서 "옛날에 공자
가 죽자 제자들이 3년의 심상(心喪)을 마치고 행장을 꾸려 돌아갈 적
에 자공에게 읍하고 서로 통곡하면서 모두 목이 쉬었다."[28]라는 말에
서 유래한다. 멀리 흩어져 있던 제자들이 공자의 장례를 치르면서 행
했던 것이나, 이것이 왜곡되어 무조건 지켜야 하는 허례허식으로 자
리 잡은 실상을 통탄하였다. 그리고 다음과 같이 전체 글을 마무리하
였다.

> ⑤ 아, 오륜(五倫)에 사제의 덕목이 없으나 사제는 본래 붕우(朋
> 友)의 윤리에 있거늘 지금 세상에는 붕우가 없어진 지 오래이다. 붕
> 우는 없고 사제는 있어서 사제를 빌어 붕우의 이름을 지어낸다면, −
> 그를 가리켜 '동지(同志)'라 이르고 그를 칭하여 '붕우'라 말한다−
> 원래 이것은 인륜(人倫)과 명교(名敎) 외의 것이니 선릉효자(宣陵孝
> 子)의 무리가 아닐 수 없다. 서로 허묘(墟墓)의 사이에 모여 성현의
> 말씀을 빌려 근본도 없는 의리를 만들어 내었다. 그래서 이윽고 골
> 육의 위로 빠르게 지나쳐 향지산 예장의 날에 예랑(禮郞)이 먼저 인
> (靷) 뒤를 따르고, 그 다음은 방백(方伯)이, 그 다음은 태수(太守)가
> 뒤따르니 전후로 따르는 사람이 수백이요, 처음과 끝의 길게 뻗침이
> 몇 리였다. 우리들 예닐곱 사람은 발 디딜 곳이 없어서 지름길로 향
> 지산으로 돌아가 기다렸기 때문에 상여끈을 잡는 대열에 참여할 수
> 가 없었다. 가령, 구천(九天)에 계신 혼령이 안다 하더라도 예랑과
> 방백이 징사(徵士)의 명정을 뒤따라가는데 어떻게 우리들 예닐곱
> 사람이 상여끈을 잡을 수 있었겠는가. 공자가 이른바 "나는 가신(家
> 臣)이 없어야 하는데 가신을 두었으니, 내 누구를 속였는가. 하늘을

---

28)『孟子』「滕文公上」, "昔者 孔子沒 三年之外 門人治任將歸 入揖於子貢 相嚮而哭
　皆失聲."

속였구나. 또 내가 가신의 손에서 죽기보다는 차라리 자네들 손에서 죽는 것이 낫지 않겠는가."라고 말한 것을 나는 늘 내 나름대로 묵송(默誦)하면서 속으로 아파했는데, 이에 이르러 이른바 군신의 의가 또한 사제의 위로 빠르게 지나쳤다. 이로 말미암아 월곡은 벼슬하지 않는 것을 의리로 삼았으나 결국 승지 벼슬을 명정에 쓰고 신주에 적었는데, 곧 징사의 신주에 적은 것을 보고 본뜬 것이며, 우의정 예장의 일을 받아서는 한 걸음 더 진취했는데, 대개 또한 모두 근본이 없는 의리에 불과하나 군신의 의리보다도 중하게 여길 뿐이었다. 이것이 내가 이른바 바로 지금 천지의 사이에서 다만 군신과 사제의 두 의리가 함께 서서 대치하여 각각 문호를 만들어 부자·형제·붕우·친척·인생·일용의 아름다운 도리가 점차 그믐달과 같아서 암담한 넋만 있을 뿐이라는 것이다. 진실로 이것을 위하여 천하를 들어 서로 마주보고 통곡할 뿐이다.29)

⑤에서는 오륜에는 없는 사제 간의 의리를 절대시하는 당대의 풍조를 비판하고 있다. 사제 간의 의리는 원래 붕우의 의리에 있는 것인데, 당대에는 어떤 스승을 모시는지가 당파를 가르는 기준이 되었

---

29) 『德村集』권4, 「相向而哭說」, "嗚呼 五倫無師生之目 師生本在朋友之倫 而今世之無朋友久矣 無朋友而有師生 假師生而做出朋友之名 指之謂同志 稱之謂朋友 則元是人倫名教之外 而無非宣陵孝子之類也 相聚墟墓之間 假乇聖賢之言釀出無本之義理 亦旣突過骨肉之上 而至於香芝禮葬之日 禮郞首從靭後 其次方伯 其次太守 前後從者數百 首尾長亘數里 吾輩六七人 無所於著跡 徑歸香芝以待之 故不得與於執紼之列 若使九原有知 禮郞與方伯之隨從徵士之銘旋 何如吾輩六七人之執紼乎 孔子所謂無臣而爲有臣 吾誰欺 欺天乎 且予與其死於臣之手也 無寧死於二三子之手乎云者 余每私自默誦而瘖痛 到此則所謂君臣之義 又突過師生之上矣由是而月谷之以不仕爲義 而終以承旨書旋題主 乃視倣於以徵士題主 而受右議政禮葬之事 而更進一步地 蓋亦都不過無本之義理 而歸重於君臣之義而已 此吾所謂目今天地之間 只有君臣師生二義并立對峙各各作門戶 而父子兄弟朋友親戚人生日用之懿倫 漸如朒晦之月 但有黯然之魄而已者也 誠可爲之擧天下而相向而痛哭而已矣."

고, 붕우 간의 진정한 의리보다는 어떤 계파에 속하는지만 따지는 세상이 된 것을 개탄하였다.

당대 벼슬아치인 예랑·방백·태수들이 스승인 명재 선생의 예장 행렬에 따르니, 그들을 좇는 인파들에게 밀려나 정작 명재의 제자들이었던 덕촌을 비롯한 몇몇 이들은 제대로 그 대열에 참여하기도 어려웠던 상황을 구체적으로 묘사하고 있다. 명재는 평생을 벼슬에 나아가지 않고 징사(徵士)로서 지내며 자신의 명분을 지켜냈는데, 그를 흠모한다는 무리들은 정작 그 본뜻을 헤아리지도 않고 휩쓸려 떠밀려 다니는 형국을 보이고 있다. 이러한 상황에 대해 덕촌은 『논어』「자한」편에 나오는 공자의 말을 인용하여[30] 자신이 경계했던 바를 강조하고 있다.

그리고 글의 가장 마지막 부분에서는 글의 서두에서 문제를 제기했던 상황을 재차 서술하면서 '진실로 서로 마주보고 통곡할 일'은 스승의 죽음 자체가 아니라, 사제 간의 의리를 빙자하여 난무하고 있는 당대 파당의 논리와 세력임을 역설하였다.

덕촌 양득중이 생존했던 현종~영조 시기는 서인과 남인, 서인 내부의 노론·소론의 분화와 정쟁이 극심했던 때였다. 17세기 중엽 이후 예송논쟁을 계기로 서인과 남인은 정치적 갈등을 보이다가, 경신환국(1680, 숙종 6)에 의해 서인정권이 수립되면서 붕당정치의 기본 원리가 무너지고, 상대 세력의 존재를 인정하지 않는 일당 전제화의 추세가 나타나기 시작했다. 17세기 말 숙종 때에는 일거에 정권 담당자가 교체되는 환국(換局)을 몇 차례 겪은 뒤 서인의 우세가 확립되었다. 그 즈음 서인은 다시 노론과 소론으로 분기하고 경종 때 왕위계승 문제를 쟁점으로 격렬한 정쟁을 겪은 뒤 노론의 우위로 귀결되었다.[31]

---

30) 『論語』「子罕」, "臣而爲有臣 吾誰欺 欺天乎 且予與其死於臣之手也 無寧死於二三子之手乎."

덕촌이 이 글을 쓴 18세기 중반 영조대에는 탕평책으로 말미암아 정치 세력이 국왕의 정책에 대한 지지 여부에 따라 재편되기도 하였지만, 세력 간의 알력이 여전히 남아 있는 상태였다. 실제로 덕촌도 영조대 어지러운 정국 속에 여러 번 천거되었지만 계속 사직을 청한 바 있다.32) 덕촌은 동류 집단일지라도 문제가 있다면, 이에 대해 묵인하지 않고 일정한 거리를 두고 비판적인 시선을 견지했음을 작품을 통해 확인할 수 있다.

3. 대명(對明) 의리의 실상 파악: 「명대의변(明大義辨)」

덕촌의 「명대의변」은 그의 나이 76세(1740, 영조 16)에 지은 것으로, 주자(朱子)의 「기유의상봉사(己酉擬上封事)」 중에 있는 9항목을 원용하여 쓴 송시열의 「기축봉사(己丑封事)」 중의 '수정사이양이적(修政事以攘夷狄)' 조목을 들어 주자와 송시열의 글을 비교 대조하여 논의를 진행하면서 송시열의 주장이 명분과 실제에 맞지 않음을 논의하였다.

회천 송시열이 1649년에 효종에게 올린 「기축봉사」는 송시열이 본격적인 정치활동을 시작하면서 제시한 원칙에 해당하였고, 이후 그의 정치사상에서도 가장 기초가 된다고 할 수 있다.33) 특히 존주대의(尊周大義)와 복수설치(復讐雪恥)를 역설한 것이 효종의 북벌 의지와 부합하여 장차 북벌 계획의 핵심 인물로 발탁되는 계기가 되었다.

덕촌은 「명대의변」의 서두에서 회천이 지은 「기축봉사」의 내용이

---

31) 정주신, 2007, 「조선후기 당쟁사 일 고찰」, 『동북아연구』 22권1호, 조선대동북아연구소, 100~101쪽.
32) 『德村集』 年譜 참조
33) 정재훈, 2004, 「尤庵 宋時烈의 政治思想 −朱熹와의 비교를 중심으로−」, 『韓國思想과 文化』 23, 한국사상문화학회, 68쪽.

합당하지 않다고 지적하였다. 특히 "말을 공손히 하는 가운데 분노를 더욱 쌓고, 금폐(金幣)를 바치는 가운데 와신상담을 더욱 간절히 하며, 금주(金珠)와 피폐(皮幣)를 가지고 왕래하는 가운데도 무기와 깃발을 들고 분발하려는 뜻이 실제로 담겨져 있다.[34]"는 표현이 부적절함을 밝혔다. 그럼에도 불구하고 회천에 대해 제대로 비판하는 이가 없는 것을 부끄럽게 여기고 자신이 논변해야 할 필요성을 제시하였다.

덕촌은 회천(송시열)이 일생 동안 주자를 모방했다고 하며 통렬하게 비판하였다. 그 근거로 효종 초년에 올린 회천의 「기축봉사」는 주자의 「임오응소봉사(壬午應詔封事)」를, 숙종 7년(1681)에 올린 「진수당주차(進修堂奏箚)」는 주자의 「계미수공주차(癸未垂拱奏箚)」에 의거한 것이라고 서술하였다. 그리고 「기축봉사」 중의 "정사(政事)를 닦아 이적(夷狄)을 물리치라."라는 일단(一段)에서는 먼저 '공자의 대일통(大一統)'의 의리를 들어 중국과 이적의 구분을 명백히 하였다고 보았다. 그리고 회천이 제시한 논의의 부적절함을 다음과 같이 상술하였다.

① 또 주자의 「봉사」 중의 인륜을 추리하고 천리(天理)를 깊이 따져 부끄러움을 씻는 의리를 밝힌 것을 인용하여 서두로 삼았다. 그런 다음에 이어서 본조(本朝) 역대 사대(事大)의 정성, 신종황제(神宗皇帝)의 망극한 은혜, 갑신년의 변란, 홍광(弘光)의 시해(弑害), 인조(仁祖)가 부끄러움을 참고 몸을 굽힌 일, 효종(孝宗)이 큰 뜻을 가지고 분발한 것을 낱낱이 들었다. 그리고 또 스스로 가설해서 말하기를 "걱정되는 것은 완둔(頑鈍)하여 이익을 탐하고 수치심이 없는 일종의 무리들입니다. 만일 '우리가 이미 저들에게 몸을 굽

---

34) 『德村集』 권5, 「明大義辨」, "卑辭之中 忿怒愈蘊 金幣之中 薪膽愈切 金珠皮幣往來之中 干戈旗鼓奮發之意 實有所寓 樞機之密 鬼神莫窺 志氣之堅 賁育莫奪."

히어 명분이 이미 정해졌다.'라고 한다면, 홍광의 시해와 선조(先朝)
의 수치는 돌아보지 않아야 합니다. 생각하건대 두렵게도 이 견해가
행해진다면 공자 이래의 대경대법(大經大法)이 일체 땅을 쓸듯 없
어지고, 장차 삼강(三綱)으로 하여금 민멸되고 구법(九法)을 폐하게
하여 아들은 아비를 알지 못하고, 신하는 임금을 알지 못하여 인심
이 어긋나고, 천지가 폐색하여 섞여서 금수로 돌아가게 됩니다."라
고 했다면, 대의가 진실로 이미 삼엄한 것이다. 그리고 또 이어 말하
기를 "그러나 오늘날에 시세(時勢)를 헤아리지 않고 경솔히 강로(强
虜)를 끊다가 원수는 갚지 못하고 화패(禍敗)가 먼저 이르게 된다
면, 또한 선왕께서 수치를 참고 몸을 굽혀 종사(宗祀)를 연장시킨
본의가 아닙니다."라고 하였다. 이는 그 귀결을 요약하고 그 사실에
의거해 이적과 화해할 뿐입니다. 그리고 억지로 명명하기를 "이적을
물리친다."라고 했으니 보는 사람으로 하여금 실로 귀를 막고 종을
훔치도록 하는 것과 같아서 진정 한번 웃을 만하다.[35]

위 글에서 덕촌은 회천의 「기축봉사」의 구성과 구절을 상세하게
인용하면서, 회천의 주장과 달리 내용은 이적(夷狄)과 화해하는 내용
이 주류를 이루고 있음을 비판하였다. 그리고 주자의 견해는 강화(講
和) 여부를 엄중하게 논파했지만, 회천의 인용과 주장은 모두 '강화

---

35) 위의 글, "又引朱子封事中 推人倫極天理明復雪之義者 爲之題頭 然後因而歷擧
本朝歷代事大之誠 神宗皇帝罔極之恩 甲申之變 弘光之弑 仁祖之忍恥屈己 孝廟
之奮發大志 而又自爲假設之辭曰 所可憂者 一種頑鈍嗜利無恥之類 若曰我已屈身
於彼 名分已定 則弘光之弑 先朝之恥 有不可顧 竊恐此說得行 則自孔子以來大經
大法 一切掃地 而將使三綱淪九法斁 子焉而不知有父 臣焉而不知有君 人心僻違
天地閉塞 而混爲禽獸之歸矣云 則大義固已森嚴矣 而又繼之曰然於今日不量時勢
輕絶强虜 讎怨未報 而禍敗先至 則亦非先王忍恥屈己 以延宗祀之本意也 是則要
其歸而據其實 只是和夷狄而已 而强而名之曰攘夷狄 令人見之 實如揜耳盜鍾 良
可一笑."

(講和)의 일'일 뿐임을 역설하였다. 회천의 이러한 행위를 '귀를 막고 종을 훔치도록 하는 것'에 비유하며 노골적으로 비판하였다. 이후에 이어지는 글에서도 주자의 「임오응조봉사」, 「계미수공주차」의 내용을 각각 두 번씩 인용하면서 구체적인 논리를 확보하고 있으며, 다음과 같이 자신의 견해를 피력하고 있다.

② 아, 이는 이른바 시비의 판단과 성패의 운수를 다툰 바가 다만, 강화를 하느냐 강화를 하지 않느냐의 사이에 있어서 곧바로 스스로 베어서 만 장 절벽 같은데 세운 것이 아니겠는가. 어찌 한 터럭이라도 사심을 용납하며, 한 시각이라도 그 사이에서 망설일 것인가. 사리가 명백하고 물정이 밝은데도 '분노신담(忿怒薪膽)' 넉 자로 그 흔적을 가리려고 했다면, 이 또한 귀를 가리고 종을 훔치는 사람의 부류가 아니겠는가. 대개 강화의 세상을 당함에 강화를 위한 일을 하지 않을 수가 없어서 반드시 주자의 "대의를 밝히고 이적을 물리친다."라는 설을 빌려서 성조(聖祖)의 큰 뜻이 향하는 곳에 영합하고 인하여 스스로 이미 몸을 드러낸 붉은 기치[한 학파의 영수]가 되고자 하였다. 그러므로 절로 이 네 글자를 빌려 암호로 삼지 않을 수가 없어서 -'쌓다[온蘊]'와 '붙이다[우寓]' 이것을 일러 암호라고 하였다. 병가(兵家)에는 암호와 암령(暗令)이 있으니 곧, 용도(龍韜)의 비결이다.- 주자의 설을 인용하여 위와 같이 일컬은 것이다.[36]

---

36) 위의 글, "嗚呼 此非所謂是非之判成敗之數 所爭只在於和與不和之間 直自斬截 壁立萬仞耶 豈可一毫容私 一刻依違於其間耶 事理明白 物情昭然 而乃欲以忿怒 薪膽四字掩其痕 是不亦掩耳盜鍾者之類乎 夫當講和之世 不得不爲講和之事 而必 欲假朱子明大義攘夷狄之說 以迎合聖祖大志之所向 因以爲自己發身之赤幟 故自 不得不假此四字 以爲暗號 蘊寓寓是之謂暗 兵家者有暗號暗令 乃龍韜之秘訣也 而其所引用朱子之說 如右所稱."

그 밖에도 "이 주장을 깨뜨리지 않는다면", "이 호령으로써", "자기를 굽힌 것이 아니라 곧, 이치를 거스른 것이다.", "명분이 바르지 않으면 말이 순조롭지 못하다."와 같이 이렇듯 몇 줄의 문자로 강화의 주장을 타파한 것은 은밀하면서도 감춘 것[37])이라고 상세하게 지적하였다. 회천이 자신의 견해를 내세우는 듯하면서도 주자의 주장을 교묘하게 가져와 인용한 것을 덕촌은 "이미 새로 고안한 것이요, 의미도 허황스럽다."고 평가하였다.

③ 당시 김자점 외에 산림(山林)을 미워하고 사원(私怨)을 품었다 하나 또한 감히 이 의견을 엿보지 않았으니 모두 이치에도 없는 말이다. 다만 반드시 이것으로 위를 이어 아래로 접속시킨 다음에 주자의 주장을 인용했기 때문에 그 가설이 근거 없이 미혹되고 신기할 수 있었다. 이는 이른바 놀이마당에서 혀를 놀린 것으로 오직 그 크고 깊으며 민첩하고 기묘한 문장으로 주자의 엄정하고 정대한 주장을 가설하여 진동시켜 빛나게 하고 장황하게 만들었다. 이에 온 세상 사람들은 또한 그것에 현혹되어 명분과 실상의 나뉨을 살필 겨를이 없었다. (중략) 세상 한쪽에서 존경하고 숭배하는 사람은 진실로 다시 말할 것이 없다. 그 이른바 회천을 공격하는 사람들도 편당을 짓는 세력들로 서로 시기 질투함에 불과할 뿐이다. 한 사람도 이를 깊이 탐구한다거나 통렬히 변별하는 사람이 없었으니 이것을 나는 평소 개탄했던 것이다. 비록 그렇다하나 그 진실과 거짓을 아직 알기 이전에 한번 말하고 한번 웃으며, 한번 내려다보고 한번 올려다봄에 손숙오가 아님이 없었는데, 그 이미 진실과 거짓을 안 이후에는 천태만상이 한 명의 우맹일 뿐으로 별다른 것이 없었으니 진실

---

37) 위의 글, "其外若此說不罷 以此號令 非屈己乃逆理 名不正言不順 如此等數段文字 打破講和之說者 并秘而諱之."

로 천고에 포복절도할 일이라 말할 수 있다.[38]

　이 부분에서 덕촌은 자신이 「명대의변」을 쓰게 된 본질적인 이유를 구체적으로 제시하고 있다. 즉, 회천이 지은 글은 주자의 엄정하고 정대한 주장을 가설하여 기묘하게 지은 것인데, 당대 회천을 옹호하는 이들이나 반대파들조차도 이것을 제대로 변별하지 않았고, '명분과 실상'을 살피지 않았기 때문이다. 회천이 주자의 글을 원용하여 당대인들을 미혹시킨 것을 '초나라 장왕(莊王) 때의 우맹이 손숙오로 분장하여 연기한 것'[39]에 비유하여 표현하였다.

　또한 "회천의 평생을 들추어보자면, 다만 주자만을 모방하였고, 주자를 모방하던 중에 이 한 조목을 전신사조(傳神寫照)하였다. 그러므로 나는 이에 특별히 이 한 조목만을 논의하였고, 다시 다른 것에는 미치지 아니 했으니, 또한 화공(畵工)이 사람을 그림에 그 사람 한 몸의 정기가 모두 눈동자에 점을 찍는 한 붓에서 결정된다는 것과 같은 것이다."[40]라고 적극적으로 비판하였다.

　이후 전개한 글에서 덕촌은 가상의 인물[혹자或者]을 설정한 총 7번의 문답을 통해 자신의 논리를 보강하였다. 이는 자신의 견해에 반대할 것으로 예상되는 세간의 비판이나 반론을 설정하여, 이를 미리

---

38) 위의 글, "(前略)當時自點之外 雖惡山林懷私怨者 亦無敢闖此意 皆理無之言也 但必以此承接 然後可以引用朱子之說 故爲此假設懸空閃幻 此卽所謂優場之弄舌 而惟其以雄深敏妙之文 假朱子森嚴正大之說 以震耀而張皇之 於是擧世之人 方且爲其所眩曜 未假察於名實之分 (中略) 世之一邊尊崇者 固無足復道矣 其所謂攻懷川者 亦不過以黨比之勢 相傾相軋而已 無一人深究乎此而痛辨之者 此余所以尋常慨然者也 雖然方其未知眞假之前 一言一笑 一俯一仰 無非孫叔敖 及其旣知眞假之後 千態萬狀 只是一優孟 而無他耳 誠可謂千古絶倒矣(後略)."

39) 『史記』 「滑稽列傳」

40) 『德村集』 권5, 「明大義辨」, "擧懷川之平生 只是摹朱子 而摹朱子之中 此一款乃其傳神寫照 故余於是特論此一款 而不復他及 亦猶畵工之畵人 其人一身精氣 都決於黑眼一筆之意也."

차단하는 방어 장치로 제시한 것으로 파악할 수 있다. 먼저 6회에 걸친 문답 내용을 정리하면 다음과 같다.

<표 2> 「명대의변」 [문답1~6]

회차	질문	답변
1	상대방의 힘을 헤아리지 않고 관문을 닫고 약속을 끊는다면, 닥쳐올 재앙에 대한 질문	회천이 이른바 '시세를 헤아리지 않고 경솔히 강로(强虜)를 끊다가 원수는 갚지 못하고 화패(禍敗)가 먼저 이르게 된다면, 또한 선왕께서 수치를 참고 몸을 굽혀 종사를 연장시킨 본의가 아닙니다.'라고 이른 것은 지극한 논의임.
2	기꺼이 수하 노릇하는 것을 감당해야 하는 것인가?	선왕이 강화한 것을 기꺼이 수하 노릇했다고 하는 것인가? (재질의)
3	지혜로운 사람은 소국(小國)으로 대국(大國)을 섬기니 태왕(太王)이 훈육(獯鬻·흉노)을 섬기는 것이 과연 기꺼이 수하 노릇을 한 것인가?	그대는 터득함 (상대방 인정)
4	회천이 주장한 것이 또한 이와 같을 뿐인데, 그대는 어찌 그렇게 비난함이 심한가?	태왕이 훈육(흉노)를 섬기는 일로써 이적을 물리치는 것이라고 여기는 것이 맞는가? 춘추의 대의를 밝히는 것이라고 할 수 있는가? 마음속으로 복종하지도 않는데 그것을 물리쳤다고 말하고 밝혔다고 말하는 것이 맞는가? (재질의) 태왕은 훈육에게 다만 자신의 몸만 굽히는 굴욕이 있을 뿐임.
5	어떻게 해야 옳은 것인가?	모든 천하의 일은 시기와 형편의 추이에 따라 각각 그 마땅함이 있음. 맹자는 제선왕(齊宣王)과 양혜왕(梁惠王)에게는 늘 '그러하고도 왕 노릇 못할 자 없다.'라는 것으로 고하였지만, 등문공(滕文公)에 이르러서는 '왕자의 스승이 된다.'는 것으로 고한 데 불과했고, 또 '목숨을 바칠 뿐이다.'라고 고했을 따름임. 마지막에는 '태왕이 빈(邠)땅을 버리고 간 일'로써 고함.
6	회천이 '오늘날에 시세를 헤아리지 않고 경솔히 강로를 끊다가 원수는 갚지 못하고 화패가 먼저 이르	강화를 타파하는 몇 가지의 말에 나아가 특별히 간추려 피하게 되었고, 그 인륜과 천리 복설(復雪)의 의리의 주장만을 취하여 널리 베풀어

게 된다면, 또한 선왕께서 수치를 참고 몸을 굽혀 종사를 연장시킨 본의가 아닙니다.'라고 했으니, 이것이 이른바 시기와 형편의 추이가 각각 그 마땅함이 있는 것이 아니겠습니까?	극단적으로 논의했음. 그 피한 주장 중에는 삼망(三綱)이 민멸되고 구법(九法)이 폐하는 일단의 말뜻이 있어 특히 엄정하여 빌려 사람들을 현혹시킬 수 있었음. 때문에 인용해서 그 장황하고 화려한 형세를 돕고자 했음.

혹자의 입장은 회천과 그를 옹호하는 무리들의 입장을 대변한 것으로 볼 수 있다. 혹자의 질문 [1~4]는 회천이 대명(對明)에 대한 의리를 지키려고 했던 견해가 당시에 통용되었던 상식적인 수준이었음을 강조하며 반문한다.

이에 대해 덕촌의 [답변 4]는 회천이 '나는 말을 공손히 하면서 분노를 간직하고, 금폐를 바치는 가운데 와신상담에 부쳐놓고 그것으로 이적을 물리치고 대의를 천하에 밝혔다.'라고 한 발언에 논리적 모순이 있음을 지적하고 있다. 그리고 [답변 5]에서는 맹자의 예를 제시하면서 모든 일에는 '형편에 맞는 마땅함'이 있다고 강조하고, 주자가 만약 당대의 조선 현실을 본다면 '송효종(宋孝宗)에게 고한 것으로써 우리 군주에게 고하지 않을 것'이라 주장하였다.

또한 [답변 6]에서는 회천이 주자의 글을 인용하면서도 교묘하게 일정 문구를 빠뜨리거나 위아래로 접속시켜서 본의를 해친 혐의가 있다고 보았다. 특히 '이적유성(夷狄愈盛)' 넉 자를 쓰지 않은 것에 대해서는 "이미 가설해서 말을 만들었으니 인용한 모든 설이 정대하고 엄정하여 어느 곳인들 옳지 않을까마는 유독 이 넉 자를 반드시 피하고자 했을까? 가만히 생각해 보면, 회천이 붓을 잡고 여기까지 이른 것도 틀림없이 스스로 웃음거리가 됨을 깨닫지 못해서이다."41)라고 평가하였다.

---

41) 위의 글, "而至其末端夷狄愈盛四字 又却嫌而諱之 旣以假設爲言 則所引諸說 正大森嚴 何所不可 而獨此四字必欲諱之耶 竊想懷川援筆到此 亦必自不覺其發笑矣."

마지막으로 이에 대한 대안을 묻는 혹자에게 덕촌은 노서 윤선거 선생, 주자의 글, 『주서(朱書)』에서 유공(劉珙)이 언급한 글로 답변을 대신하였다. 덕촌은 본인의 의견을 직접적으로 제시하기보다는 자신이 논리적으로 합당하다고 생각하는 선현들의 견해를 인용하면서 대안을 모색하고자 하였다. [답변 7]을 도표로 정리해보면 다음과 같다.42)

〈표 3〉「명대의변」[답변 7]

인물명	인용 출처	주요 내용
노서 윤선거	『노서유고 (魯西遺稿)』	오늘의 형세는 주자 때와도 다름. 주자 때에는 정축년(丁丑年) 이전과 같아서 오히려 피차가 서로 대하는 형세라도 있지만, 오늘의 형세는 실상 고려 때 금나라와 원나라의 관계와 다를 것이 없음. 시대 일을 할 수 있느냐 할 수 없느냐도 따져보지 않고, 다만 좋은 언론만 해서 한때의 귀와 눈에 시원하게 하고 후세의 칭찬이나 받으려 한다면, 결코 대인군자가 세상을 도와 구원하고 좋은 계책으로 성공을 하는 의리가 아님.
주자	「무신봉사 (戊申封事)」	시류에 영합해서 허황한 말로 폐하를 속이지 않음. 폐하께서 당대의 현실을 직시하는 것이 중요함. 마음을 바로잡고 사욕을 이겨서 조정을 바로잡고 정사를 닦는다면, 진실한 공효가 저절로 이루어지고, 따로 우환이 일어나 원대한 계획이 방해받는 데까지는 이르지 않을 것임.
유공(劉珙)	『주서 (朱書)』	복수설치(復讎雪恥)는 오늘의 큰 계획이나 그것을 구하는 것에는 반드시 그 방법이 있을 것임. 폐하께서 주선왕(周宣王)을 모범으로 삼아 측신수행(側身修行)하고 임현사능(任賢使能)하여 안으로 정치를 닦는 실질을 도모한다면, 밖으로 외세를 물리치는 효과가 있을 것임.
유공(劉珙)	『주서 (朱書)』	실질이 있으면서 모습을 드러내지 않는 것은 하는 일마다 이루어지고, 실질은 없으면서 모습을 보이는 것은 하는 일마다 실패함. 우리가 자치(自治)로써 회복의 실질을 이루려면 어떻게 해야 하는가? 이에 겉으로는 항부(降附)를 부르고, 안으

42) 『德村集』 권5 「明大義辨」 작품 해제 참조

		로는 진영을 옮겨서 책략을 아직 세우기도 전에 수족을 먼저 노출시킨다면 그 기세가 마침 화를 초래하고 도둑을 부르는 것이니 신은 이 의론을 하는 사람이 장차 무엇으로 대처할 것인지 알지 못하겠음.

이상 덕촌이 인용한 견해들의 공통점을 간추려보면 첫째, 당대의 현실을 직시하고 상황에 맞는 대안을 모색해야 한다는 것, 둘째, 실질을 도모하고 추구해야 한다는 것이다. 그는 실상이 없이 관념적인 명분만을 내세우는 것을 가장 경계하였다.

「명대의변」의 보충 설명격인 「명대의변후설」을 살펴보면, 덕촌의 대명(對明)·대청(對淸) 의식의 일단을 보다 명확하게 살필 수 있다. 「명대의변」에서는 상세한 분석과 비판이 이루어졌다면, 「명대의변후설」에서는 이를 종합하여 부연 설명을 해준다. 덕촌은 「명대의변후설」에서 이미 청나라의 위세가 공고해진 시대에 "관문을 닫고 약속을 끊는다면 전쟁의 시작이 우리로부터 비롯될 것이고, 전쟁의 시작이 이미 우리로부터 비롯되었다면 강화(講和)할 수 있는 방법이 이미 끊어질 것이고, 강화할 수 있는 방법이 이미 끊어져 관문을 닫는 계책이 성사되지 않는다면 망할 수밖에 없다는 것"[43]을 여실히 간파하고 있었다.

17세기 후반 효종이 사망하고 남명(南明)이 멸망하면서부터 퇴조하기 시작한 북벌론은 삼번(三藩)의 난이 진압된 것을 계기로 국가적인 차원에서는 거의 포기되었다고 할 수 있다. 18세기 후반에 들어서는 극소수의 인물을 제외하면 조정의 관료나 처사적 위상을 갖고 있던 인물들은 북벌론의 비현실성을 인정하지 않을 수 없었다.[44]

「명대의변」, 「명대의변후설」을 종합해보면, 덕촌은 회천의 「기축

---

43) 『德村集』 권5, 「明大義辨後說」 (각주 15번 원문 참조)
44) 허태용, 2010, 「17·18세기 북벌론의 추이와 북학론의 대두」, 『대동문화연구』 69, 대동문화연구회, 411~412쪽.

228 실사구시 제창자 양득중

봉사」가 주자의 글을 주로 인용하였지만 문맥상 모순점이 많았고, 당대 조선 현실에 부합하지 않은 부분이 많았다는 것을 지적하였다. 그리고 사실상 청나라에 비해 국력이 약했던 조선이 당대 정치 역학적인 관점에서도 실질적인 북벌론을 추진할 수 없는 상황이었다는 것을 인정하였다.

Ⅳ. 결론

본 연구에서는 그동안 학계에서 논의가 그리 활발하게 이루어지지 않았던 덕촌 양득중의 문집『덕촌집』에 수록된 논설류 작품의 양상과 특징을 고찰하였다. 덕촌은 명재 윤증의 무실적(務實的) 학문 경향을 계승한 제자로 인정받고 있지만, 그의 작품에 대한 구체적인 실상은 아직까지 그 면모가 제대로 밝혀지지 않은 점이 있었다.

본 논문에서는『덕촌집』에 수록된 논설류 작품의 대체적인 양상을 살펴보고, 덕촌의 사상과 글쓰기의 특징적인 면모를 보여주는 작품에 주목하여 논의를 진행하였다. 논설류 작품에는 특정 사안에 대한 저자의 입장과 관점이 논리적으로 분명하게 드러나는 장점이 있다.

『덕촌집』에 수록된 논설류 작품은 양적으로 많은 비중을 차지하지는 않지만, 그의 사상과 글쓰기의 특징적 맥락을 살펴보는 데 매우 중요한 자료이다. 덕촌은 주로 당대의 허위 의식과 문제점을 고사(故事)를 인용하여 논리적으로 비평하는 식으로 글을 저술하였다. 덕촌의 논설류 작품에서는 의리와 실상을 중요시하고, 합당한 근거에 바탕한 논리적인 비판 의식이 두드러지는 공통점이 있다.

이 중에서도 그의 사상과 글쓰기 표현에 주요한 특징을 보여주는 세 작품인 「알묘설」·「상향이곡설」·「명대의변」을 선별하여 보다 구체적인 면모를 살펴보았다. 이 세 작품은 모두 덕촌 생애의 말년 시기에 저술된 것으로, 그의 특징적 면모가 종합적으로 응축된 작품으로 평가할 만하다.

주요 세 작품을 선별하여 살펴본 결과 다음과 같은 특징을 추출할 수 있었다. 첫째, 「알묘설」에서는 허위 의식에 대한 비판이 두드러지게 나타났다. 둘째, 「상향이곡설」에서는 진정한 예(禮)의 추구가 강조되었다. 셋째, 「명대의변」에서는 대명(對明) 의리의 실상을 파악하고 비판하였다.

덕촌이 세 작품을 저술한 18세기 중반 영조대에는 탕평책으로 말미암아 정치 세력이 국왕의 정책에 대한 지지 여부에 따라 재편되기도 하였지만, 세력 간의 알력이 여전히 남아 있는 상태였다. 덕촌은 동류 집단일지라도 문제가 있다면, 이에 대해 묵인하지 않고 일정한 거리를 두고 비판적인 시선을 견지했음을 작품을 통해 확인할 수 있었다.

덕촌은 당파 세력이 공고화되면서 정치·사상·학문적 입장이 고착화되는 것을 경계하였다. 같은 당파의 입장이라 하여도 문제가 있다면 반론을 제기하였고, 실상이 뒷받침되지 않는 공허한 주장에 대해서도 구체적으로 비판하였다. 상황에 맞는 적절한 비유와, 가상 인물을 설정한 문답법을 활용하여 보다 설득적인 글쓰기를 하였다.

이번 연구를 통하여 『덕촌집』에 수록된 논설류 작품의 구체적인 면을 일정 부분 파악할 수 있었다. 특히 의리와 실상을 중요시하고, 논리적인 비판 의식이 강했던 소론계 문인의 특징을 살펴볼 수 있었다.

앞으로 『덕촌집』에 대한 연구 범위를 양적·질적으로 확대 심화하여 논의를 진행한다면, 당대 소론계 문인이자 학자였던 덕촌의 위상을 밝히는 데 일조하리라 예상한다. 이번 논의에서 미처 다루지 못한 부분은 후속 연구를 통해 고찰할 것이다.

〈참고문헌〉

양득중, 『德村集』, 민족문화추진회.

양득중, 2015, 『國譯 德村集』, 한국고전번역원.

양득중, 『國譯 德村集』, 한국고전번역원 한국고전종합 DB.

윤 증, 『明齋遺稿』, 민족문화추진회.

윤 증, 2006, 『國譯 明齋遺稿』, 한국고전번역원.

윤 증, 『國譯 明齋遺稿』, 한국고전번역원 한국고전종합 DB.

김혁제 교열, 1997, 『孟子』, 명문당.

김혁제 교열, 1997, 『詩經』, 명문당.

신태삼 교열, 1997, 『論語』, 명문당.

남만성 역, 1994, 『史記列傳』, 을유문화사.

유명종, 1977, 「덕촌 양득중의 실학 사상-양명학과 실사구시의 절충」, 『한국학보』 6, 일지사.

이덕일, 1998, 『당쟁으로 보는 조선 역사』, 석필.

이상성, 2007, 「명재 윤증과 덕촌 양득중의 학문 교유고」, 『한국사상과 문화』 40, 한국사상문화학회.

이미진, 2019, 「덕촌 양득중의 조포 고사 인식과 그 의미」, 『어문연구』 181, 한국어문교육연구회.

이형성, 2009, 「明齋 尹拯에 대한 後代 評價와 追崇」, 『유학연구』 20, 충남대학교유학연구소.

정주신, 2007, 「조선후기 당쟁사 일 고찰」, 『동북아연구』 22권1호, 조선대동북아연구소.

정재훈, 2004, 「尤庵 宋時烈의 政治思想 - 朱熹와의 비교를 중심으로 - 」, 『韓國思想과 文化』 23, 한국사상문화학회.

한정길, 2013, 「德村 梁得中 학문의 양명학적 성격에 관한 연구」, 『陽明學』 34,

한국양명학회.

허태용, 2010, 「17·18세기 북벌론의 추이와 북학론의 대두」, 『대동문화연구』 69, 대동문화연구원.

지역학 저변으로 바라본
덕촌 양득중
- 남겨진 유적 현황과 과제를 중심으로 -

김승대*

* 전북도청 학예연구관

Ⅰ. 머리말

최근 들어 조선후기 실학자 연구에 있어 지역과 연계한 지역학의 저변을 확장하는 차원의 폭넓은 연구가 다양하게 전개되고 있다. 대표적인 연구로는 부안 일원의 반계 유형원, 안산 일원의 성호 이익, 강진 일원의 다산 정약용 등을 들 수 있다. 아울러 실학연구의 심층적인 저변확대를 위해 '근기실학', '호남실학'의 광의적인 지역적 범주에 대한 논의도 조금씩 외연을 확장하고 있는 추세이다.[1]

덕촌 양득중(1665~1742)은 그리 많이 알려진 인물은 아니지만, 조선후기 실학과 양명학에서는 매우 비중있는 인물로 그동안 연구가 진행되어 왔다.[2] 그는 허위에 가득찬 당대의 조선사회를 개혁하기 위해서는 우리 역사상 최초로 '실사구시(實事求是)'를 본격 제창하였고, 영조에게 반계 유형원의 국가 개혁서인『반계수록』을 국가정책에 모범으로 삼기를 요청한 인물이다.

---

 1) 윤재환, 2013, 「近畿南人 學統의 展開와 星湖學의 形成」, 『온지논총』 36, 온지학회 ; 하우봉, 2018, 「호남실학의 전개양상과 성격」, 『한국실학연구』 36, 한국실학학회.

 2) 유명종, 1977, 「덕촌 양득중의 실학사상」, 『한국학보』 6, 일지사 ; 최영성, 1995, 『한국유학사상사』 Ⅲ, 아세아문화사 ; 박석무, 1998, 「17~8세기 호남유학의 전통」, 『한국한문학연구』 21, 한국한문학회 ; 이상성, 2007, 「명재 윤증과 덕촌 양득중의 학문 교류고」, 『한국사상과문화』 40, 한국사상문화학회 ; 한정길, 2013, 「덕촌 양득중 학문의 양명학적 성격에 관한 연구」, 『양명학』 34, 한국양명학회 ; 이미진, 2019, 「덕촌 양득중의 趙苞 고사 인식과 그 의미」, 『어문연구』 47, 한국어문교육연구회 ; 최윤정, 2020, 「덕촌 양득중의 論說類 작품 연구」, 『동양고전연구』 78, 동양고전학회 ; 김승대, 2020, 「덕촌 양득중의 가계와 추숭에 관한 연구」, 『양명학』 58, 한국양명학회.

필자는 그의 삶과 사상을 조망하기 위해 그의 문집인『덕촌집』이
외에 많은 사료가 없는 한계를 극복하기 위해 현장답사를 통한 사료
발굴에 중점을 두고 연구를 진행하고 있다. 덕촌의 생장지인 해남 영
신리(영계)와 주요 활동지인 공주 덕지리(덕촌)를 중심으로 현재까
지 그가 남긴 유적을 중심으로 한 지역학 차원에서의 덕촌 연구의 현
황과 과제를 조망하고자 한다.

따라서 본고에서는 먼저 그동안 발굴된 덕촌 관련 유적을 중심으
로 연구 현황과 문제점 등을 고찰하고, 이를 토대로 한 향후 연구 과
제가 무엇인지, 지역학적 차원에서 무엇을 접근할 것인지에 대한 소
견을 제시하고자 한다. 향후 이를 통해 '덕촌 양득중' 연구에 새로운
전기가 되기를 소망해 본다.

II. 해남·화순 지역의 유적

1. 해남·영암 일원

해남군 옥천면 영신리는 덕촌 양득중이 나고 자란 고향이다. 옥천
(玉泉)은 통일신라 때는 냉천부곡(冷泉部曲), 고려와 조선시대에는
거의 영암군에 속했다가, 1914년 행정구역이 개편되면서 해남군에 속
해 오늘에 이르고 있다. 조선시대에 영신리(永信里)는 영계리(瀯溪
里)라고 불렀다. 덕촌의 생장지인 영신리 영신마을은 뒤편에 해발
443m 만대산(萬代山)이 있고, 전면에는 옥천천이 흐르는 전형적인
배산임수 지형의 마을이다.

학포 양팽손의 손자이자 덕촌의 고조인 건계 양산형(1545~1603)
은 화순에서 처가인 영암 건계(현 해남군 옥천면 대산리 일원)로 입

향하여 석천 임억령, 옥봉 백광훈 같은 당대의 명사들과 교유하며 여생을 보냈다. 양산형의 손자이며 덕촌의 할아버지인 심하당 양도남(1607~1667)이 중년에 영암 건계에서 가까운 이 곳 영계리(현 영신리)로 이주하여 새로운 삶의 터전을 마련하면서 이후 제주양씨 건계공파의 중심지로 성장하여 오늘에 이르고 있다.3)

임억령 묘소(해남 마산면 장촌리)

양산형 묘비
(해남 옥천면 송산리)

백광훈 묘비
(해남 북평면 동해리)

3) 김승대, 2020, 앞의 논문, 15~17쪽.

1665년(현종 6) 이 곳 영계리에서 덕촌이 태어나자 할아버지 양도남은 '기상이 대단하다'라고 하며 역리(易理)로 '득중(得中)'이라 이름지었다고 한다. 그는 1669년(현종 10) 5세에 백부인 양우회가 지은 문중 서당인 소심재에서 공부를 시작한 것 같다. 7세에 '월출산' 시를 지어 주변을 놀라게 하였고, 13세 때에는 영광에 유배중인 송시열·박세채의 문인인 구천 이세필에게 편지로 가르침을 받기도 했다. 15세 때에 '이기론(理氣論)'를 저술하여 당시 전라도관찰사였던 성재 신익상과 현석 박세채 등 당대의 명사들에게 크게 칭찬을 받기도 했다.

덕촌은 1681년(숙종 7) 17세에 첫 번째 스승인 아천 박태초에게 가르침을 받기 시작했는데, 아천은 영암 구림에 살고 있었다. 영암 구림은 박태초의 고조인 박응복의 처가 선산임씨 세거지이다. 또한 구림은 양득중의 증조할머니 선산임씨(임정해의 딸, 임억령의 인척)의 친정이기도 한 곳이어서 이러한 척연에 의해 사제관계가 이루어진 듯하다.[4] 18세 때에는 구림에 사는 아천의 8촌인 반남박씨(박세반의 딸)와 혼인하였다. 반남박씨는 덕촌과 동갑내기로 아버지 박세반은 현석 박세채와는 6촌 형제이며, 또한 덕촌의 스승인 박태초는 현석의 문인이기도 했다. 따라서 1694년(숙종 20) 덕촌이 현석에게 편지를 올렸고, 이후 현석과 영상 남구만이 덕촌을 추천하여 1697년(숙종 23)에 효릉참봉, 사재감 주부, 공조좌랑에 제수되었다. 그만큼 덕촌에게 있어 본가인 영암 영계(현 해남군 영신리)와 처가인 영암 구림은 덕촌 삶의 전반기에 중요한 삶의 터전이자 인적 네트워크의 중심 공간으로 보인다.

이처럼 해남 영신리는 덕촌 양득중의 핵심 유적지라 할 것이다. 영신리와 인근 영암지역에 남아 있는 덕촌 관련 유적으로는 덕촌영당, 소심재, 지강 양한묵선생 생가, 영암 구림마을, 영암 모산촌 등을 들

---

4) 김승대, 2020, 앞의 논문, 16쪽, 28쪽.

수 있다.

덕촌영당은 해남군 옥천면 영신리 421-2에 소재한다. 덕촌영당은 덕촌의 영정을 모시고 제향을 했던 추숭의 공간으로 중요한 유적이다. 현재 '덕촌사'라고 지칭하는 덕촌영당은 영당으로 들어가는 초입 삼문은 '사오문(四吾門)', 덕촌사 건물에는 '덕촌사(德村祠)'라고 쓰인 편액이 걸려 있다. 영당의 건립 시점은 영내 내부에 걸려 있는 임후상(1817~1866)이 1864년 10월 15일에 쓴 상량문과 같은 해 5월 20일에 작성된 '노강서원 통문'을 통해 보았을 때 1864년경으로 추정된다.5)

임후상은 덕촌과 함께 명재 윤증의 문인이었던 임상덕의 5대손이며 나주임씨로 세거지는 무안 진례면(현 함평군 학교면 일대)이다. 특히 임후상은 덕촌 집안인 능주의 월파(月坡) 양상정(梁相鼎)과 사돈관계이다. 임후상의 둘째 아들 임병하가 양상정의 딸과 혼인하여 보성 율어면에 살았다. 양상정은 동생 서죽(瑞竹) 양상항(梁相恒, 1827~1891),6) 만희(晩羲) 양진영(梁進永, 1788~1860)과 함께 1852년(철종 3) 월곡(月谷)의 삼지재(三芝齋)에서 강학하기도 하였다.7)

노강서원 통문은 전주 반곡서원을 경유하여 충청도 유생들에게 보낸 글로, 덕촌의 초상화 2본 중에 하나를 영암의 선비들이 모시고자 하니 적극 협력할 것을 요청하고 있다. 그렇다면 1864년 당시 덕촌 영정을 이곳 영신리 덕촌영당으로 모시고자 주도했던 인물은 누구인지 궁금하다. 필자가 제주양씨 병절공파 족보를 토대로 확인해 본 결

---

5) 김승대, 2020, 앞의 논문, 52~53쪽.

6) 양상항은 서죽당(瑞竹堂)이 자리한 전라남도 화순군 도곡면 죽청리-11에 살았으며, 그의 시집으로 『瑞竹詩集』이 현존한다.

7) 『晩羲集』; 화순 월곡(달아실)은 제주양씨 학포 양팽손의 출생지이자 그의 후손들의 세거지로, 삼지재는 양팽손의 둘째 아들 양응태가 말년에 살았으며, 이후 학포의 후손들의 강학공간으로 사용되던 곳이다.

과 덕촌의 사촌 형이자 소심재 양우회의 장자인 양처중 집안이 주도하였을 것으로 판단된다. 실제 덕촌은 공주 덕촌정사에서 생을 마감했으며, 그의 후손들은 공주·보성·부안 등에 산재되어 살아 덕촌 영정을 모시고, 영당의 건립하는 데 큰 역할을 하지 못했던 것으로 보인다. 따라서 건계공파(양산형 후손)의 중심 역할은 영신리의 양처중 장손 집에서 주도했을 것으로 판단된다. 양처중의 증손인 양진후(梁進厚, 1753~1803)는 소심재 현판의 기문을 쓴 인물이고, 양진후의 아들인 양제즙(梁濟楫, 1786~1843), 양제몽(梁濟夢, 1788~1861)은 족보상에 문집을 남긴 것으로 보아 상당한 학자적 풍모가 있었던 것으로 보인다. 1864년 덕촌 영정을 모셔 오고, 영당을 건립한 주체는 아마도 양제즙, 양제몽의 아들 대로 추정된다. 양제즙의 아들 삼형제(상빈, 상칠, 상학), 양제몽의 아들 형제(상구, 상수)의 생몰년도가 대체로 1805~1886년으로 이들 제주양씨 22세손 영신리의 선비들이 임후상과 연계해 영당 건립을 주도한 것으로 판단된다.

덕촌 초상화는 영정이 낡아 이전 영정은 태우고, 새로 그린 것으로 전해진다. 후손들의 증언에 의하면, 당대 최고 어진화가인 석지 채용신을 모셔다가 그렸다고 한다.[8] 해남 영신리 제주양씨 건계공파 문중에 의하면, 영정 이모(移模)를 주도한 인물로 소포(小圃) 양재진(梁在鎭, 1876~1929)을 들고 있다.[9] 실제 덕촌영당(영신리 421-2) 바로 우측에 자리한 집은 옛 양재진 고가(古家)이다. 또한 양재진 고가 앞에는 문중의 강학공간인 소심재(영신리 421-3)가 현존한다. 양재진은 1915년에는 소심재를 수리한 기록이 현재 소심재 내부에 편액으로 자리하고 있어 1910년대 덕촌의 추숭작업에 중심인물로 판단된다.

---

8) 김승대, 2020, 앞의 논문, 53쪽.
9) 양재진의 현손인 양창열·양성현 등의 증언에 의한 기록이다.

덕촌영당의 덕촌사는 1864년에 건립된 정면 3칸, 측면 2칸의 맞배지붕 건축물로 후손들의 증언에 의하면 내부 벽면에 벽화까지 섬세하게 그려져 있고, 고풍스러운 멋이 있었다고 전한다. 또한 영당 내부에는 영정 원본이 걸려 있었으며, 영정을 보관했던 보관함, 덕촌의 유품으로 장도(長刀)가 있었다고 전해진다. 이 덕촌의 칼은 1722~1723년 덕촌이 세제 영조를 보필하던 세제익위사 시절에 가지고 있었던 칼이라고 전한다.

덕촌영당 축문(1844년)

하지만 덕촌영당은 100여 년이 지나 노후화되었다가 2012년 8월 태풍 볼라벤의 영향으로 크게 훼손되어 대대적인 보수정비를 진행하면서 많은 변화를 맞게 되었다. 영정 원본과 칼은 후손 집에서 보관하게 되었고, 이전의 벽화는 새로 중수하면서 없어지거나 훼손되었고 한다. 현재는 덕촌영당 내의 초상화는 모사본으로 대체하여 걸려 있다.

덕촌영당 초입 전경(해남 옥천면 영신리 421)

소심재(小心齋)는 영신리 421-3에 소재한다. 덕촌영당을 가려면 소심재 좌측 담장을 지나가야 한다. 소심재는 덕촌의 큰아버지 소심재 양우회가 1699년경 덕촌의 아버지 극복당 양우주와 함께 건립한 문중의 강학공간이다. 이곳 출신으로 덕촌의 종형제들이 대표적인데, '칠중(七中)'이라 불리는 이들은 '처중, 덕중, 득중, 영중, 수중, 극중, 치중'을 말한다. 양처중은 집안의 장손이며, 양덕중은 영암 모산촌 유상운 가문을 처가로 두고 '옥천 선생'이라 불렸다. 양영중은 덕촌의 친동생으로 덕촌이 공주로 이거한 후 공주와 해남을 자주 왕래하며 덕촌의 소식을 전하였다. 양수중은 덕촌의 숙부인 양우귀의 장남으로 성균진사에 합격한 인물로 덕촌과 집안일을 많이 의논하였다. 양극중은 영암 영보촌의 거창신씨 신희남 가문을 처가로 두었고, 양치중은 남원양씨와 혼인하였다. 또한 양우회의 사위인 안여해(1668~1691)[10]는 처가인 영신리에 살면서 소심재에 출입하였고, 덕촌의 사촌 자형이었던 그는 덕촌의 성장기에 가장 절친한 지우(知友)로 알려진 인물로 주목된다. 『덕촌집』에는 덕촌이 1688년 안여해를 위해 '이병재기'를, 1689년(숙종 15)에는 '고향으로 돌아가는 안진사를 보내는 글'을 지었고, 그가 35세의 나이에 병으로 요절하자 안타까움을 만사와 제문을 지어 곡하였다고 기록되어 있다.

> 나와 안형(安兄)은 십여 년을 살았다. 안형은 기운이 화평하여 순박하였고 뜻이 정직하여 아름다웠다. 일상에 처해서는 화락 평이하고 두텁고 부드러워서 안팎으로 빛을 발하였으며, 동열의 무리에서 성실히 논하고 충심으로 고하여 교유의 도가 심히 바르니 대체로

---

10) 안여해의 본관은 죽산, 자는 중화(仲和), 호는 이병재(理病齋)이다. 1682년 진사가 되었다. 1689년 제주로 유배가는 송시열을 금산에서 배알하였다. 안자(顔子)처럼 현인이라는 평을 받았으나 35세로 요절하였다. 함평 나산사에 배향되었고, 저술로는 『동유록(東遊錄)』, 『논학제편(論學諸篇)』 등이 있다.

단정한 군자였다. 그러나 나는 기질이 어둡고 우둔했으며, 성격 또한 편협하여 강유(剛柔)가 일정하지 않아 삽시간에 낭패를 당할 땐 형에게서 바름을 구하고 형에게서 온화를 물려받아 도 있는 곳에 나아가 그 중도(中道)를 살피려 하였다. 비록 서로 절차탁마(切磋琢磨)할지라도 형은 옥과 같고 나는 돌과 같았으나 그 뜻이 추구하는 것을 구해본다면, 일찍이 그 자취와 같지 않음이 없었으니 욕심이 없고 담박하여 말을 잊고 서로 바라봄에 묵묵히 마음이 서로 맞아 대개 또한 군자의 사귐에 가까웠다.[11]

현존하는 소심재 내에 있는 편액은 아래 표로 정리해 볼 수 있다. ① '소심재기(小心齋記)'는 1683년(숙종 9) 19세인 덕촌이 마음을 살펴서 스스로 경계하기를 다짐하며 지은 글로, 판각은 1795년(정조 19) 8월에 양우회의 현손인 양진후(梁鎭垕)가 한 것으로 확인된다. ② '우헌설(愚軒說)'은 1798년 4월 덕촌의 증손인 양진항(梁鎭恒, 1765~1855)이 덕촌의 사촌이자 양우귀의 아들인 우헌(愚軒) 양극중(梁克中) 관련으로 작성하여 현판으로 글을 남긴 것으로 판단된다.

〈표 1〉 소심재에 현존하는 편액 현황

현판명	연도	주요 내용	비고
① 小心齋記	1683,1795	양득중 撰(1683), 梁鎭恒 板刻(1795)	
② 愚軒說	1798	梁鎭恒 謹書	崇禎紀元後三戊午四月 曾孫 隋城白鎭恒謹書
③ 小心齋修理敍事	1915	梁在鎭 板刻	齋記刊付後二回甲乙卯重陽 小心齋公八世孫在鎭
④ 濟州梁氏穎溪門閣	1988	梁會乙 書	戊辰十二月后孫會乙謹書

11) 『德村集』卷之五, 「送安進士歸鄕序」.

③ '소심재수리서사(小心齋修理敍事)'는 1915년 중양절(음력 9월 9
일)에 앞서 덕촌 영정의 이모를 추진한 것으로 판단되는 소포 양재진
이 소심재를 수리하면서 쓴 판각이다. 당시 중양절은 1915년 10월 17
일 일요일이다. 양재진은 '소심재는 양우회가 짓고, 1683년(숙종 9)
덕촌 양득중이 기문은 쓴 후, 1795년(정조 19) 을묘년에 고조부 양제
몽(梁濟夢, 1788~1861)이 다시 기문을 간행해 현판을 붙였다. 소심재
가 수백 년이 지나자 비바람에 낡고 헐어서 중양절에 수리한다.'라고
적고 있다. 또한 양재진은 '유명산수유명정상상당년척강정소자천신중
소쇄심여시취야난성有名山水有名亭想像當年陟降庭小子千辛重掃灑心

如是醉也難醒'이라고 하
여 유명한 산수에 유명
한 정자로서의 소심재의
위상을 역설하고 있다.
필자는 이 현판으로 봐서
양우회의 현손인 양진후
(梁鎭垕)가 덕촌의 기문
을 판각하였고, 양진후
의 아들 양제몽이 1795

소심재 전경

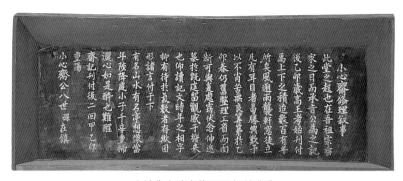

소심재 수리서사(1915년, 양재진)

년에 다시 기문을 지어 걸었던 것으로 보인다. 또한 양제몽의 아들인 양
상구(梁相玖, 1823~1883) 등이 주도하여 1864년 덕촌의 초상화 1본을
공주에서 모시고 와서 영당을 건립한 것으로 보여진다.

④ '제주양씨영계문각(濟州梁氏潁溪門閣)'은 1988년 무진년 12월
에 양회을(梁會乙, 1932년생)이 써서 현판을 붙인 것으로 보인다. 양
회을은 족보상에 덕촌의 8대손으로 덕촌의 넷째 아들 양순해의 후손
이다. 양순해는 부안 보안면에서 살았고, 후손들은 부안과 고부 일대
에 지금도 세거하고 있다. 양회을의 형제는 회갑·회병으로 정읍시 영
원면 장재리 주촌마을에 세거한 것으로 확인된다.

지강 양한묵 생가는 해남군 옥천면 영신리 446에 소재한다. 양한
묵(梁漢黙, 1862~1919)은 양우회의 7대손이자 양처중의 6대손이다.
영계마을(영신리)에서 양상태(梁相泰)와 낭주최씨 사이에서 장남으
로 출생하였다. 19세에 풍산홍씨와 결혼하여 나주 송촌으로 이사가기
전까지 영신리에서 살았다. 이후 서울로 옮긴 후 손병희의 도움으로
1904년 동학에 입교, 보안회(輔安會)를 설립하였고, 1905년에는 헌정
연구회(憲政硏究會)의 설립을 주도하였다. 1919년 3·1운동을 주도한
'민족대표' 33인 가운데 한 명으로 유일하게 옥중순국하였다. 현재 지
강의 묘소는 화순 앵남리에, 양한묵선생추모비는 화순읍 향청리 62에
소재하고 있다. 영신리에는 그의 생가와 함께 기념관·순국비가 조성
되어 해남군에서 관리하고 있다. 특히 양한묵은 덕촌 양득중의 6대
방손으로 실학의 터전에서 자라서 어려서 다양한 학문에 심취했다.
그는 어려서부터 전통적인 유학뿐 아니라 불교·도교·천주교·음양술
등 다양한 서적을 널리 읽었다. 또한 결혼 후 전국의 명산과 사찰을
두루 돌면서 우주의 근본과 인간의 본질을 탐구하며 당시 피폐한 현
실사회에 대한 개혁을 꿈꾸었다. 또한 동학에 심취하기도 하였다.[12]

---

12) 양성현, 2021, 『지강 양한묵 선생』, 34쪽.

지강 양한묵 선생 생가

지강 양한묵 선생 순국비

따라서 지강 양한묵에 대한 실학자적 관점의 연구도 향후 필요할 것으로 판단된다.

영암 구림마을은 영암군 구림면 서구림리 일대를 말한다. 이 곳은 월출산 도갑사에서 서쪽으로 흐르는 군서천의 끝자락 일대이다. 이 곳은 낭주최씨·선산임씨·함양박씨·창녕조씨·해주최씨·연주현씨 등의 집성촌으로 이와 관련해 회사정·대동계·죽정서원 등의 유적이 남아 있다. 특히 이 곳은 덕촌 양득중의 첫째 부인 반남박씨(박세반의 딸)의 고향이자 스승인 아천 박태초가 살았던 곳으로 덕촌의 처가이자 배움의 터전이라 할 수 있다.

> 선생의 휘는 태초(泰初), 자는 길부(吉夫), 성은 박씨이다. … 선생은 숭정(崇禎) 기원 79년 병술년 3월 27일 전주(全州)에 있는 외왕고(外王考)의 집에서 태어났다. … 13세에 부친상을 당하여 영암(靈巖)의 독현(犢峴)에 귀장(歸葬)하고, 인하여 부안(扶安)의 유천(柳川)에 살면서 거상(居喪)하였는데 … 17세에 나주임씨(羅州林氏)에게 장가들어 영암(靈巖) 구림(鳩林)으로 옮겨 살았다. … 만년에 아천(鵝川) 가에 집을 짓고 한거(閑居)하면서 고상한 뜻을 기르며 말년을 보낼 계획이었다. … 나는 18,9세 때부터 문하에 출입하며 가르침을 받은 것이 20년이 되어간다. 매양 나아가 뵐 때마다 먼저 근

일(近日)에 무슨 책을 읽으며 의심스러운 뜻과 논변(論卞)할 것이
있는가를 물으셨고, 인하여 그 읽은 경전(經傳) 장구(章句)의 중요
한 곳을 제기하여 반복해가며 개시(開示)해 주셨다. 또한 혹 문인의
질문으로 인하여 답하고, 또 혹은 사우(士友)의 내방으로 인하여, 참
으로 그 문학에 종사한 사람이면 또한 그 종사한 것으로 인하여 의
견을 제시하여 강론하지 않은 적이 없이 부지런히 힘써 즐기며 게으
름을 잊었다. 대개 일찍이 아천(鵝川) 강가의 정자에서 모시고 대화
하며 연이어 사나흘을 머문 것이 한두 번이 아니었는데 왕왕 등을
밝히고 대화하면서 밤이 이미 깊어 새벽닭이 우는 것도 몰랐다. 곁
에 사람이 이를 볼 때 너무 지나친 것 같았을 것이다.13)

박태초의 호이자 그가 살았던 구림마을의 '아천(鵝川)'은 현재 '군
서천'으로 지명되어 불린다. 덕촌은 이 곳에서 20여 년간 스승인 아천
을 모시고 학문을 연마했다. 덕촌이 38세 때인 1702년(숙종 28)에 아
천 선생이 죽자 다음해 제문을 지었고, 1742년(영조 18)에는 행장을
찬하며 뜻을 기리기도 했다.

영암 모산촌은 덕촌의 사촌형인 양덕중(1664~1728)의 처가이다.
양덕중은 모산촌의 문화유씨(유공신의 증손인 유상철의 딸)와 혼인
하였다. 그의 호는 안재(眼齋)이며 '옥천 선생'이라고 불렸다. 특히 주
목할 점은 모산촌은 호남 소론의 근거지로 영의정 약재 유상운(1636~
1707)과 좌의정 만암 유봉휘(1659~1727)의 부자 정승을 배출한 곳
이다. 또한 중상주의 실학의 선구자 농암 유수원(1694~1755)이 이
곳 모산촌의 후예이며, 동국진체를 창안한 서예의 대가인 원교 이광
사(1705~1777)의 처향이기도 한 곳이다.14) 당시 같은 소론이자 동향

13) 『德村集』, 「鵝川朴先生行狀 壬戌」
14) 김승대, 2018, 「호남 소론의 근거지 모산촌 연구 –문화유씨 유수원 가계를 중

영암 구림의 아천 끝자락 상대포구　　　　　영암 모산촌의 영팔정

인 모산촌의 문화유씨와 덕촌 간의 충분한 교유가 있었을 것으로 사료된다. 특히 덕촌과 유봉휘는 연배가 비슷하다. 1755년 나주괘서사건으로 인한 소론의 정치적 피화는 모산촌뿐만 아니라 덕촌 집안에도 큰 영향을 미쳤을 것으로 판단되는 바 향후 이에 대한 연구가 지속되어야 할 것이다.

　　이 밖에 해남 일원의 유적으로는 덕촌의 아버지인 극복당 양우주 묘소(해남 은적사 아래), 할아버지 심하당 양도남 묘소(해남 북평 양화포), 증조 양범용 묘소(해남 미황사 아래) 등도 들 수 있다. 특히 양우주 묘소는 해남군 마산면 장촌리 산 44-1[15]에 소재한다. 최근 필자가 현지답사를 통해 양우주 묘갈은 2002년 봄에 9대손 양회을(梁會乙)·양회병(梁會丙)이 주도하고, 양회병이 글을 지어 건립하였음을 확인하였다.

　　　심으로-」, 『한국실학연구』 36.

15) 『濟州梁氏學圃公長子秉節公派譜』(1990), 卷之一, 61쪽, "海南馬浦面隱跡寺白虎上松臺菴基卯坐."; 양회을은 1988년 소심재의 '제주양씨영계문각'의 판각을 하였고, 동생 양회병은 양우주 묘갈을 찬하였다. 이들은 정읍시 영원면 장재리 주촌마을에 세거하였는데, 덕촌의 넷째 아들 순해의 후손들로 파악된다.(禹疇-得中-舜諧-基澤-鎭性-鈺永-相馴-哲默-在龜-會甲,會乙,會丙)

2. 화순·보성 일원

화순·보성 일대의 덕촌 유적은 대체로 화순 지역의 덕촌 선대 관련 유적과, 보성 지역의 덕촌 후손 관련 유적이라 할 수 있다. 화순 지역에는 월곡리 제주양씨 학포종중 유적, 쌍봉리 학포 양팽손 유적, 매정리 은봉 안방준 유적 등이며, 보성 지역은 보성 박실마을 유적이다.

제주양씨 학포종중 유적은 화순군 도곡면 월곡리 일대에 소재한다. 월곡리는 일명 '달아실'마을로 제주양씨 학포 양팽손 후손의 집성촌이다. 이 곳에는 덕촌의 6대조로 제주양씨 학포공파의 시조인 학포 선생부조묘(월곡리 562), 부조묘 아래로 국가민속문화재 제152호로 지정된 화순 양참사댁(월곡리 569), 국가민속문화재 제154호로 지정된 화순 학재고택(월곡리 572-1)이 소재한다. 학포선생부조묘는 현재 화순군 향토문화유산 제7호로 지정되어 있다. 1631년(인조 9)에 학포 양팽손을 추모하기 위한 부조묘가 세워졌다가, 서원철폐 시 훼철되었으며 1947년 후손들에 의해 다시 복원되어 오늘에 이르고 있다. 내부에는 강당인 탐라고가(耽羅古家), 학포문집과 정암문집 등을 만들었다는 경장각(敬藏閣), 불천위 사당 등이 있다. 이 두 고택은 부조묘와 함께 달아실의 중심 유적으로 확인된다. 이 두 가옥은 원래 현재 부조묘 좌측에 소재한 학포 종가(월곡리 568)와 한 세트로 구성된 문화유산이었으나, 현재는 분리되어 소유권이 확인되고 있다. 종가는 안채와 사랑채의 구조를 가지며, 일반적 주거지의 배치에서 한발 뒤로 물러난 표고에 한 단 높은 곳에 독립적으로 위치해 있는 것이 특징인데, 이러한 지형상 높은 위치와 조망을 가지고 있다. 또 하나 이곳의 학포 유적과 관련된 문화재로 죽수서원(竹樹書院)을 확인해 볼 수 있다. 죽수서원은 1570년(선조 3) 정암 조광조를 추모하기 위해 세원 사액서원으로 1630년(인조 8) 양팽손을 추향하였는데, 서원철폐로

학포부조묘 경장각 현판

화순 양참사댁

삼지재 현판

1971년 학포선생부조묘 뒤편에 복원하였다. 이후 1983년 정암선생 유배지에 가까운 한천면 모산리 산 15-3로 이건하였다. 현재 죽수서원은 전라남도 문화재자료 제130호로 지정되어 관리하고 있다. 또한 학포를 배향한 서원으로 순천시 금곡동 285에 소재한 전라남도 문화재자료 제130호 용강서원(龍堈書院)도 확인된다.

월곡리 인근 화순군 도곡면 효산리 27에 소재한 삼지재(三芝齋)도 학포종중 유적으로 주목된다. 현재 화순군 향토문화유산 제15호로 지정된 삼지재는 학포의 둘째 아들이자 동래부사를 역임한 양응태의 말년 강학지였다. 이후 학포 문중의 강학공간으로 1921년까지도 삼지재서계(三芝齋書契)가 운영되어 '월곡의숙'이 태동한 곳이다. 재각의 이름은 원래 만석암(萬石菴)이었다가, 건지산·곤지산·만지산의 삼산(三山)의 이름을 취하여 지었다고 한다. 특히 이곳은 학포종중의 출판의 중심지로서 일익을 담당하였는데, 이 중 1892년 목판본으로『정암선생문집』이 주목된다. 또한 이와 함께 정암 조광조의 적거지이자 절명지이며, 기묘사림의 절의정신이 가장 숭고하게 자리하고 있는 인근 능주면 남정리 174에 소재한 전라남도 기념물 제41호 '정암 조선생 적려 유허 추모비(靜菴趙先生謫廬遺墟追慕碑)'도 함께 재조명해야 할 유적으로 평가된다. 특히 이 곳 능주로 유배온 정암이 죽자 학포는 정암의 시신을 직접 수습하였고, 정암과 함께 능주 인물의 중핵이라 할 수 있다. 1667년(현종 8)에 세워진 추모비 또한 당대 최고의 석학인 우암 송시열이 글을 짓고, 동춘당 송준길이 글을 쓰고, 전서는 충청감사 민유중이 썼다. 정암과 학포의 절의정신에 17세기 서예사, 금석학의 최고 작품이 이 곳에 자리해 지역사적의 의미와 문화유산으로 무게감이 무척 크게 느껴지는 유적으로 평가된다.

쌍봉리 학포 양팽손 유적은 전라남도 기념물 제92호 학포당(學圃堂)과 학포 묘소가 대표적이다. 학포당(이양면 쌍봉리 411)은 양팽손의 서재로 '쌍봉정사(雙峰精舍)'라고도 한다. 1519년 기묘사화로 삭직된 학포가 이 곳에 1521년 학포당을 짓고 은거하며 강학했던 공간이다. 그는 이 곳에서 당대의 명사인 남평현감 휴암 백인걸, 태인현감 영천 신잠 등과 교유하였다. 학포당 뒤편에 후손인 한후정(寒後亭) 양재경(梁在慶)이 1905년에 세운 추모비에 의하면, 학포당이 훼실되자 그 터를 기념하기 위해 추모비를 세운 것을 확인할 수 있다. 추모비는 당대 최고의 유림인 면암 최익현이 썼다.[16] 학포당은 1922년 중건되어 현재에 이르고 있다. 특히 학포당 경내에 480여 년 수령의 군보호수 은행나무가 유적의 깊이를 더해주는데, 이 나무는 학포당 창건 후 둘째 아들 양응태가 심었다고 전해진다.

학포선생 묘소는 쌍봉리 산 100-1에 소재한다. 묘소 초입에 재실은 영모재(쌍봉리 605)가 있고, 영모재 입구에는 1907년 홍양호가 찬한 학포신도비(화순군 향토문화유산 제51호)가 있다. 1907년 송병선이 찬한 학포신도비(화순군 향토문화유산 제52호)는 쌍봉리 충신각 인근인 쌍봉리 499에 소재하고 있다.

---

16) 비의 후면에는 '後學崔益鉉述文十三世孫在慶立崇禎后五己酉三月安格書'라고 쓰여 있다.

학포(學圃) 선조 묘도(墓道)의 비가 없음에 대하여 말하자면 어찌 오직 우리 자손의 아쉬움과 한 뿐이겠습니까. 실로 또한 세상 사람들이 송탄(誦歎)하는 바입니다. 매양 유봉(酉峯) 선생께 청하여 불후의 문자를 얻고자 하였으나 다만 선조의 언훈(言訓)과 행적이 전하여 기술된 것이 없습니다. 외증왕부(外曾王父; 안방준)의 기묘록(己卯錄) 한 책에 겨우 적요(寂廖)한 몇 말씀이 있으나 역시 한 시대 제현들과 더불어 하나같은 말로 범연히 칭한 것일 뿐입니다. … 기타 언행은 아득히 전하는 것이 없으므로 옛날에 선인을 모실 때 선조에 관하여 자세히 말씀하신 것을 들었는데, "선조 시대의 문헌이 송천(松川)의 집안에 아울러 모여 있었는데, 송천의 집안은 병난에 배를 타고 피난하다 함몰하여 편언척자(片言隻字)를 하나도 건져낸 것이 없었다. 무릇 동래(東萊)·송천(松川) 형제의 문장과 교우가 성대하였으니 반드시 당세의 대수(大手)에게 행장을 청하여 얻음이 있었을 것이나 이 또한 고찰하여 밝힐 길이 없으니 참으로 통한스럽다."라고 하셨습니다. 이는 우리 선조의 언행이 후세에 전해짐이 없다는 것입니다.[17]

덕촌은 쌍봉리에 거주하는 학포의 넷째 아들인 양응필의 현손인 양우규(梁禹圭)와 서신 왕래를 통해 학포 문중의 대소사를 의논하였다. 덕촌이 이 글에서 양팽손·양응태·양응정 등 선대의 문적이 임진왜란 때 없어진 것에 대해 크게 안타까워했으며, 특히 학포의 묘도문자(墓道文字)가 없음을 크게 아쉬워했다. 이후 덕촌은 종형 양수중과의 편지에서 '학포의 묘비 건립과 조부 양도남의 행장을 종숙인 양우규와 의논해 처리할 것'을 요청하기도 했다.[18] 이처럼 덕촌은 당대에

---

17) 『德村集』, 「與雙山宗叔禹圭書」.
18) 『德村集』, 「與從兄守中書」.

학포의 후손으로 문중의 중요 대소사를 함께 의논하여 처리하며 화순 쌍봉리와 월곡리를 자주 방문하였던 것으로 판단된다.

매정리 은봉 안방준 유적으로는 은봉정사유허비와 안병남 고가 등을 들 수 있다. 매정리는 학포 유적이 있는 쌍봉리의 바로 아래 마을로 덕촌 양득중의 외가였던 곳이다. 따라서 덕촌은 쌍봉리를 들러 이곳 매정리 외가에 자주 출입하였고, 그의 생장기 내내 매정리와 쌍봉리는 덕촌의 탯자리 같은 역할을 한 곳으로 여겨진다.

젊은 시절 지우이자 사촌 자형이었던 안여해는 '안으로는 학포(學圃)의 가성(家聲)을 떨치고 밖으로는 우산(牛山)의 의열(義烈)을 빛냈다.'라고 편지하며, 덕촌의 학맥이 학포 양팽손과 우산 안방준에게서 일어났음을 역설하고 있다. 외증조 은봉 안방준은 만년에 이 곳에 '은봉정사(隱峰精舍)'를 짓고 강학활동을 하며 생을 마감했다. 현재 그 터는 명확히 알 수 없으나, 상매정 마을 초입에 1977년에 세워진 '은봉정사유허비'(이양면 매정리 344-4)가 있다.19) 은봉의 넷째 아들 안익지는 덕촌의 외할아버지이다. 즉 안익지의 옛 집이 덕촌의 외가

---

19) 「隱峯精舍遺墟碑」'嗚呼惟此舊綾州之梅花亭故文康公牛山安先生隱峯精舍遺墟也…故嘗篤慕鄭圃隱趙重峯二先生之道學節義合其號而扁其堂以慕而擬之此隱峯精舍之所以名也…今先生得牛溪成先生之傳從事於朱門學法研精於經禮篤行於彝倫則斯其爲道學之正也三舉勤王之師志在殉國庚辰一疏明春秋尊攘之義者炳如日星論者謂扶植萬古綱常其眷眷苦心惟在於尙忠義辨邪正故見於纂著者無非著明義理爲息邪說扶世教之地則此其爲節義之卓然雖與彼二先生者所就有不同而其心其義未嘗不一則所謂易地皆然者而尤翁撰大碑所謂雖未行道於一時亦能傳道於萬世者盖謂此也以是求之則可以得先生之實而知斯名之不虛也先生諱邦俊字士彦竹山氏而爲晦軒先生之俊官止工曹參議後特贈吏曹判書諡文康先生嘗自號曰氷壺而自卜居牛山學者稱牛山先生隱峯精舍者晚年所築而爲講學窠命所也率其第四子宣教郎益之居焉宣教公篤於誠孝竭力致養老峯閔公爲御史薦其孝于朝亦可驗先生之教行於家也精舍之歲久而墟不知在何時而重建之役○於力尙未遑則今之爲此役盖亦爲之兆而有待於後也苟因此而益講先生之學益求先生之道以不墜其餘韻則豈非先生之有待於後者耶是役也始終獨賢者後孫秉南云…先生歿後六己未年夏節後學花山權龍鉉撰.'

가 되는 셈이다. 필자가 최근 현지답사를 진행하는 과정에서 확인된 안병남 고가(이양면 매정리 328)는 상매정 마을의 종택으로 덕촌의 외가인 안익지의 옛 집터로 여겨진다. 외조부 야옹(野翁) 안익지(安益之, 1608~1678)는 덕촌이 14세 때 사망한다. 그는 매정파(梅亭派)의 중시조로 효우와 학행으로 노봉 민정중의 천거로 선무랑에 제수되었다. 김해김씨(봉사奉事 김의명金義鳴의 딸)와 사이에 4남(안순安峋, 안언安嵃, 안봉安對, 안율安崕), 4녀(이전李瑱, 양우주梁禹疇, 오수吳需, 최동보崔東寶)를 두었다. 이 중 사위 오수(吳需)는 덕촌의 이모부인데 안여해의 큰아들 안만승(安晩升, 1680~1732)을 사위로 삼는다. 안만승은 덕촌의 문인으로 알려져 있는데, 안여해-안만승 부자가 덕촌의 친가와 외가에 매우 긴밀히 맺어져 있음을 확인할 수 있다.

안병남은 1979년 '은봉정사유허비'를 주도한 인물로 그는 안익지의 11세손이다.[20] 『죽산안씨매정파보』에 의하면, 안익지의 7대손 안숙(安櫹)은 두 아들(영환瑛煥, 철환澈煥)을 두었다. 이 중 안영환(安瑛煥)의 사위는 한후정(寒後亭) 양재경(梁在慶, 1859~1918)이고, 안철환(安澈煥)의 사위는 소포(小圃) 양재진(梁在鎭, 1876~1929)으로 확인된다. 양재경은 조선말기 학포 문중의 가장 대표적인 유림이다. 그는 능주향교 직원으로 1905년 면암 최익현이 쓴 학포당 추모비를 건립하였고, 학포

학포당 추모비

---

20) 『竹山安氏梅亭派譜』에 의하면, '益之-嵃-胄相-世鐸-昌烈-處衡-命益-櫹-瑛煥-載敏-會洛-秉南.'으로 확인된다.

안병남 고가 가묘

은봉정사유허비

당 중건을 주도하였다. 또한 양거안(梁居安)의『육화집(六化集)』, 양
진영(梁進永)의『만희집(晚羲集)』등 문중의 문집 발간에도 적극 참
여하였다. 양재진은 덕촌영정의 이모와 1915년 소심재 수리를 주도하
는 등 해남 영계 종중의 중심인물로 여겨진다. 양재경과 양재진의 처
가인 매정리는 덕촌의 외가이기도 해서 덕촌영당의 추숭작업 이러한
인적 네트워크와 연결되어 추진되었을 것으로 판단된다.

　현재 안병남 고가에는 집 뒤편에 가묘(家廟)가 있는데, 여기에는
안익지부터의 신위를 모시고 있다. 또한『죽산안씨족보』등 고문서가
소장되어 있어 종택으로서 위상을 가지고 있다. 덕촌의 외가인 매정
리 은봉 안방준 유적에 대해 좀 더 구체적인 조사가 필요할 것으로
여겨진다.

　보성 박실마을은 보성군 득량면 송곡리에 소재한다. 이곳은 덕촌
양득중의 셋째 아들 양순채가 양자로 간 곳이다. 양순채는 양흡의 양
자로 가 이름을 양익채로 바꾸었다. 1722년 양순채가 5살의 나이에
보성으로 양자를 가게 된 동기는 경종대 신임사화에서 찾을 수 있다.
당시 노론과 소론의 대립이 극에 달하고, 노론의 4대신이 피화를 당
했을 때, 박실마을 출신의 어영청 천총인 양익표도 함께 역모죄로 참

형을 받아 죽게 되었다. 박실마을 제주양문이 멸문지화의 위기 속에 당시 세제익위사 익위의 벼슬로 소론의 실세이자 같은 학포 집안 사람인 덕촌에게 사력을 다해 입양을 요청하였다고 전해진다.[21] 양흡의 5대조 양응덕은 학포 양팽손의 다섯째 아들이다. 양응덕의 증손이자 양흡의 할아버지 양일남은 은봉 안방준의 사위이다. 따라서 덕촌과 양흡은 외가 6촌 형제지간이다. 이렇듯 친외가 가까운 혈족인 관계로 인해 당색이 다른 상황에서도 어려운 결정을 하였던 것으로 보여진다. 이후 양순채는 보성 박실 종중의 장손으로 입적이 되었고, 훗날 양순채의 5대손 양신묵이 덕촌 묘비를 건립하기에 이른다. 양신묵은 1907년 이건방에 덕촌묘비문을 부탁하고, 1917년 묘비를 건립하였다.[22] 또한 양신묵의 형이자 보성문중 종손이었던 양헌묵이 남긴 『백암계륵만록(白庵鷄肋謾錄)』에는 한말의 당시 시대상과 교유인물에 대한 구체적인 내용이 언급되고 있어 주목된다.[23] 최근 양헌묵 후손 집에서 『명재선생언행록(明齋先生言行錄)』 등의 고문서가 확인되고 있는데, 이는 아마도 덕촌이 아들 양순채에게 보낸 서적의 일부분인 것으로 생각된다. 덕촌이 영조의 탕평책을 지지하면서도 소론의 당색을 크게 드러내지 않은 연유는 이러한 제주 양문의 집안 사정과 자녀에 대한 염려가 함께 있었을 것으로 판단된다. 덕촌의 친가인 제주양씨와 처가인 반남박씨·연안이씨는 소론 계열이다. 스승이었던 아천 박태초나 명재 윤증은 말할 것도 없다. 하지만 외가인 안익지 가문은

---

21) 양동규, 2009, 「보성 박실 대종손 입양의 문중사적 재조명」, 『보성종회』 2, 제주양씨 학포공파 보성종회.

22) 김승대, 2020, 앞의 논문, 55~56쪽.

23) 양헌묵은 보성 박실마을 출신으로 덕촌의 6대손(순채-기풍-주현-정진-상호-헌묵)이다. 내용은 호남지역을 주요한 기록이 주를 이루고 있다. 낙안, 월등, 황전, 구례, 남원, 화엄사, 봉천암, 전주 만마관, 압록강, 사평, 운곡, 수도암, 쌍계사 국사암, 치불암, 화개면, 광양 옥룡사지, 망덕, 곡성 동리사, 순천 서면,매천 황현, 박산 조양대, 금성산, 회진, 월곡 종가, 쌍봉 영모재 등을 언급하고 있다.

노론과 가까운 당색을 가지고 있었고, 보성 문중의 양일남 후손들은 노론의 당색을 명확히 하고 있었다. 이러한 상황에서의 덕촌은 명재 사단으로서 소론의 입장을 나타내는 데는 앞장섰지만, 소론으로서 정치적 행보를 크게 하는 데 대한 부담은 나름 컸을 것으로 사료된다.

III. 공주·부안 지역의 유적

1. 공주·논산 일원

78년의 덕촌의 일생 중에 삶의 분기점은 38세가 되는 1702년(숙종 28)으로 생각된다. 전년에 스승인 박태초가 죽었고, 이 해에는 첫 번째 부인 반남박씨와 사별하게 된다. 다음해인 1703년에는 공주 덕촌의 연안이씨 이정룡의 딸과 재혼하고, 1704년에는 명재 윤증을 찾아가 사생(師生)의 예를 표하며 인생 후반기를 시작하게 된다.

> 43세(1707년) 회인현감, 50세(1714년) 명재선생 사망, 58세(1722년) 영조를 보필하는 세제익위사 사어 및 익위에 제수, 59세(1723년) 세제익위사 위솔, 사헌부 지평, 60세(1724년) 세제익위사 익찬, 김제군수 부임, 64세(1728년) 사헌부 장령, 광흥창 수, 춘추관편수관, 사복시정, 69세(1732년) 사헌부 집의, 77세(1741년) 영조에게 『반계수록』 을람(乙覽)을 상주, 78세(1742년) 덕촌정사에서 죽음.

실제 덕촌의 관직생활과 정치적 활동은 공주 덕촌에 살면서 주로 이루어졌다. 특히 1722년 영조의 만남은 덕촌의 인생에서 가장 뜻깊은 시점으로 보여진다. 숙종이 승하하고 1721년 28세의 나이에 세제

공주 덕지리(덕촌) 고목

(世弟)에 책봉된 연잉군(영조)은 29세가 되는 1722년 58세의 덕촌을 스승으로 삼게 된다. 이후 임금과 신하의 관계였지만, 영조와 덕촌은 사제지간의 인연이 덕촌의 죽기까지 지속된다. 이러한 덕촌 인생의 후반기에 공주 덕촌과 노성의 유봉이 삶의 중요한 공간이었을 것으로 보여진다.

공주·논산 일원의 덕촌 유적으로는 덕촌정사·덕촌묘소·유봉영당 등을 들 수 있다. 먼저 덕촌정사는 현 탄천면 덕지리로 비정된다. 덕지리는 조선시대 공주군 곡화천면 지역이다. 이 곳 지명은 현재 '덕지리 덕지미'이다. 여기서 명재가 머물렀던 유봉영당까지 거리가 실제 5리가 조금 넘는 거리에 있다. 덕촌에서 석성천을 건너면, 현 논산시 노성면 효죽리, 장구리, 죽림리를 거쳐 유봉에 이른다. 덕촌정사는 덕촌이 살았던 집을 말한다. 필자는 현 덕지리 마을회관에서 덕지소망교회로 내려오는 덕지길 우측에 덕지리 200−5번지 일원으로 추정한다. 덕촌이 죽은 후에 1746년(영조 22) 기록에 보면 장남 양순유가 덕촌정사에게 계속 살고 있음을 확인할 수 있다.[24]

임술년(1742, 영조 18) 4월 초5일에 덕촌정사(德村精舍)에서 고종(考終)하였다. 이때에 주상께서 선생의 부음을 듣고 은졸(隱卒)의 교지가 있었다. 그 후로 자주 선생 자손의 유무를 하문하였으나 경

24) 김승대, 2020, 앞의 논문, 38쪽.

연의 신들이 대답을 못하였다. 본가가 영락하여 전후의 연교(筵敎)
를 받들어 듣고 기록하지 못하였다. 을유년에 이르러 주상께서 『유
곤록(裕昆錄)』을 저술하시고 산림의 일을 논하면서 이르기를, "양득
중이 실사구시(實事求是) 넉 자를 내게 바쳤다. 취할 만한 점은 질
실(質實)이었다. 기유년에 상주한 바는 지금도 잊지 못하겠다."라고
하였으니, 40년이 지난 후에도 주상의 마음에 기억하심이 이와 같
았다.

 또 하나 주목할 수 있는 것은 해남 덕촌영당 이외에 공주 덕촌정
사 인근에 있었을 것으로 보이는 '덕촌영당'에 대한 사항이다. 1914년
학포종중의 양모승25)이 보학적 관점에서 문중의 역사적 인물을 한글
로 풀어 쓴 『제주양씨세적(濟州梁氏世蹟)』에 보면 '선생의 영당이 공
주와 영암 두 곳에 있다.'라는 기록과,26) 앞서 살펴본 1864년 노강서
원 통문의 '덕촌의 본가에 초상화 2본이 있었다.'라는 기록27)에 따라
분명 공주 덕지리 덕촌정사 인근에 또다른 '덕촌영당'이 한말까지 있
었을 것으로 여겨져 이에 대한 연구도 향후 필요할 것으로 판단된다.

25) 양모승의 자는 성규, 호는 학천, 다양한 저술을 하였고 능주 삼지재에서 출판
한 내용도 확인된다.
26) 『濟州梁氏世蹟』, 44~45쪽. "선생의 影堂이 공주와 영암 두 곳에 있고, 문집이
전할 뿐 아니라 다 사람 가르치며 세상 구완하는 말씀이라. 당세에 비록 도를
행치 못하시나, 백세 후에 선생의 도가 가히 행할지니, 後生의 존숭함이 오직
하리오. 그런고로 외손 윤인기가 선생의 문집 7권을 간행하여, 만대에 遺傳하
나, 자손이 零替하여 증직도 못하며 贈諡도 못하니 公論인들 아니 억울하리오.
後生이 선생의 사적을 보고져 하면 문집에 자상하니 가히 알것이라. 깊은 말을
만에 하나도 기록지 못하노라."
27) 「魯岡書院 通文」: "靈巖章甫聞 先生之風 將欲奉安影子云. 此固慎重之擧 而其
慕賢尙德之誠意 有足動人者. 且念南州卽 先生桑梓生長之鄕也. 慨絶響之莫續 挹
遺風於千古 興起感發尤有所不能自己者矣. 本家阮有二本 一奉于此 一安于彼 要
之爲尊慕揭虔無彼此也"

덕촌 묘갈

덕촌 묘소는 부여군 초촌면 세탑리 산 28-1번지와 공주시 탄천면 남산리 산 141번지의 경계에 위치한다. 덕촌정사에서 3km 정도 거리의 부여군 초촌면 세탑리 마을회관 뒤편 산자락 중턱에 자리하고 있다. 묘소의 봉분 옆에는 덕촌 양득중 묘갈이 확인된다. 묘갈은 1907년 한국 근대의 대표적인 양명학자인 난곡 이건방이 글을 짓고, 윤정중이 글씨를 썼다. 묘갈에서 난곡은 묘비문이 늦어진 연유를 밝히고 있다. "덕촌이 죽은 후 후손들에게 당화(黨禍)가 크게 있어서 사람들이 덕촌을 말하기를 모두 꺼려해서 비문을 갖추지 못했다가 덕촌의 6세손 양신묵이 난곡에게 "선생을 사모하는 연고가 있다"하며 비문을 요청하였다는 내용이다. 실제 덕촌 사후에 그의 후손들에게 어떤 커다란 당화가 있었는지는 알기 어렵다. 다만 1755년 나주괘서사건 등 소론의 정치적 타격이 크게 있을 때 덕촌의 후손들도 여기에 연루되었을 개연성은 충분히 있다. 공주지역의 덕촌 후손들이 미미하고, 후손들의 세거지가 부안·해남 일대에 산재되어 있는 것도 이러한 사정과 무관하지 않을 것으로 판단된다. 특히 제주양씨 족보에는 덕촌의 아들인 양순유·양순흠, 손자인 양기렴 등의 사망연도가 기록되어 있지 않은 것으로 보아 당화의 개연성은 충분히 가능할 것으로 생각된다.

양신묵(梁信黙)은 보성 박실 태생으로 공주에서 보성으로 입양된 덕촌의 셋째 아들 양순채의 5대손이다. 그는 난곡에게서 받은 「덕촌선생양공묘비(德邨先生梁公墓碑)」를 10년이 지난 1917년 10월에 비

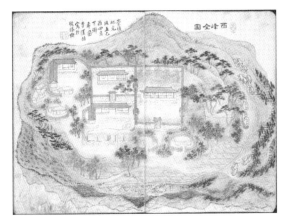

유봉전도(유봉영당)

로소 묘비를 건립하기에 이른다. 양신묵은 보성지역의 대지주로 묘비 건립에 따른 재정적 지원을 감당할 수 있는 능력이 있었던 것으로 판단된다. 특히 1907년 무렵은 화순의 양재경, 해남의 양재진 등의 문중 인사들이 활동하였는데, 이들과 연계한 덕촌 추숭작업은 없었는지 앞으로 확인해 보아야 할 사항이다. 또한 양명학자 이건방의 덕촌 양득중에 대한 이해와 연구가 어느 정도 이루어졌는지도 연구가 필요한 상황이다.

유봉영당(酉峰影堂)은 논산시 노성면 병사리 182에 소재한다. 현재 충청남도 문화재자료 제280호로 지정되어 있다. 명재 윤증 선생의 영정을 모시고 제사를 지내는 곳이다. 이 곳은 명재 선생이 죽은 뒤에 그의 문인들이 1744년(영조 20)에 영당과 경승재를 세우고 명재 영정을 봉안하였다. 윤증의 초상화는 유명한 화가 이명기가 1788년 전신상으로 그렸다. 유봉은 덕촌이 명재를 모실 당시나 덕촌이 죽기 전까지는 명재 윤증의 강학공간으로 쓰였던 곳이다. 양득중은 본인이 살고 있는 공주 덕촌에서 이 곳까지 오가며 명재 선생에게 학문을 연마하였다. 이러한 차원에서 덕촌정사와 덕촌 묘소 등과 함께 살펴보아야 할 유적으로 평가된다.

또한 덕촌과 관련되어 논산시 광석면 왕전리에서 전하는 '말머리 전설'이 있어 흥미롭다. 논산문화원에서 1981년에 발간한 『놀뫼의 전설』에 있는 내용이다. 양득중과 말머리 전설은 덕촌의 인물사적 위상, 우암 송시열과 명재 윤증의 노소 갈등의 정치상황 등에 대해 주요 모티프를 '양득중의 고민'과 '양득중의 선택'으로 귀결시키고 있다. 이러한 전설은 덕촌에 대한 스토리텔링화, 문화콘텐츠화에 의미있는 요소이다.

> 조선시대 전라도 영암 지역에 양득중이란 선비가 살고 있었다. 양득중의 자는 택부, 호는 덕촌으로 1697년에 효릉참봉이 되었다. 그 후 사재감주부, 공조좌랑에 임명되었으나 부임하지 않고 학문에만 전념하면서 훌륭한 스승을 찾아 충청도에 오게 되었다. 충청도에 도착한 양득중은 말을 세우고 '이곳에 우암 송시열과 명재 윤증이 있는데 누구에게로 갈 것인가.' 하고 망설였다. 결국 양득중은 명재 윤증 쪽으로 말의 머리를 돌렸다. 이 소식을 들은 우암 송시열은 "허어, 내 쪽으로 왔으면 정승이 될 텐데, 명재 쪽으로 갔으니 승지밖에 안 되겠군. 참으로 아까운 선비를 잃었구나" 하며 안타까워했다고 한다. 그 후 양득중은 1703년 공주 덕촌으로 옮겨 윤증의 문인이 되었고, 1722년(경종 2) 세자익위사 익찬·사어·익위 등을 역임한 뒤 장령을 거쳐 동부승지에 이르렀다. 말머리는 충청도에 도착한 양득중이 명재 쪽으로 말머리를 돌린 곳이라 하여 말머리라 부른다고 한다.[28]

28) 디지털논산문화대전, '말머리 전설'

2. 부안 지역

부안 지역의 덕촌 관련 유적으로는 동림서원터 등을 들 수 있다. 필자가 해남이나 공주와 같이 덕촌의 생장지나 활동지가 아닌 부안 땅을 덕촌의 주요 유적 중 하나로 꼽는 이유는 그가 반계 유형원의 실학적 학풍의 영향이 지대했으며, 또한 덕촌 후손들의 부안 세거에 주목해서이다. 덕촌은 학포 양팽손과 은봉 안방준 학통의 가학을 기반으로 스승인 아천 박태초와 명재 윤증에게 영향도 지대하게 받았을 것으로 보인다. 하지만 덕촌이 '실사구시'의 기치를 내걸고, 『반계수록』의 가치를 영조에게 적극 제기하는 등 덕촌의 실학사상의 연원에 반계 유형원의 실학적 학풍이 자리하였을 개연성에 주목하고 싶었다.

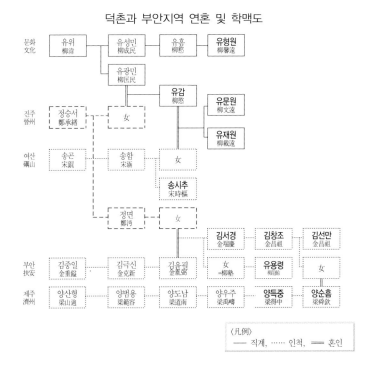

덕촌과 부안지역 연혼 및 학맥도

그림에서 보듯이 반계 유형원은 부안에 살고 있던 당숙인 유감을 기반으로 그의 아들 유문원·유재원을 문인으로 두었다. 아울러 유감의 처남인 송시추, 부안김씨 김윤필, 나주나씨 나용보 등과 교유하면서 재지적 기반을 확대해 나갔다. 특히 김윤필의 아들 김서경은 부안 출신의 반계의 대표적인 문인으로 주목되는 인물이다. 김윤필-김서경 부자는 반계가 살았던 부안 우반동 인근 동림마을에서 살았는데, 그림에서 보듯이 덕촌은 김서경의 아들 김창조와 깊이 교유[29]하였고, 김창조의 외동딸을 며느리로 삼았다. 김창조의 아들인 김선만은 부안김씨 족보에 의하면, 덕촌의 문인[30]으로 확인되고 있어 우리 역사상 '실사구시'를 처음 제창한 양득중이 반계와 그의 제자 김서경의 실학정신의 영향을 일정부분 받았을 것으로 보여 향후 연구가 더욱 진행되어야 할 것으로 생각된다.

또한 덕촌 후손들의 부안 세거에 대해서도 향후 의미있는 연구가 요망된다. 덕촌은 반남박씨·연안이씨와의 사이에 5형제(순유, 순흠, 순채, 순해, 순희)를 둔다. 덕촌 사후 양순유·양순흠의 일부 후손들만 공주에 세거하고, 양순채는 보성, 양순해·양순희와 그의 후손들은 부안에 세거한 것으로 확인된다. 특히 양순해와 양순희의 묘[31]는 부안에 있고, 양순유의 둘째 아들 양기홍,[32] 양순유의 사위 이경린 등도

---

29) 김창조의 家狀에 보면 '덕촌과 깊게 교유하며 글로 문답하며 서로 학문을 講磨하였다'고 기록되어 있어 덕촌이 부안김씨 담계 집안을 알고 교유했으며, 반계에 대한 이야기도 충분히 들었을 것으로 판단된다. : 『扶寧金氏侍直公派族譜』, 「松齋公家狀」. "梁德村得中 有好尙之誼 嘗以松齋手書扁號 書問相續 講磨切磋 殆無虛一爲 士林之矜式"

30) 『扶寧金氏侍直公譜族譜』, 1960, "選萬 … 資品甚高志操堅確. 出入於梁德村尹敬菴 兩先生之門. 文學大進. 限無留縮之□以徙應良, 艶公碩望轉門要見公絕而不交盖先知 之明也.";김승대, 2018, 「지역학으로서 반계학 연구」, 『한국사상사학』 60, 20쪽.

31) 양순해의 묘는 부안 입하면 실음거리(현 보안면 신복리), 양순희의 묘는 변산 고사포로 확인된다.

32) 양기홍은 덕촌의 동생인 양영중의 아들 梁舜悌에게 양자로 간다. 그의 묘가 扶

동림서원터 원경(下), 김서경 묘소(上)

부안에 세거하게 된다.

현재로서 덕촌과 관련된 부안지역 유적은 동림서원지이다. 동림서원지는 반계 유형원, 담계 김서경, 삼우당 유문원, 초당 김회신을 배향했던 옛 동림서원의 터이다. 부안군 상서면 가오리 907번지 일대에 소재한다. 현재 이 터에는 주춧돌과 2기의 기념비만 덩그러니 남아 있다. 서원터 왼쪽 산자락에는 담계 김서경 가계의 묘소가 자리한다. 김서경-김창조-김선만의 부안김씨 담계 종중이 세거했던 이 동림마을은 덕촌의 사돈 집이자 김창조와 교유의 장소였을 것으로 판단된다. 김창조와 교유하며 이 곳 동림서원에 방문하였을 것으로 추정되며, 이 무렵 반계 유형원과 『반계수록』의 가치를 더욱 의미있게 조망했을 것으로 여겨진다.

덕촌이 『반계수록』을 처음 접한 것은 1711년(숙종 37) 스승인 명재와 함께였던 것으로 보인다. 당시 반계의 문인이자 6촌 동생인 유

安 立上面 쏯岩(현 부안군 보안면)에 있는 것으로 보아 부안에서 생을 마친 것으로 보인다. 양기홍의 아들 梁鎭衡은 부안김씨 김홍원의 5대손 金得文의 사위가 된다.

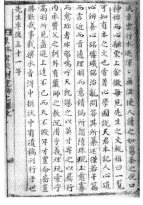

동림서원지 '양득중' 기록

재원이 이 책을 가져와 보여주면서 명재에게 발문을 요청하였기 때문이다. 덕촌은 이후 1724년(경종 4) 4월에 60세의 나이에 김제군수로 부임하여 1년간 이 곳에서 생활하는데, 김제관아에서 가까운 부안으로 김선만과의 교유뿐 아니라, 반계에 대한 영향을 받았을 가능성은 충분하다. 또한 당시 장성한 덕촌의 아들인 양순유(당시 33세)·양순흠(당시 25세) 등도 호남지역과 관계를 맺었고, 양순흠은 김

창조의 사위까지 되었던 것으로 보여진다. 또한 최근 발굴된『동림서원지(東林書院誌)』'담계선생행적(澹溪先生行蹟)'에 보면, 1712년(숙종 38)에 덕촌 양득중이 담계 김서경의 행장을 짓고, 『담계유고』가 간행되었음을 기록[33]하고 있어 주목된다.

Ⅳ. 남겨진 과제

본 연구는 덕촌 양득중에 대한 연구에 있어 사료적 한계를 극복하기 위해 현장조사를 통한 사료 발굴를 토대로 덕촌과 관련된 유적을 중심으로 한 연구현황과 그에 대한 앞으로의 과제에 대해서 논의해 보고자 하였다. 본고를 통해 향후 본격적으로 연구 및 검토해야 할 과제를 몇 가지 제언하면 다음과 같다.

첫째, 덕촌 관련 저작물의 집적화와, 발굴된 고문서의 번역작업이

---

33) 『東林書院本誌』, 「澹溪先生行績」, "事載梁承旨得中撰狀中有遺稿刊行于世先生卒後三十一年 肅宗辛巳士林追慕配享于礏溪院."

선행되어야 한다. 현존하는 덕촌 관련 사료는 그의 외증손 윤인기가 간행한 『덕촌집』34)이 대표적이다. 명재 윤증 종중 등에서 소장한 덕촌 간찰 등이 있지만 이외에 사료적 한계가 절실하다. 최근 해남 영신리에 전해 내려오는 덕촌 관련 고문서(6책 145편)가 발굴되었다.35) 이 고문서는 덕촌과 해남 영신리 영계 종중과 오간 서간이 주로 많으며, 『덕촌의초(德村義草)』・『임인기행(壬寅紀行)』・『계묘일기(癸卯日記)』 등 덕촌의 사상과 행적을 기록한 내용도 있어 시급한 번역작업이 요망된다. 또한 최근 보성 박실의 덕촌 후손집에서 확인된 고문서도 주목된다. 덕촌의 셋째 아들 양순채를 양자로 보내면서 함께 보낸 서적 및 자료들로 추정된다. 이처럼 덕촌 연구에 있어 관찬 사료, 문집 등의 한계에 따른 지속적인 저작물 발굴, 집적화, 번역작업이 체계적으로 이루어져야 할 것으로 판단된다.

둘째, 덕촌의 학통와 문인에 대한 본격적인 연구작업이다. 덕촌의 학통과 사상은 다양하게 분석된다. 그의 학통은 친가의 학포 양팽손, 외가의 은봉 안방준을 기반으로 하는 가학과, 스승으로 소론계열 아천 박태초, 소론의 영수인 명재 윤증의 학맥에 닿아 있다. 다만, 현재까지 그가 박태초에게 영향을 받은 것으로 보이는 양명학적 기반과, 반계 유형원의 실학적 학풍의 영향이 얼마만큼인지에 대한 좀 더 구체적인 접근이 필요하다고 생각된다. 또한 현재까지 덕촌의 문인으로 보여지는 안만승・김선만・윤광하 등의 후학에 대한 본격적인 연구도 요망된다.

---

34) 이에 대해서는 2015년 국역 되어 출판되었다 ; 양득중 저, 박명희・김석태・안동교 역, 2015, 『국역 덕촌집』, 경인문화사.
35) 김승대, 2020, 앞의 논문, 50~51쪽.

〈표 2〉 덕촌 양득중의 문인

성명	생몰연대	관계	본관	관련지역	주요내용
안만승 (安晚升)	1700~1759	이종 매부	죽산	함평, 화순	덕촌 사촌 자형 안여해의 아들 덕촌 백부(양우회)의 외손
김선만 (金選萬)	1680~1732	사돈 아들	부안	부안	덕촌 2자(양순흠)의 처남 김서경의 손자, 김창조의 아들 양득중, 윤동수의 문인
윤광하 (尹光夏)	1715~1742	손녀 사위	파평	노성	덕촌 장남(양순유)의 사위 할아버지(윤명교), 아버지(윤동익)

　　셋째, 지역학 차원에서 덕촌에 대한 연구 및 활용방안이 적극 모색되어야 한다. 먼저 해남 영신리의 경우 덕촌의 초상화, 덕촌영당, 소심재 등에 대한 문화재 지정 검토가 필요하다. 덕촌의 초상화는 덕촌 관련 문화유산 중 가장 중요한 유물로 평가된다. 1910년대 영정을 이모하기는 했으나, 18세기 전반 당대의 덕촌의 모습을 그대로 담고 있고, 인물사적 가치가 높아 원본 초상화에 대한 세부적인 연구조사를 거쳐 문화재 지정 절차가 시급히 요청된다. 아울러 최근 중수와 수리 과정을 거쳤지만, 덕촌과 관련된 역사성이 명확한 덕촌영당과 소심재 등에 대한 문화재적 가치 평가도 이루어졌으면 한다. 영신리는 덕촌의 출생과 성장지이자 덕촌 관련 핵심 유적지라 할 수 있는 곳이다. 최근 이 곳에 덕촌의 실학사상을 담아 또다른 마을 이름으로 '실사구시 마을'로 지칭하고 있어 이채롭다. 실사구시를 처음 제창한 인물로서 덕촌 선생을 살리고 덕촌영당, 소심재, 지강 양한묵 생가까지 함께 묶어 문화콘텐츠화할 수 있는 바람직한 활용방안이라고 판단된다. 이를 조금 더 구체화할 수 있는 하드웨어적 차원의 '실사구시 기념관'도 함께 검토할 필요도 있다고 생각한다. 해남 영신리에서 가까운 덕촌과 연계가 가능한 유적으로는 해남윤씨 녹우당(사적 제167호), 옥산

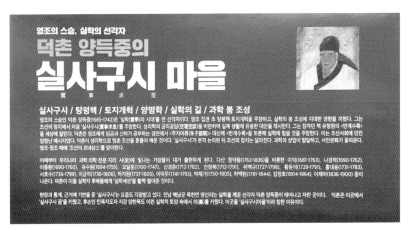

해남 영신리 초입의 '덕촌 양득중의 실사구시 마을' 안내판

서실 소장품 일괄(전라남도 유형문화재 제181호), 정운 충신각(전라
남도 기념물 제248호), 백광훈 묘소, 임억령 묘소 등이 있다. 또한 영
암 구림마을의 덕촌의 스승인 아천 박태초에 대한 본격적인 현지조사
와 연구도 필요하다. 다음으로 화순지역에서는 덕촌의 선대인 학포
양팽손과 정암 조광조 연계한 본격적인 학술조사 및 학술심포지엄 등
을 통해 호남지역 전체의 절의정신과 실학사상을 체계적으로 접근하
기를 소망해 본다. 아울러 덕촌의 외가인 매정리의 은봉 안방준 유적
과 인근 쌍봉리의 학포 양팽손 유적을 함께 묶어 능주권역 유교자원
의 활성화 방안을 구체화하여야 한다고 생각한다. 공주·논산 일원의
덕촌 연구는 명재 윤증의 학맥과 함께 본격화하여야 한다. 이를 위해
서는 현재 건립중인 '충청유교문화원'과 연계한 학술조사도 요망된다.
덕촌은 명재학단의 중심인물의 한 사람으로 명재의 수제자로서의 역
할을 수행하였다. 특히 명곡서원·구산서원·용계서원·노강서원·수강
서원·봉호서원·갈산서원 등 서원의 건립과 배향·제향 등을 주도적으
로 처리하였음에 주목해 볼 수 있다. 또한 경암 윤동수, 윤동원, 임상

덕 등 명재의 문인 등과의 교유도 함께 검토가 필요하다. 덕촌이 살았던 덕촌정사와 덕촌의 초상화가 있었던 공주의 덕촌영당 등에 대한 연구도 필요하다. 특히 부여 세탑리의 덕촌 묘소에 대한 연구와 향후 문화재적 가치 검토도 요망된다. 반계와 덕촌 그리고 덕촌의 후손과 관련된 부안지역의 연구도 중요하다. 무엇보다 그의 후손들이 덕촌 사후 정치적 피화가 있었던 것으로 보이는데 1755년 을해옥사와의 연계도 연구가 필요하다고 생각된다. 또한 부안지역의 덕촌 양득중, 경암 윤동수의 소론계열 문인을 찾는 작업, 반계 유형원의 실학적 학풍에 대한 덕촌의 영향 등도 연구 대상이다.

넷째, 호남실학의 저변 확대를 위한 호남실학자 연구 및 선양사업의 구체화가 필요하다. 조선후기 실학자의 연구에 있어서 현재 가장 활발하게 진행되는 지역은 호남지역이다. 특히 '호남실학'으로 명명되는 전라도 권역은 지역학 저변으로 외연의 확장을 본격화하고 있다. 대표적으로 부안군과 강진군을 들 수 있다. 부안으로 내려와 『반계수록』을 저술한 실학의 비조 반계 유형원에 대한 전북 부안지역을 중심으로 한 지역학으로서 '반계학' 정립은 2012년부터 지속적인 학술조사와 학술대회를 통해 꾸준히 전개되고 있다.36) 강진군은 2016년부터 연세대학교와 관학협약을 통해 '강진다산실학연구원'을 '다산박물관' 내에 개원하여 '다산실학의 본부', '다산학'의 중심 연구기관으로의 지향점을 두고 강진의 '지역학' 영역까지 외연을 확대하고 있다. 또한 최근 설립된 전라남도·광주광역시 주도의 '한국학호남진흥원'과 연계한 연구와 활동범위까지 넓히고 있다.

'호남실학'은 실학사 초기부터 실학사상의 산실로서 역할을 수행하였다. 반계 유형원을 비롯해 이후 안정복·홍대용·정약전·정약용·서유구·신경준·황윤석·위백규·이복원·하백원·이정직·이기·황현 등을

---

36) 김승대, 2018, 「지역학으로서 반계학 연구」, 『한국사상사학』 60 참조.

<표 3> 호남실학자(전북지역)

성 명	생몰연대	관련 지역	호(號)	주요저서	주요내용	관 련 유적지
유형원	1622~1673	부안	반계	반계수록	·반계수록 저술, 실학의 선구자	반계선생유적지(기념물 제22호)
강후진	1685~1756	고창	태평산인	와유록	·역사고고학, 실증적 답사, 지리	고창 아산면 남산리
홍계희	1703~1771	전주	담와	균역사실	·균역법, 통신사, 연행사 ·역사·음운·상수·의학·금석	김제 만경,완주 봉동
신경준	1712~1781	순창	여암	훈민정음운해	·순천부사, 제주목사, 지리, 언어학의 대가	신경준선생유지(기념물 제86호)
신광수	1712~1775	익산	석북	석북집	·금마별가, 한문학, 시인	익산시 금마면, 웅포면
박치원	1732~1783	무주	설계	설계수록	·반계수록 영향	무주군 설천면
황윤석	1729~1791	고창	이재	이재난고	·전의현감, 수리, 언어, 역사, 과학 등 ·박물학적 유학자	황윤석생가(민속문화재 제24호)
이정직	1841~1910	김제	석정	석정유고	·시문, 서화, 천문, 지리, 의학, 산학 전문가 ·서양철학 선구자	이석정선생생가 (기념물 제21호)
이 기	1848~1909	김제	해학	해학유서	·전제개혁, 공화제 주장, 애국계몽교육	해학이기선생생가 (기념물 제118호)

들 수 있다.37) 또한 최근 새롭게 담와 홍계희, 태평산인 강후진, 석북 신광수 등도 새롭게 호남실학자 범주안에서 연구가 진행되고 있다. 이러한 '호남실학', 넓게는 '한국실학'의 외연 확장을 위해서는 소프트 웨어 측면의 지속적인 기초 학술연구가 우선 필요하며, 이를 기반으로 하는 하드웨어 등의 시설투자도 함께 추진되어야 할 것으로 보인다. 덕촌 양득중뿐만 아니라 지역학 권역에서 실학자의 발굴·조사·활용 차원의 다방면에서 확대 적용되어야 할 것이다. 끝으로 이를 위해서는 전문가 그룹(관, 학, 민 포함)의 체계적인 조직망 구성도 필요하며, 학제적·제도적 차원의 구체안을 도출하기를 소망해 본다.

---

37) 하우봉, 2013, 「반계 유형원과 호남실학」, 『건지인문학』 10, 전북대학교 인문학 연구소.

〈참고문헌〉

『敬庵遺稿』,『蘭谷存稿』,『潭溪遺稿』,『德村集』,『東林書院本誌』,『晩義集』,

『明齋遺稿』,『白庵鷄肋謾錄』,『瑞竹詩集』,『六化集』,『學圃集』.

『扶寧金氏 侍直公派族譜』,『竹山安氏梅亭派譜』,

『濟州梁氏世蹟』,『濟州梁氏 學圃公長子秉節公派譜』.

『坡平尹氏 魯宗派譜』.

김서경 저/ 박완식 역, 2004,『國譯 潭溪遺稿』, 담계선생문집간행회.

논산문화원, 1981,『놀뫼의 전설』

양득중 저, 박명희·김석태·안동교 역, 2015,『국역 덕촌집』, 경인문화사.

양성현, 2021,『지강 양한묵 선생』.

최영성, 1995,『한국유학사상사』 Ⅲ, 아세아문화사.

김승대, 2018,「지역학으로서 반계학 연구」,『한국사상사학』 60, 한국사상사학회.

김승대, 2018,「호남 소론의 근거지 모산촌 연구 문화유씨 유수원 가계를 중심
　　　　으로」,『한국실학연구』 36, 한국실학학회.

김승대, 2020,「덕촌 양득중의 가계와 추숭에 관한 연구」,『양명학』 58, 한국양명
　　　　학회.

김승대, 2020,「부안 동림서원의 건립과 변천에 대한 연구 『동림서원지』를 중심
　　　　으로」,『한국실학연구』 40, 한국실학학회.

박석무, 1998,「17~8세기 호남유학의 전통」,『한국한문학연구』 21, 한국한문학회.

안동교, 2004,「학포 양팽손의 도학사상에 대한 고찰」,『대동철학』 27, 대동철학회.

안동교, 2009,「해제」,『보성 죽산안씨 고문서』, 전북대학교·조선대학교 한국학자
　　　　료센터.

양동규, 2009,「보성 박실 대종손 입양의 문중사적 재조명」,『보성종회』 2, 제주
　　　　양씨 학포공파 보성종회.

이미진, 2019,「덕촌 양득중의 趙苞 고사 인식과 그 의미」,『어문연구』 47, 한국

어문교육연구회.

이상성, 2007, 「명재 윤증과 덕촌 양득중의 학문 교류고」, 『한국사상과문화』 40, 한국사상문화학회.

이형성, 2009, 「명재 윤증에 대한 후대 평가와 追崇」, 『유학연구』 20, 충남대학교 유학연구소.

이형성, 2016, 「담계 김서경의 반계학 계승과 경세의식」, 『퇴계학논총』 27.

정성희, 2017, 「근기실학과 반계 유형원」, 『온지논총』 50, 온지학회.

유명종, 1977, 「덕촌 양득중의 실학사상」, 『한국학보』 6, 일지사.

윤사순, 2008, 「명재 윤증을 중심으로 본 학맥의 분포」, 『유학연구』 17, 충남대학교 유학연구소.

윤재환, 2013, 「近畿南人 學統의 展開와 星湖學의 形成」, 『온지논총』 36, 온지학회.

최영성, 2004, 「안방준의 절의사상과 정신사적 의의」, 『퇴계학과 한국문화』 34, 경북대학교 퇴계연구소.

최윤정, 2020, 「덕촌 양득중의 論說類 작품 연구」, 『동양고전연구』 78, 동양고전학회

하우봉, 2013, 「반계 유형원과 호남실학」, 『건지인문학』 10, 전북대학교 인문학연구소.

하우봉, 2018, 「호남실학의 전개양상과 성격」, 『한국실학연구』 36, 한국실학학회.

한정길, 2013, 「덕촌 양득중 학문의 양명학적 성격에 관한 연구」, 『양명학』 34, 한국양명학회

홍성찬, 2001, 「한말·일제하의 지주제 연구 -보성 양씨가의 지주경영과 그 변동」, 『동방학지』 114, 연세대학교국학연구원.

덕촌 양득중 초상의 제작과 봉안

이경화*

* 서울대 규장각 한국학연구원 선임연구원

I. 서론

해남군 옥천에 위치한 덕촌사(德村祠)는 덕촌(德村) 양득중(梁得中, 1665~1742)의 영정을 봉안하고 제향하는 영당이다.[1] 덕촌사는 영암 출신의 유학자인 양득중의 유지를 기리기 위하여 1864년 이 지역의 사림들에 의해 건립되었다. 덕촌 영당은 세월과 함께 많은 변화를 겪었지만 현재까지도 설립 당시와 동일한 장소에서 초상의 봉안처이자 문중의 구심점 역할을 담당하고 있다.

덕촌사의 주인공인 양득중은 제주양씨(濟州梁氏)의 세거지인 전라도 영암 영계리에서 태어나 이곳에서 수학하였다. 양득중은 조선중기 중종대의 관료·학자이자 문인화가로도 이름이 높았던 학포(學圃) 양팽손(梁彭孫, 1480~1545)의 6대손이었다. 양팽손은 기묘사화 이후 고향 능주(綾州, 화순)에 학포당을 짓고 은거하였으며 그를 시조로 하는 제주양씨 학포공파는 화순을 비롯하여 나주·담양·영암 일대에 거주하고 있다. 영암 지역과의 관계는 양팽손의 손자이자 양득중의 고조인 양산형(梁山迥, 1545~1603)이 이곳의 하동정씨와 혼인하여 입향한 데서 비롯되었다.

양득중은 1703년경 공주 탄천의 연안이씨와 재혼한 후 영암을 떠나 공주에 정착하였으며 이곳에서 윤증(尹拯, 1629~1714)의 문인이 되었다.[2] 그는 박세채(朴世采, 1631~1695)와 남구만(南九萬, 1629~

---

1) 덕촌사의 현재 주소지는 전라남도 해남군 옥천면 영신리(421-2)이다. 이 지역은 조선시대에는 영암군 옥천면에 속하였으나 1906년 이후 해남군에 편입되었다. 이 때문에 덕촌의 고향은 영암 영계리(영신리)로 거론되지만 현재 행정구역은 해남군에 속한다.

1711) 등의 추천을 받아 경술(經術)에 밝은 인재로서 1694년 첫 출사의 기회를 얻었다. 그러나 당시에는 병으로 상경을 포기하였다. 1697년에 다시 효릉참봉에 제수되었으며 이어서 사재감주부(司宰監 注簿)에 초수(超授)되기도 하였다. 이후 지방과 중앙의 여러 직책을 역임하다 1729년경 관직에서 물러났다. 국왕 영조(재위 1724~1776)에게 "벼슬을 하고 싶지 않은 자가 아니라면 군부(君父)가 부르는데 어찌 오지 않을 수 있겠습니까?"라 하였던 발언으로 보건대, 그는 출사에 강한 의지를 지녔던 인물로 보인다.[3] 영조는 평소 양득중의 질박한 심성을 높이 평가하고 특별한 신임을 보이며 지속적으로 관직을 내리고자 하였다. 그러나 그의 관직 생활은 비교적 짧았으며 1729년 이후로는 실질적인 직책에는 나아가지 않았던 것으로 파악된다. 1728년 발생한 무신란 이후로 소론의 당색을 지녔던 양득중은 왕의 요청에도 불구하고 관직을 지속하기 어려운 상황이었을 것이다.

조정에서 활약하는 동안 양득중은 영조에게 실사구시(實事求是)에 기반한 정치를 면려하였으며, 유형원(柳馨遠, 1622~1673)이 조선 사회의 개혁방안을 집대성한 『반계수록(磻溪隨錄)』의 진강(進講)을 건의하여 이 책이 출간되는 계기를 마련하였다. 그는 자신이 조정에서 경험한 제도와 관행의 허위를 지적하며 현실에 기반한 정치를 강조하였으며 이 때문에 실사구시의 실천가로서 평가받기도 한다. 양득중의 현실지향적인 학문과 경세관은 그가 율곡 이이(李珥, 1536~1584)의 학문을 계승하여 실천적인 사상적 전통을 이었던 윤증의 고제(高弟)라는 사승관계와 긴밀하게 관련된 것이었다. 그간에 학계에서는 윤증의 학문을 계승한 학자로서, 실학과 양명학적 성향을 겸비한 학자로

---

2) 양득중의 생애에 관하여는 梁得中, 『德村集』 卷1, 「年譜」; 김승대, 2021a, 30~380쪽 참조.

3) 『英祖實錄』 卷30, 英祖 7年(1731) 10月 29日.

서 양득중의 사상적·학문적 성격을 규명하고자 하였으며 가계·학문·문학 등의 방면에서 이에 관한 고찰이 진행되었다. 양득중의 영당과 영정에 관하여는 제주양씨 가계 및 후손들의 추숭 사업을 조사한 김승대의 연구에서 시론적으로 논의된 바 있을 뿐이며 아직까지 덕촌사와 「양득중 초상」에 관한 상세한 고찰은 미비한 편이다.[4] 본고에서는 기존에 축적된 양득중의 생애와 학문에 관한 이해를 기반으로 그의 영당 및 영정의 제작과 전승에 관련된 문제들을 종합적으로 살펴보고자 한다. 영당 조성과 영정 봉안, 영정에 구현된 양득중 이미지의 의미, 이모의 맥락 등을 검토하고 그 문화사적 의미를 조명하고자 한다.[5]

II. 덕촌 영당의 건립과 영정 봉안

덕촌사가 위치한 옥천면 영신리 마을의 중심에는 문중의 강학 공간이었던 소심재(小心齋)가 자리하며 그 오른쪽 뒤편에 영당이 위치한다〈그림 1, 2〉.[6] 현재의 영당은 1990년대에 태풍 피해를 입은 이후 그 자리에 다시 지은 건물로 본래의 영당 건물은 아니지만 원래의 형

---

4) 본고에서 참고한 선행 연구는 다음과 같다: 박석무, 1998, 5~30쪽 ; 유명종, 1977, 175~111쪽 ; 이상성, 2007, 167~209쪽 ; 한정길, 2013, 87~124쪽 ; 최윤정, 2020, 5~36쪽 ; 김승대, 2020, 5~64쪽 ; 김승대, 2021a, 30~380쪽 ; 김승대, 2021b, 259~300쪽 등.

5) 덕촌 유상의 존재는 1989년 『민족문화대백과사전』을 출간할 당시 조사와 집필을 담당한 박석무 다산연구소 이사장에 의해 처음 알려졌다. 현재 알려진 영정의 사진도 당시에 촬영된 것이다.

6) 梁得中, 『德村集』 卷4, 「小心齋記 癸亥」. 소심재는 양득중의 백부 梁禹會(1635~1680)가 짓고 강학하였던 곳으로 양득중도 이곳에서 수학한 것으로 알려져 있다.

〈그림 1〉 덕촌사와 소심재

〈그림 2〉 덕촌사 사우(김승대)

〈그림 3〉 덕촌 영정

태와 규모를 추정하는 기준이 될 것이다.7) 사우(祠宇)는 정면 3칸 측면 1칸 규모의 건축물이다. 전면에 4개의 원기둥을 배치하여 툇간을 설치하였으나 툇마루는 없다. 지붕은 맞배지붕으로 측면에는 방풍판이 덧대어졌다. 전반적으로 우리나라의 사당 및 영당 건축에서 일반적으로 볼 수 있는 형식을 지니고 있다. 통칸(通間)으로 된 실내에는 감실을 마련하고 그 내부에 영정을 봉안하고 있다. 감실은 미닫이 문이 부착된 목조 구조물로 외면은 하늘색으로 칠해졌다. 감실 하단에는 초상 원본을 보관하는 데 사용되었던 것으로 보이는 목함이 함께 보관되어 있다〈그림 3〉.8) 현재 영당에 봉안된 초상은 태풍 이후에 마련한 영인본으로 원본은 후손가에서 소장한 것으

---

7) 영당 전면에는 '덕천사'라는 현판이 걸려있다. 이것은 근래에 부착된 것으로 영당 설립 시부터 덕천사라는 이름이 사용하였는지는 분명하지 않다.

8) 영정함의 크기: 108.5(W)×13.5(L)×11.5(H)cm.

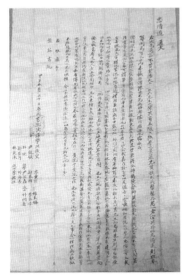 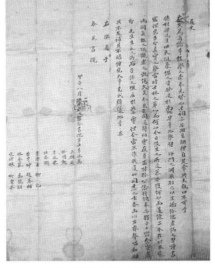

〈그림 4〉 충청도 통문(노강서원)　　〈그림 5〉 통문(반곡서원)

로 알려져 있다.

덕촌사가 처음 설립된 시기는 1860년대이다. 사우의 조성과 관련하여 별도의 체계적인 영건 기록은 남아 있지 않다. 그러나 사업이 진행되는 동안 작성된 두 건의 통문(通文)에서 그 설립 과정의 일부를 확인할 수 있다. 첫 번째 통문은 1864년 5월 24일 노강서원(魯岡書院)에서 반곡서원(盤谷書院)에 보낸 통문이며, 두 번째는 같은 해 8월 26일 작성된 건으로 앞의 통문을 받은 반곡서원에서 다시 전라도 각 읍의 서원에 발송한 문서이다〈그림 4, 5〉.

첫 번째 문서는 현재 논산에 위치한 노강서원에서 발부하였다. 이곳은 윤증의 조부인 윤황(尹煌, 1571~1639)의 학문과 덕행을 추모하기 위하여 창건된 서원으로 이후에 윤문거(尹文擧, 1606~1672), 윤증의 부친 윤선거(尹宣擧, 1606~1672), 윤증을 추가 배향한 문중서원이었다. 반곡서원은 동명의 서원이 거제와 전주 두 곳에 위치하는데 통문의 서원은 노강서원에서 멀지 않은 전주의 반곡서원을 가리킬 것이다.[9] 전주 반곡서원은 윤황, 이영선(李榮先, 1588~1655), 서필원(徐必遠, 1614~1671) 등을 배향하고 있어 노강서원과 동일한 소론 계열의 서원으로 확인된다.[10]

두 문서는 영당 건립이 이루어지는 이면에서 향중(鄕中)에 공론이 형성되도록 독려하는 내용을 담고 있다. 그 안에서 영당 건립 및 영정 봉안과 관련한 구체적이고 의미 있는 내용을 찾을 수 있으므로 그 전문을 살펴보고자 한다.

「충청도 통문」

이 글을 통지하여 알리고자 하는 일은 다음과 같습니다. 옛날에 자양부자, 즉 주자는 여섯 선생의 화상에 찬문을 지었는데, 그 뜻이 매우 은미하였습니다.[11] 후학이 선현을 경모하여 만에 하나라도 방불함을 구한다면, 마땅히 초상화에서 얻을 수 있을 것입니다. 그렇다면 존각을 만들어 초상을 공경히 봉안하는 일을 어찌 그만둘 수 있겠습니까! 노소(소순蘇洵: 소식의 부父)가 이른바 '화상도 도움이 된다.'라고 한 말은 결코 빈말이 아니었습니다.[12] 생각건대 덕촌 양

---

9) 반곡서원: 전라북도 문화재자료 제11호. 전라북도 전주시 완산구 동서학동 2가 210. 반곡서원은 1777년 지방 유림들에 의해 설립되었다. 1868년(고종 5) 서원 철폐령에 따라 훼철되었다가 1878년(고종 15)에 중건되었다. 주벽에는 윤황의 위패를 모시고, 이영선과 서필원을 배향하고 있다. 현재 반곡서원에는 사당과 강당 등이 남아 있다. 문화재청 국가문화유산포털(www.heritage.go.kr) 참조.

10) 윤황: 본관은 坡平, 자 德耀, 호 八松, 시호 文正. 윤증의 조부. 서필원: 본관은 扶餘. 자는 載邇, 호는 六谷. 萬竹軒 등. 송시열을 비판하며 소론의 형성에 중요한 기여를 하였다. 이영선: 본관은 全州, 자는 顯叔, 1616년 증광시에 진사 2등으로 급제한 기록이 있으며 나머지는 상세하게 알려진 바가 없다.

11) 주자가 濂溪, 明道, 伊川, 康節, 橫渠, 涑水 6인의 화상에 찬문을 지은 일을 가리킨다.

12) 蘇洵, 『古文眞寶』 後集, 「張益州畫像記」.

선생은 호걸의 자질로서 연원이 깊은 학문을 이으셨습니다. 젊어서
북쪽으로 유람하시니, 사문(斯文)이 여기에 있은 즉, 이것에 편안히
마음을 의지하시고, 덕으로 주변 사람들을 대하시어 공자의 고향과
같게 하시니, 그 까닭은 학문을 전수하려는 뜻이었습니다.

비록 선생의 이름을 듣지 못한 이라도, 실사구시 넉 자는 곧 말에
의지하지 않고 마음으로 전해진 진리라고 말할 수 있으니, 선생께서
평생 받아들여 사용했던 말이었습니다. 위로는 이 말을 군주에게 알
리니 군주께서 말씀하시길, "그렇구나! 격언이 될 만큼 아름답구나."
라고 하셨으며, 아래로는 이 말로 세상을 깨우치니, 세상이 모두 깨
달아 허위로 하는 것은 학문이 아니라는 것을 알게 되어, 충신을 주
장할 수 있게 되었습니다. 선생의 이기(理氣)에 관한 글은 지극히
아름다우며, 이렇게 저렇게 하시는 말씀들이 모두 조리가 분명하고
두루 통하여, 체용을 겸비하여 중도가 아님이 없었습니다. 옛 스승
의 칭찬을 살펴보면 주자의 옛 친구와 비슷하다고 할 수 있습니다.
이것으로 선생을 다 알기에 충분하지 않겠지만, 진실로 선생이 아니
면 또한 어찌 여기에 이를 수 있었겠습니까.

아! 우리들이 은덕을 받은 것이 또한 많은데, 우러러볼 분이 없
는 애통함이 영원 같습니다. 다행히 칠분의 진영이 완연하여 새롭고
황홀하기가 마치 춘풍과 같고 앉아계신 모습이 엄숙하여 마치 호랑
이 가죽이 펼쳐진 자리에서 강학하시는 듯하여, 초상화는 선생을 칭
송하고 사모하는 마음이 무궁무진하게 일어나게 하는 바가 있었습
니다. 추모하는 뜻은 절실하지 않음이 없으나, 공사는 방대하고 재
력은 모자라서 화려한 의식은 오히려 부족하고 송모의 뜻이 손상된
지 오래되니, 사림의 수치가 또한 여기에 이르게 되었습니다. 영암
의 유생들이 선생의 유풍을 듣고, 장차 영정을 봉안할 것이라 합니
다. 이는 진실로 신중한 행동거지로, 성현을 존경하고 덕을 숭상하
는 성의는 사람을 움직이게 하기에 충분합니다.

생각건대 영암은 선생의 고향으로 성장한 장소입니다. 끊어진 소리가 계속 이어질 수 없음에 분개하여, 천고에 선생의 유풍을 높이 받들어, 후대인들을 흥기 감발하게 한다면, 더욱 스스로 그치게 할 수 없는 바가 있을 것입니다. 본래 집안의 원우(院宇)에 화상 두 본이 있습니다. 한 본은 여기에서 받들고, 한 본은 저기에서 봉안하여도 요컨대 사당을 세우고 공경히 봉안한다는 점에서는 피차의 구분이 없을 것입니다. 하지만 만일 일시의 감개무량한 감정이 일더라도, 화상을 계승할 수 있는 실질적인 장소가 없거나, 혹은 평안하고 당당하게 있을 장소가 없거나, 혹은 강회를 의뢰할 장소가 없다면, 결국에는 황량하고 낙막해질 것입니다. 정중하게 기탁할 곳이 없게 된다면, 이는 우리들의 바라는 바가 절대 아닐 것입니다.

부르면 화답하고, 이끌면 따르는 것은 천하의 이치입니다. 지금 창도의 책임과 기원이 귀원에 있지 않겠습니까! 귀원은 선생에게 곧 발원지에서 나온 지류이며, 큰 줄기에서 난 가지입니다. 일은 한 몸과 같고 이치도 둘이 아니니, 불응하여 모른 체한다면 앞장서서 나아가지 않는 것입니다. 삼가 바라건대 여러 군자께서 이러한 뜻을 가지고 원근에 두루 알려서 마음과 힘을 함께하여 사문을 빛나게 한다면 매우 다행한 일이 될 것입니다.[13]

---

13) 「忠淸道 通文」右文爲通論事. 昔紫陽夫子·□贊六先生之像, 其旨盖微. 尤後學之景慕先賢, 欲求其髣髴於萬一者, 宜其於此焉得矣. 則敬奉尊閣烏可已乎! 而老蘇所謂像亦不爲無助者, 儘非虛語也. 竊惟我德村梁先生以豪傑之資, 承淵源之學, 早年北遊, 斯文在茲, 則於是乎樂得依歸, 隣德魯鄕, 其所以□丈傳受之旨, 雖不可得聞者, 乃實事求是四字, 卽可謂單傳密符, 而平生受用者也. 上以是告君, 君曰: "俞哉! 嘉乃格言", 下以是牖世, 世皆喚醒, 知虛僞之非學, 而忠信之可主矣. 雖不可得聞者, 乃實事求是四字, 卽可謂單傳密符, 而平生受用者也. 上以是告君, 君曰: "俞哉! 嘉乃格言", 下以是牖世, 世皆喚醒, 知虛僞之非學, 而忠信之可主矣. 至善理氣文字, 橫設竪設, 曲暢旁通, 體用兼該無不中. 窺以故師門之期詡, 有若晦翁之老友. 此雖未足以盡先生, 而苟非先生, 則亦安能至! 此也. 嗚呼! 鄙等之受其賜亦多矣, □(安)仰之痛, 百年一日, 所幸七分眞影宛然, 猶新怳若春風之, 座儼如皋比之席, 誦慕有

「통문」

　이 글을 통지하여 알리고자 하는 일은 다음과 같습니다. 후학이 선현을 숭모하고 받드는 일로서 사우를 건립하여 편안히 봉안하고 음식을 갖추어 제사지내는 것은 변할 수 없는 규범인데 누가 영당 건립이 안 된다며 거절하겠습니까! 덕촌 양선생은 하늘이 내린 호걸의 자질을 지니고 남쪽 향촌에서 입신하여 일찍이 북쪽에서 공부하며 스승과 제자의 연원을 얻었으며 실천으로 속된 유자들의 허위의 습속을 교정하였습니다. 경전을 읽고 그 이치를 깊이 따지며 옛 성현의 진실한 학문을 궁구하셨으니 당시 사림의 존경이 어떠하였으며 지금 후인의 추모하는 바는 또 어떻겠습니까! 선생의 유상 2본이 본가에 있는데 영당의 예의를 갖추지 못하여 식자들이 탄식하며 마음 아프게 여긴 지 오래되었습니다. 지금 노강서원에서 통지한 글을 보니 영암의 사림들이 특별이 공론을 내어 영정을 봉안할 것이라고 합니다. 삼가 생각건대 영암은 선생께서 태어나 자라신 곳으로 자손들이 여기에 살고 있으니 영령을 모시는 이치에 합당합니다. 우리 도내의 동지들은 각기 심력을 다하여 한 목소리로 부르고 답하며 부족한 부분은 돕고 보이지 않는 부분을 보태어 큰일이 완성되고 성대한 의식[욕의縟儀]이 잘 이루어진다면 매우 다행한 일이 될 것입니다.14)

所興懷無窮. 建祠□□□非不切, 而事鉅力綿, 尙闕縟儀有□□慨傷已久, 士林之羞恥, 亦□廼者. 靈巖章甫聞先生之風, 將欲奉安影子云. 此固愼重之擧而其慕賢尙德之誠意有足動人者. 且ﾂ南州卽先生桑梓生長之鄕也. 慨絶響之莫續, 挹遺風於千古, 其興起感發, 尤有所不能自己者矣. 本家院有二本, 一奉于此, 一安于彼, 要之爲, 尊慕揭虔, 無彼此也. 然若但出於一時之感慨, 而無案以繼像焉, 而或無安安之堂堂焉, 而或無講會之資, 荒凉落莫. 無所於寅敬, 則大非鄙等之所望也. 第有唱則有和, 有導則有從, 天下之理也. 今玆唱導之責顧不在於貴院乎! 貴院之於先生卽源之流也, 幹之支也. 事全一體, 理無二致, 似不應越視而不爲之先矣. 伏願僉君子將此意, 遍論遠近, 以爲同心共力, 有光斯文之地, 幸幸甚甚. 글씨가 훼손되어 판독할 수 없는 부분은 □으로 처리하였다.
14)「通文」右文爲通論事. 後學之崇奉先賢也. 建祠安安俎豆腥禮, 自是常典, 夫孰曰

통문의 내용에 의거하여 영당 건립의 과정을 재구성해 보고자 한다. 1860년대에 양득중의 고향인 영암의 사림에서 그를 기리고 현창하기 위하여 영당 건립을 추진하는 논의가 시작되었다. 영암 측은 영당에 필요한 자원을 마련하면서 명재 문중의 노강서원에서 도움을 받으며 사업을 진행한 것으로 보인다. 노강서원은 사림의 참여를 독려하기 위하여 통문을 발송하였는데, 반곡서원에 보낸 문서는 이러한 문서의 하나일 것이다. 전주에 위치한 반곡서원은 전라도 내의 서원에 참여를 요청하는 역할을 담당하였을 것이다. 두 문서를 통해서 양득중의 고향에 건립된 영당은 단순히 후손들과 영암 사람들의 힘으로 진행된 일이 아니라 충청도와 전라도 소론계 사림의 도움을 받아 성사된 일이었음을 알 수 있다. 충청도 통문에 이름을 올린 노강서원의 유학(儒學)은 윤증의 6대손인 윤자철(尹滋喆, 1801~1866)을 비롯한 13명이다. 이들 각각에 관한 상세한 파악은 어려우나 명단에 양득중의 직계 존속으로 보이는 인물은 발견되지 않는다. 1806년 『덕촌집』이 발간될 당시에 이를 주관한 인물은 외종손으로 무장현감을 지낸 윤인기(尹仁基, 1740~1811)였다. 윤인기는 1788년 유봉영당에서 윤증 초상 이모를 진행할 당시 사업을 진행한 유사의 한 명으로서 그의 모친은 양득중의 손녀였다. 당시 양득중의 직계 중에 현달한 인물이 드물었던 때문에 외손인 윤인기가 문집 발간을 담당한 것으로 보인다.[15]

문건에는 영암에서 사업을 진행한 주체에 관하여는 상세한 언급

不可乎! 德村梁先生, 以天挺豪傑之資, 發迹於南鄉, 早年北學, 得師門之淵源, 行己以正矯俗儒虛僞之習. 讀書窮理, 究古聖眞實之學, 當時士林之尊□, 爲何如, 今日後生之所追慕, 亦復何如. 而遺像二本在於本家, 尙闕尊楣之儀, 識者之慨傷久矣. 今見魯岡通辭, 則靈巖章甫特發工論, 將欲奉安影子云. 窮念靈巖卽先生生長之所, 而子孫之攸居於此, 妥靈理合當. 然惟我道內同志之士, 各出心力, 齊聲唱和, 助其不足, 補其不瞻, 俾完大事, 克成縟儀地, 幸幸甚甚.

15) 梁得中, 『德村集』; 양득중, 2015. 양득중의 문집 간행에 관해서는 김승대, 2020 참조.

없이 '영암의 사림'으로만 거론하였다. 물론 이곳에 세거한 제주양씨 영계문중이 사업을 주도하였을 것임에는 의문의 여지가 없다. 덕촌 영당은 양득중의 백부 양우회(梁禹會, 1635~1680)의 후손이 대대로 거처하였던 구택과 자리를 나란히 하고 있다. 영당 앞에는 양우회가 설립하여 문중 자제의 교육처로 삼았던 소심재가 위치한다. 현재 옥계리 제주양씨 문중의 종손에 해당하는 양우회의 후손가에서 덕촌 영당과 소심재의 관리를 담당하고 있다. 전후의 사정으로 보아 1864년에도 양우회의 직계손인 양상빈(梁相彬, 1805~1877), 양상구(梁相玖, 1823~1883) 형제 등이 영당 건립에서 중심적인 역할을 하였을 것으로 보인다〈표 1〉.16)

영당에 남아 있던 상량문에서 또 다른 관련 인물을 찾을 수 있다. 현재도 덕촌사 벽에 걸린 상량문에는 "崇禎紀元後 四回甲子 10月 15日 後學 錦城 林厚相 謹再拜告(숭정기원후 사회갑자 시월 십오일 후학 금성 임후상 근재배고)"라며 글을 지은 이와 시기가 기입되었다〈그림 6〉. 숭정 기원후 네 번째 갑자년은 1864년으로 통문과 같은 해에 영당이 완성되었음을 알 수 있다. 상량문을 지은 임후상(1817~1866)은 윤증의 제자로서 양득중과 직접 교유하였던 임상덕(林象德, 1683~1719)의 5대손이었다. 그는 호남의 대표적인 소론 가문의 하나인 나주임씨가의 인물로서, 양득중은 임상덕이 지은 「몽소기(夢所記)」에 대한 평을 지어주기도 하였다.17) 임후상의 아들 임병하는 덕촌 집안의 후손인 양상정(梁相鼎)의 딸과 혼인하여 영당이 건립된 19세기 말까지도 두 가문 사이에 세교가 지속되고 있었음이 확인된다. 영당 관련 문서에는 영암의 건립 주체를 사림으로 거론하고 특정하지 않았

---

16) 梁秉彩·梁義男 編, 2013, 235~236쪽; 김승대, 2021b, 264쪽.
17) 임상덕은 그의 「몽소기」 초고를 덕촌에게 보내 의견을 물었는데 이에 대한 답신은 양득중의 『德村集』에 수록되어 있다. 정하정, 2020, 220~222쪽.

〈표 1〉 양득중의 가계

```
                        梁彭孫
                         │
                        梁山迵
                         │
                        梁道南
         ┌───────────────┼───────────────┐
       梁禹會          (出)梁禹龜          梁禹疇
         │                               梁得中
       梁處中
    ┌────┴────┐
  梁濟楖      梁濟夢
    │          │
  梁相彬      梁相玖
               │
             梁彰烈
```

지만 영암에 세거한 제주양씨와 더불어 나주임씨 문사들이 힘을 더하
여 건립을 추진하였을 것이다.

　영정 제작과 관련하여 두 통문에서 주목해야 할 부분은 영당 건립
을 발의하던 당시 2본의 유상이 전승되고 있었다는 언급이다. 문서상
에 새로운 영정의 제작에 관한 언급이 전혀 보이지 않는 점으로 미루
어 1864년에 영정을 제작하려는 별도의 시도는 없었던 것으로 보인
다. 공주 종가 소장의 2본 중 한 본을 새로 영당을 설립하여 이봉하였
던 것이다. 「충청도 통문」에 보이는 '본가원(本家院)'이라는 구절은
공주 인근 탄천에 위치했던 후손가에서 덕촌 영정을 위한 영당을 경
영하였음을 의미한다.[18] 김승대의 최근 조사에 의해 실제로 탄천에
서 운영하던 영당이 확인되기도 하였다. 탄천 종가의 추정지는 유봉

---

18) 「충청도 통문」의 원문에 보이는 '本家院'의 院을 院의 오기로 보았으며 '가원'
　　을 탄천 본가 소재의 영당으로 파악하였다.

〈그림 6〉 덕촌양선생영당상량문

영당(西峯影堂) 및 노강서원 등 윤증의 유적지와 인접한 곳으로 세
장소는 서로 5리 이내의 거리에 위치하고 있다.[19] 유봉영당은 1716
년 윤증의 생전 거처였던 유봉정사에 설치된 영당으로 윤증의 초상을
봉안하고 제의를 수행하는 유일한 장소였다. 영당 간의 위치를 통해
서 양득중과 윤증의 긴밀한 사승 관계를 다시 한 번 그려볼 수 있다.
한편으로는 양득중의 영정 제작과 영당 조성에서 윤증의 경우가 중요
한 본보기가 되었음도 추정 가능하다.

　첫 번째 통문에는 소략하나마 영당을 조성한 목적을 그려볼 수 있
는 내용이 포함되었다. 본가와 영암에 각각 영정을 봉안하는 일은 양
득중의 업적을 되살리고 유지를 계승하는 효과적인 방도가 될 것임을
강조하는 부분이다. 그러나 이 내용은 다소 일반적인 설명으로 현재
로서는 양득중의 사후 120여 년이 경과한 1860년대에 주로 방계 후손

들이 거주하던 영암에서 양득중의 업적에 주목하고 그를 기념하고자 했던 특수한 이유를 찾기는 어렵다. 다만 동시대 호남 지역에서 현조(顯祖)를 발굴하고 현양하는 문중사업이 유행했던 현상에 관한 연구들은 덕촌 영당의 건립 배경을 이해하는 데 도움이 된다. 이에 따르면 18세기 말 정조(재위 1776~1800)가 실시한 강력한 숭정학(崇正學) 벽이단(闢異端) 정책은 호남 지역에서 유교 교육이 진작되고 유교 지식인이 증가하는 배경이 되었다. 국가에서는 전국 각 지역의 충절효행을 장려하는 사업을 진행하였으며 호남에서도 명현들을 추증하고 그들의 후손을 등용하기도 하였다. 한편 이 지역의 여러 가문에서는 경쟁적으로 효행·충절·도학 및 절조에 뛰어난 선조를 발굴하였으며 그 결과 문중서원의 설립이 증가하였다. 호남 지역 광산김씨 문중의 선조선양사업의 사례를 살펴보면 이전 시대에 시조(始祖)를 앞세워 타지역과 혈연적 연계성을 강조했던 반면 18세기 이후로 행적이 명확한 현조를 내세우는 경향이 현저해졌다. 이는 타지역의 동종(同宗) 계파와 구분하여 자기 계파의 권위를 높이고 우월성을 부각시키는 데 유리하였기 때문이었다. 다시 말하면 18세기 후반 이래로 호남의 사족 사회에서는 유가적 질서가 심화되어 갔으며 지역 사회에서 문중의 권위를 확보하기 위하여 서원·사당 등 유가적 상징성을 활용하려는 시도가 활발해졌던 것으로 보인다. 이러한 시대적 분위기를 바탕으로 영암에서 양득중의 학문에 대한 인식이 높아지고 영당 건립과 영정 봉안 사업이 등장했던 상황을 이해할 수 있을 것이다.[20]

20) 장성을 중심으로 활동한 노론계 유학자 奇正鎭의 강학 활동에 관한 연구를 참고하면 19세기 이래로 호남 지역에서는 가문의 충절효행 의식을 보여주는 인물을 발굴하여 가문을 선양하려는 의식이 크게 고양되었다고 한다. 이 시기에 기정진의 문인이 크게 증가하였는데, 이는 기정진이 이 지역에서 40여 년 동안 교육 활동을 펼친 점이 주요하게 작용하였지만 세도정치하에서 그가 노론 학자인 점도 유리하게 작용하였다고 한다. 김봉갑, 2009, 229~276쪽 참고. 광산 김씨의 현조현양사업에 관하여는 김기둥, 2008, 165~197쪽 참조.

III. 양득중 초상의 도상적 의미와 제작 시기

덕촌사의 관련 문서에는 영정의 존재만 언급되어 있으며 그 제작 시기·목적·도상 등 초상을 이해하기 위한 구체적인 설명은 기재되지 않았다. 그러나 기록의 존재 여부에 관계없이 윤증의 문인이자 소론 계 관료라는 양득중의 정체성은 그의 초상 제작과 봉안을 이해하는 출발점이 될 수 있다. 여기에 더하여 문서에서 간취되는 단편적인 정 보를 취합하여 양득중 영정의 도상과 표현의 세부적 측면에 대하여 살펴보고자 한다.21)

화면 속에서 양득중은 얼굴의 왼쪽이 보이는 좌안으로 무릎을 꿇 고 앉았다. 손은 신체의 전면에서 마주잡는 공수자세를 취하였다〈그 림 7, 8〉. 바닥에는 화문석 위에 무늬가 있는 화려한 녹색 깔개를 덮 고 그 위에 앉은 모습으로 표현되었다. 화면의 좌우 상단 모서리는 붉은 선으로 공간을 구획하고 그 안에 주인공에 관한 기록을 남겼다. 좌측 칸에는 "통정대부 행승정원 동부승지겸 경연참찬관 덕촌 양선생 영정"이라며 관직과 이름 등을 적어 표제의 역할을 하고 있다〈그림 9〉. 우측 칸에는 "숙종 을사년 10월 27일 영암 영계리에서 태어나 영 조 임술 4월 초5일 공주 덕촌정사에서 돌아가다."라며 생몰년 및 출 생과 절세 장소를 병기하였다.22) 이처럼 전통적인 표제와 다른 면모

---

21) 본고에서 영정의 회화적 측면에 관한 설명은 영인본에 의거한 것이다. 세밀한 표현이 구사되는 초상화의 속성상 사진으로는 확인할 수 없는 부분이 있을 수 있다. 원고를 작성하는 동안 양득중기념사업회의 양창열 회장님 및 김승대 학 예관님께서 원본 조사를 위해 수고를 아끼지 않으셨으나 성사되지 못하였다. 원본상에서 직접 확인이 필요한 부분은 앞으로의 과제로 남겨 두며 원본이 공 개된 이후에 후속 조사와 보고를 진행하고자 한다.

22) (右) 通政大夫行承政院 同副承旨兼經筵參贊官 德村 梁先生影幀. (左) 顯宗乙巳 十一月二十七日誕于靈巖氵+穎溪里 英宗壬戌四月初五日卒于公州德村精舍. 영 인본 상에서 방제의 크기는 대략 38×8cm 정도이다.

〈그림 7〉 양득중 초상   〈그림 8〉 양득중 초상의 안면 세부

들, 그리고 서체로 미루어 화면상의 기록은 근래에 기입된 것으로 추
정된다.

양득중은 깃과 소매에 검은 띠를 두른 이른바 '심의(深衣)'에 복건
을 착용하였다. 반투명한 복건 안쪽으로는 치포관(緇布冠)이 내비치
고 있다. 덕촌 영정에서 감상자의 시선을 끄는 요소 하나는 배경, 복
건, 검은 옷깃 등을 장식한 화려한 꽃문양일 것이다. 조선의 초상화
중에는 바닥을 채단이나 화문석으로 화려하게 치장하는 경우가 있으
나 이처럼 의복과 배경에 문양을 시문한 경우는 보기 드물다. 초상을
장식한 비전통적인 문양은 현재의 영정이 양득중의 시대에 제작된 것
이 아니라 20세기 초에 다시 그려진 이모본이라는 사실에서 연유할
것이다. 영계 문중 내에는 영정 이모에 관한 상당히 구체적인 내력이
전해지고 있다. 1910년 문중에서는 당시 초상화로 이름 높은 화가인
채용신(蔡龍臣, 1850~1941)을 영암으로 초청하여 이곳에서 이모를 진

행하였다. 이모본 제작 후 모본은 소각
하였다고 전하며 모본에 관한 기록이나
사진 자료 등은 전혀 남아 있지 않다.[23]
「양득중 초상」의 본래 의미를 파악하기
위해서는 최초 제작의 형식이 의미를
가질 수밖에 없다. 비록 원형이 전하지
않는다는 한계는 있지만 현존하는 초상,
기록, 그리고 초상 제작의 관행 등을 종
합적으로 참고하여 영정의 제작 시기,
원본의 형태, 제작 의도 등을 고찰하고
자 한다.

〈그림 9〉 화면 좌우 상단

　양득중 영정의 원본은 언제 제작되
었을까? 양득중의 초상에는 제작 시기
를 알 수 있는 내용이 남아 있지 않다.
문집 및 연보에서도 초상 제작과 관련된 내용을 전혀 찾을 수 없다.
생전의 제작 기록이 없는 점으로 미루어 사후에 그려진 경우를 생각
해 볼 수 있다. 초상이란 당연히 주인공의 생전에 제작되어야 하지만
불가피한 경우 사후에 제작되는 사례도 종종 목격된다.[24] 그러나 사
후 영정은 미리 제작해 놓은 영정 초본이 존재하거나 주인공의 용모
를 잘 기억하는 화가가 필요하기 때문에 매우 제한적으로 제작될 수
밖에 없다. 영당 건립 시 이미 초상이 가전되어온 점, 양득중의 활동
상, 교유 등으로 보아 모본의 초상은 그의 생전에 제작되었을 것이다.
안면에 반영된 노화 정도로 미루어 원본 초상은 60대 이후에 제작된

---

23) 영정의 이모와 관련된 내용은 양득중기념사업회의 양창열 회장님께서 집안 어
　　르신들로부터 전해들은 내용을 옮겼다.
24) 문동수, 2011, 265~277쪽.

것으로 추정된다.

앞서 살펴본 통문에는 영정 원본의 상세한 묘사, 즉 어떤 자세와 어떤 의상을 취하였는가 등의 구체적인 문제는 직접 거론되지 않았다. 다만 소략하게나마 감상을 표현하는 구절에서 초상의 모습을 구체화할 수 있는 부분을 찾을 수 있다. 바로 「충청도 통문」에 적힌 '앉은 모습이 엄숙한 강학의 자리와 같았다.'는 묘사이다. '강학의 자리'라는 표현에서 현재 초상과 같이 바닥에 단정히 앉은 궤좌(跪坐) 자세가 연상된다. 아울러 관복이 아니라 학자의 복장, 즉 야복 차림임도 추정가능하다. 소략한 묘사에서 현존하는 초상의 자세 및 의상과 크게 다르지 않은 모습이 연상된다. 일반적으로 조선시대에 초상화를 이모할 때는 원본과 이모본의 구분이 어려울 정도로 원본의 형식을 충실하게 재현하곤 하였다. 아울러 제작되는 시대에 따라, 화가에 따라 미세한 표현 형식이 달라지더라도 기본적인 도상은 변함없이 유지되는 경우가 대다수이기도 하였다. 이러한 제작 관습을 고려하면 현재 영정에서 표현의 근간이 되는 주인공의 자세 및 차림새 등은 원본의 형태를 유지하되 세부에서 근대적인 요소가 더해진 것으로 보고 논의를 진행하고자 한다.

「양득중 초상」에서 제작 의도와 함의를 파악하고자 할 때 가장 의미 있게 살펴보아야 하는 부분은 심의복건(深衣幅巾)의 도상과 무릎을 꿇고 앉은 궤좌 자세일 것이다. 양득중이 착용한 의상은 상하가 연결되었으며 깃과 섶에 검은 비단을 두르고 허리에는 흑색 가선을 두른 대대(大帶)를 맨 '심의'이다. 이는 조선 유학자들이 실제 일상에서 착용한 연거복이자 초상화에서 가장 선호되는 의상의 하나였다. 심의를 향한 선호는 역사적인 학자들에 의해 제도가 규정되고 의미가 부여되는 과정에서 형성된 학문적 상징성에서 기인하였다. 심의는 『예기(禮記)』에서부터 그 제도가 상세하게 규정되어 있었으며 북송의 주

자(朱子, 1130~1200)는 고대의 심의 제도를 고증하여 『가례(家禮)』에
수록하고 후대인이 따르도록 하였다. 우리나라에서 본격적으로 심의
차림의 초상을 제작한 것은 사대부 사회에 유교 의례가 정착된 17세
기 후반에 이르러서였다.[25] 김장생(金長生, 1548~1631), 한백겸(韓百
謙, 1552~1615) 등이 경전을 바탕으로 심의를 재해석하였으며 이들
의 규정을 따라 노론과 남인은 서로 다른 형태의 심의를 착용하였다.
양자의 심의에서 시각적으로 가장 뚜렷한 차이를 보이는 부분은 양
옷깃을 여미는 방식이다. 김장생－송시열로 이어지는 노론 계열은 여
밈이 사선으로 떨어지는 직령심의(直領深衣)를 주장한 반면에 남인
은 L－자를 그리는 방령심의(方領深衣)를 착용하였다. 당색에 따른 심
의 형태의 차이는 심의본 초상에도 반영되어 나타나고 있다. 송시열
을 비롯한 노론계 학자들은 직령심의본 초상을 제작하였으며〈그림 10〉,
남인의 이삼환(李森煥, 1729~1813),
허전(許傳, 1797~1886) 등은 방령
심의본 초상을 남겼다〈그림 11,
12〉. 따라서 초상에 나타난 심의
의 형태는 자연스럽게 주인공의
정치적·학문적 정체성을 읽는 단
서로 읽힐 수 있다.

    양득중이 착용한 심의는 가슴
앞에서 y자 형태로 여미는 직령심
의이다. 노론 및 남인과 달리 소론
문인들은 심의에 대한 독자적인
해석을 시도하지 않았으며 그들의
초상에서는 직령과 방령 두 가지

〈그림 10〉 송시열 초상

---

25) 심의의 유래와 당색에 따른 심의의 차이는 심경보, 2014, 6~20쪽 참조.

〈그림 11〉 이삼환 초상

〈그림 12〉 허전 초상

〈그림 13〉 박세당 초상

도상이 모두 관찰된다. 양득중을 천거하였던 박세당(朴世堂, 1629~1703)은 방령심의를 착용한 초상을 제작하였다〈그림 13〉. 반면에 소론의 명재상 최석정(崔錫鼎, 1646~1715)의 아들인 최창대(崔昌大, 1669~1720), 18세기 말의 문인 윤동섬(尹東暹, 1710~1795)은 직령의 심의복건 초상을 남겼다〈그림 14, 15〉.26) 양득중의 초상은 심의복건본 초상으로 학문적 정체성을 구현하고자 하였던 조선후기 문인들의 초상화관,

26) 소론 문인들의 심의본 초상에 관하여는 심경보, 위의 논문, 100~105쪽 ; 이성훈, 2019, 423~444쪽 참조.

〈그림 14〉 최창대 초상　　　　　　　〈그림 15〉 윤동섬 초상

이와 더불어 직령 심의를 선호하는 방향으로 진행된 소론 문인들의
경향성을 반영하는 것으로 이해된다.

　양득중의 영정을 학문적 스승인 윤증과의 관계 속에서 살펴보고자
한다. 윤증은 현재 완성된 초상화 7점과 초본 8점 이상이 전해질 정
도로 많은 초상화를 남긴 주인공이다〈도 16〉. 그의 초상이 이처럼 다수
전하는 이유는 여러 세대에 걸쳐 후학과 자손들에 의하여 다시 제작되
었기 때문이다.27) 종가에 전승되어온 『영당기적(影堂紀蹟)』은 1711~
1885년에 4차례에 걸쳐 진행된 명재 초상의 제작과 영당의 설립 과정
을 기록한 책이다. 그 기록에 따르면 최초의 초상은 1711년, 즉 윤증
의 생전에 마련되었다. 그의 제자들은 스승의 초상 제작을 위하여 도
화서 화원인 변량(卞良)을 서울에서 초대하였다. 변량은 약 3개월에

---

27) 윤증 초상의 제작과 관련된 자세한 사항에 관해서는 강관식, 2010, 265~300쪽 ;
　　심초롱, 2010 참조.

〈그림 16〉 윤증 초상(장경주)

걸쳐 정면상과 측면상 3점을 제작하고 돌아갔다. 변량 이후 장경주(張敬周, 1710~미상), 이명기(李命基, 1756~1813 이후), 이한철(李漢哲, 1812~1893)과 같은 그 시대의 대표적인 화가들이 윤증상의 이모에 소환되었는데, 변량의 초상은 그 저본으로 기능하였다. 양득중은 비록 윤증의 고제였지만 스승의 초상 제작에는 직접 관여한 적이 없었다. 1711년 제자들의 주관 하에 처음 초상을 제작할 무렵 양득중은 모친의 사망으로 거상하는 처지였기에 직접 유사를 담당하기 어려웠다.28) 1744년 장경주가 명재 초상의 이모를 진행할 때 양득중은 이미 절세한 후였다. 따라서 생전에 그는 스승의 초상 제작에 직접 관여할 기회를 가지지 못했던 것으로 파악된다. 그러나 유봉정사 인근에 거주하며 스승과 긴밀하게 지냈던 만큼 변량이 제작한 윤증의 초상을 상세히 알고 있었음은 분명하다.

현재 전하는 윤증 초상은 정면 혹은 측면, 전신 혹은 반신상 등의 스펙트럼을 보이지만 일관되게 백의에 방건을 착용한 모습을 유지하고 있다. 강관식은 백의방건의 도상적 연원으로서 윤증이 국왕의 잦은 소환에도 불구하고 출사하지 않았던 징사(徵士)였으며 이 때문에 '백의정승(白衣政丞)'이라는 명예로운 칭호를 받았다는 점을 지적하였다.29) 윤증의 소박한 복장은 백의정승이라는 호칭을 기념하여 시

---

28) 1711년에 초상 제작을 담당한 인물은 尹東洙(1674~1739), 李喆聖(1684~1716) 등이었다.

각화한 표현일 것이다. 반면에 양득중은 심의본 초상을 제작하여 뚜
렷한 차이를 보인다. 윤증을 향하여 각별한 존경심을 지니고 그를 추
종하였던 양득중이 스승과 달리 심의복건 초상을 선택한 이유는 윤증
의 '백의정승'이라는 호칭과 초상에 담긴 의미를 인식하고 있었기 때
문일 것이다. 즉 백의 차림의 초상은 누구에게나 특별한 의미를 부여
할 수 있는 도상이 아니었다. 반면에 심의와 복건은 오랜 역사를 통
해 유학자의 의상으로 보편적인 권위를 획득한 도상이었다.

　　두 인물 간의 긴밀한 관계를 반영한 부분은 의상보다는 주인공의
독특한 자세일 것이다. 무릎을 꿇고 경건하게 손을 모은 양득중의 자
세는 조선의 초상화에 드물게 나타나는 것으로 바로 「윤증 초상」의
특징이기도 하였다. '궤좌'라 불리는 이 자세는 주자의 『회암집(晦菴
集)』에 상세한 설명이 수록되어 있으며 이후의 학자들은 이를 가장
공손하고 예법에 맞는 자세로 여겼다.[30] 두 초상에서 관찰되는 유사
한 자세에서 소론 문인으로서, 그리고 윤증의 제자로서 사승 관계와
학문적 계승 의지를 읽어볼 수 있다.[31] 초상에 보이는 심의와 궤좌의
조합은 양득중이 윤증의 적전(嫡傳)이며, 동시에 주자의 도학을 계승
한 학자임을 보여준다.

29) 기존 연구에서는 윤증이 이러한 백의 초상을 선택한 또 다른 이유로서 그와
　　대립 구도를 이루었던 송시열이 심의복건상을 취하였기 때문에 동일한 의상의
　　초상을 제작할 수 없었을 것이라 추정하기도 하였다. 강관식, 2010, 265~300쪽
　　참조.
30) 朱熹, 『晦菴集』卷68, 「跪坐拜說」.
31) 윤증의 문인들이 스승의 초상을 제작하며 궤좌에 두 손을 모은 모습을 그린
　　이유는 예를 수호하고 존중하는 예학자로서의 威儀를 표현하기 위한 연출로
　　해석된바 있다. 심초롱, 2010, 14~35쪽.

Ⅳ. 양득중 초상의 채용신 이모설 검토

앞서 언급하였듯이 현재 덕촌사에 봉안된 초상은 1910년경 후손들이 채용신에게 의뢰하여 이모하였다는 내력이 전하고 있다. 그 외에 이모와 관계된 별도의 문서 기록은 전하지 않는다. 구전과 상호 대조할 수 있는 화가의 관서나 화기(畵記)와 같은 근거도 확인되지 않는다. 따라서 작품에 구사된 필치와 여러 주변 상황을 비교분석하는 과정을 거쳐 엄밀한 판단이 가해져야 할 것이다. 그러나 현재로서는 영정의 화풍을 판단하기 위하여 활용할 수 있는 자료에 제약이 있다. 영인본으로는 어느 정도 제한이 따를 수밖에 없지만 필요한 과정으로 판단되어 현실적인 한계 내에서 최대한의 논의를 진행해 보고자 한다.

영정을 이모한 화가로 전하는 채용신은 고종 어진을 그린 후 '석강(石江)'이라는 이름을 하사받을 정도로 초상화 분야에서 인정받았던 인물이다. 채용신은 서울 삼청동에서 태어났지만 선조들의 고향인 전주에서 무관시험을 치르고 관직에 진출하였다. 1895년경 관직에서 물러난 채용신은 전주로 돌아와 완산 장암(場巖, 현재 익산 왕궁리 장암)에 정착한 것으로 보인다.[32] 장암에 자리를 잡은 이후에도 그는 국가가 주관하는 사업에 화가로 참여하였다. 1900년에는 태조어진 모사 및 경복궁 선원전의 7조 어진 모사 등에 조석진(趙錫晉, 1853~1920)과 함께 주관화사로 참여하였는데 당시 비공식적으로 고종 어진을 제작하였다고 전한다. 익산에 머물던 채용신이 어진제작에 소환된 배경에는 그간에 초상화에서 얻은 사회적 인정이 있었기 때문일

---

32) 채용신의 선조들은 원래 완산에 세거하였으며 조부대에 서울로 이주하였다고 전한다. 채용신이 머물렀던 장암은 현재 익산 왕궁리 장암으로 알려져 있다. 채용신의 활동상 및 초상화에 관해서는 다음의 논고를 참고하였다. 채용신, 2004 ; 국립현대미술관 편, 2001 ; 전북도립미술관, 2012 ; 양진희, 2019 ; 김진아, 2017 등.

것이다.

채용신은 여러 장르의 회화를
남겼지만 그가 특별히 두각을 발
휘한 분야는 초상화였다. 현존하
는 고종 어진 대다수가 그의 필치
로 전하며 관직에서 물러난 이후인
1909년에는 최익현(崔益鉉, 1833~
1906) 초상을, 1911년에는 황현(黃
玹, 1855~1910)과 전우(田愚, 1841~
1922) 초상을 그리는 등 항일애국
지사의 초상을 다수 제작하였다.
양득중의 영정을 제작한 1910년
에는 정읍 칠보면(전 태인군 고현내
면)에 머물며 박만환·김영상(1836~
1911)의 초상과 함께 광해군 시절

〈그림 17〉 기우만 초상(채용신)

의 의사들을 그린 「칠광도(七狂圖)」, 「송정십현도(松亭十賢圖)」를 제
작하였다. 본고의 논제와 관련해서 눈여겨 볼 그림은 항일의병장인 기
우만(奇宇萬, 1846~1916)의 초상일 것이다〈그림 17〉. 기우만은 전라도
장성을 중심으로 활발한 교육활동을 펼쳤던 노사(蘆沙) 기정진(奇正鎭,
1798~1879)의 손자로서 을미사변 이후 이 지역에서 의병활동을 펼친
의병장이기도 하였다.33) 기우만의 초상 제작을 주관한 인물은 제주
양씨 출신의 양회갑(梁會甲, 1884~1961)이다.34) 1910년을 전후하여

---

33) 기우만: 본관은 幸州. 자는 會一, 호는 松沙. 전라남도 장성 출신. 호남에서 유
   학자로 이름에 높았던 奇正鎭의 손자로서 조부의 학업을 이어받아 일찍이 文
   儒로 추앙받았다. 을미사변을 계기로 의병을 일으켜 활동하다 체포되어 옥고
   를 치렀다. 유저로는 『松沙集』이 있다.
34) 양회갑: 본관은 濟州. 자는 元淑, 호는 正齋. 아버지는 梁在德. 문집으로 『正齋

채용신이 정읍과 장성 등 영암에서 멀지 않은 지역에서 활동하고 있었으며 전라도 지역의 유학자 및 우국지사들의 초상을 중점적으로 제작하였던 점을 참조하면 영암에도 그의 명성이 전해져 영정 이모를 의뢰받는 상황을 충분히 유추해 볼 수 있다.

이처럼 1910년을 전후한 채용신의 활동상은 양득중 영정의 이모에 관한 전언에 무게를 실어준다. 그러나 회화적 측면을 살펴보면 다른 면모가 드러난다. 채용신은 역사의 전환기에 조선 초상화의 명맥을 잇는 가운데 새로운 요소를 도입하며 독보적인 초상화 표현에 도달한 화가였다. 채용신 초상화의 가장 큰 특징은 전통 초상화 제작법을 바탕으로 하되 서양화의 음영법·사진술 등 새로운 표현 방식을 가미하여 인물을 현실적이고 입체적으로 표현한 점이다.

채용신 화법의 실상을 살펴보기 위하여 그의 대표작으로 꼽히는 「황현 초상」을 참고하고자 한다.35) 황현이 '한일합병'에 통분하여 자결한 후에 제작된 이 초상은 생전에 촬영한 사진을 이용하였다〈그림 18, 19〉. 사진을 활용하되 의상은 전통적인 유학자의 심의로 변화시켜 주인공의 절의를 강조하였다. 안면은 매우 세밀한 필선을 여러 번 겹쳐 표현하였으며 강한 명암법으로 입체감을 뚜렷하게 표현하였다. 이와 같은 채용신의 전형적인 초상화법과 비교하면 양득중의 영정에서는 섬세한 필치와 강한 명암법 등 특유의 표현이 전혀 나타나지 않음을 알 수 있다. 덕촌 영정은 전체적으로 평면성이 강하며 오히려 고식의 표현법을 띠고 있다. 명암법 외에도 양득중 영정의 눈에 띄는 특징들, 즉 유학자의 초상화로 보기 어려운 화려한 문양 장식, 수염의 불합리한 표현, 능숙하지 못한 필법과 채색법 등은 어진 제작의 주관

集』이 있다.
35) 채용신 초상화의 일반적인 회화적 특징에 대하여는 허영환, 2001, 8~23쪽; 조선미, 2010, 26~59쪽 참조.

〈그림 18〉 황현 초상(채용신)   〈그림 19〉 황현(김진규 촬영)

화사로 활약한 채용신의 솜씨로 판단하기 어렵다.

　1910년을 전후하여 채용신이 전라도의 여러 지역에서 제작한 초상
들과 비교하면 양득중 영정과의 차이는 분명하게 확인된다. 반면에
동시대 전남 지역에서 제작된 초상화 중에서 양득중 초상과 비견되는
화법을 보여주는 사례를 찾을 수 있다. 일례로 20세기 초 해남에서
활동한 한의사인 조철승(曹喆承, 1846~1916)의 초상을 보면 배경에
는 화려한 문양이 시문되어 있으며 화면 좌우 상단에는 공간을 구획
하여 주인공의 생애를 기록하고 화상찬을 적었다. 이처럼 조철승의
초상에서는 양득중 영정을 연상시키는 요소를 어렵지 않게 발견할 수
있다〈그림 20〉. 구성적인 요소에 더하여 채색과 필법에서도 유사한
특징을 찾을 수 있다. 화면 우측 화기에는 조철승의 초상은 본래 그
의 나이 42세인 1890년 광주 원효사의 승려 징언(澄彦, 생몰년 미상)
이 제작하였으며 그가 사망한 1916년 경성 출신의 '최병육(崔丙六)'

〈그림 20〉 조철승 초상(최병육)

이라는 화가가 개모한 것이라 기록되었다.36) 화기의 말미에는 최병육의 호가 '석치(石癡)'로 기록되어 있다. '석치'는 채용신의 호인 '석지(石芝)'와 발음이 유사하여 주목할 필요가 있어 보인다. 이처럼 영암과 멀지 않은 지역에서 활약한 화가가 제작한 유사한 회화적 특징을 지닌 초상은 덕촌 영정과 모종의 관계를 가진 것으로 보이며 이모본의 제작과 전승을 정확히 이해하기 위하여 참고해야 할 자료임이 분명하다. 그러나 최병육에 관한 한「조철승 초상」외에 알려진 정보가 없기 때문에 아직은 그 실체를 파악하기 어렵다. 양득중 영정의 이모에 관한

정확한 내력을 확인하기 위해서 채용신의 활동상과 더불어 근대기 전라도 지역에서 활동한 지역 화가들과 그들의 작품에 관한 지속적인 관심과 조사가 이루어져야 할 것이다.37)

36) 조철승: 본관 昌寧, 자는 大彦, 호 晩悟. 초상화의 주인공 조철승의 이름은『조선신사대동보』에서 찾을 수 있다. 이 책에 기재된 조철승의 주소지는 全羅南道 海南郡 門內面 古棠里 三統八戶이다. 그는 의학에 뛰어났으며 양잠업에 종사하였다고(工於醫藥, 務玆蠶桑) 한다. 초상화 속에서 주인공이 손에 든 서적에는 '雜病提綱'이라 적혀 있어 의학서임을 알 수 있으며 뒤편의 서적에는 '加減地黃湯'이라는 처방이 적혀 있다. 한의학에 뛰어났던 면모를 이런 방식으로 드러냈으며 이러한 내용으로 미루어 초상의 인물은『조선신사대동보』에 수록된 조철승과 동일인으로 판단된다. 국사편찬위원회, 한국사데이터베이스〔db.history.go.kr〕참조.

V. 결론

해남에 위치한 덕촌사는 18세기에 활동한 실학 성향의 소론계 학자이자 윤증의 제자였던 덕촌 양득중의 영정을 배향하고 그의 업적을 기리기 위하여 설립된 영당이다. 본고에서는 이 영당의 건립 및 영정의 봉안 과정, 영정의 제작 방식, 그리고 1910년의 채용신 이모설과 관련된 의문점 등을 검토하여 양득중 영정에 대한 이해를 도모하였다.

1864년 양득중의 고향 영암의 제주양씨 문중에서는 그의 학문과 업적을 기리기 위하여 영당을 건립하고 당시 공주 후손가에 전승되던 2본의 영정 중 한 점을 이봉하였다. 덕촌 영당의 관련 문서에서는 노강서원을 중심으로 하는 호서·호남의 소론계 사림의 공론을 얻어 영당 건립이 진행되는 과정을 확인할 수 있다. 초상 속에서 양득중은 17세기 후반 이후로 유학자의 초상 제작 시 특별히 선호되었던 심의복건을 착용하고 무릎을 꿇고 두 손을 공수한 자세를 취하였다. 그의 직령심의는 소론계 문인–관료의 초상이라는 맥락에서 이해할 수 있다. 동시에 궤좌의 자세는 스승 윤증의 초상에서 볼 수 있는 특유의 자세를 따른 것으로 보인다. 이렇게 제작된 양득중의 초상은 주자의 학문을 계승한 유학자이자 윤증의 제자라는 그의 정체성을 가시적으로 구현하고 있다.

---

37) 제주양씨의 문중에서는 1910년 이모를 맡은 화가에 대하여 정확히 '채용신'이라는 이름으로 전하기보다는 '석지'라는 호로 지칭해왔던 것으로 보인다. '석치'는 '石芝'와 발음이 유사하여 구전되는 동안 혼동이 발생하기 쉬웠을 것이다. 이러한 전후 상황을 고려하면 1900년 영암에서 영정을 이모한 화가가 석치 최병육일 가능성을 배제할 수 없다. 그러나 최병육의 인적 사항이나 활동상에 관한 정보가 충분하지 않으며 유사한 화풍을 구사하는 여타 화가의 존재 여부 등 더 고려해야 할 요소들이 남아 있을 것이다.

현존하는 영정은 1910년 당시 초상화의 대가인 채용신에 의해 이모되었다는 구전 내력을 지니고 있다. 당시 채용신은 익산에 거주하며 호남을 중심으로 활동하였다. 이런 활동상은 구전 내용에 개연성을 더해준다. 그러나 초상화의 회화 형식은 채용신의 화법과 많은 차이를 보이는 반면에 이 지역에서 활동한 미상의 화가의 초상에서 더욱 유사한 면모들을 찾을 수 있다. 다만 지방 화가에 관한 정보의 절대적인 부족으로 이 초상의 화가를 확단하기는 어렵다. 향후에 양득중 영정의 원본이 공개되고 지방 화가들에 관한 면밀한 조사가 이루어져 양득중의 영정이 지닌 의문점이 해소되고 그 의의가 더욱 분명해질 수 있기를 기대해 본다.

덕촌 영당의 영정은 최초 제작 시의 원형대로 보존된 초상은 아니다. 이들은 후대의 재제작과 보수의 과정을 거쳐 왔으며 이 과정에서 어느 정도 변형이 가해졌다. 아울러 세대를 이어 전해지는 동안 관련 정보에 불분명한 부분이 발생하였다. 이 영정이 지닌 불명확성은 정밀한 분석과 이해를 어렵게 만들기도 한다. 그러나 문중의 구심점으로서, 초상의 배향을 통하여 선조와 후손의 조우가 이루어지는 공간이라는 영당 본연의 맥락을 이어가는 사례로서 덕촌 영당과 영정의 의의는 기억될 필요가 있다. 양득중의 영당과 영정은 초상화의 제작 시 부여되는 본래적인 의미만이 아니라 전승과정에서 발생한 일련의 변화를 돌아보게 하며 동시에 지방에서 활약한 미상의 화가들에 관한 관심을 환기시킨다.[38]

---

38) 본고를 작성하는 동안 자료 조사를 도와주신 양창열 회장님과 김승대 학예관님, 그리고 두 통문의 번역을 감수해준 박지현 동학에게 감사드린다.

〈참고문헌〉

梁得中, 『德村集』 [db.itkc.or.kr]

朱熹, 『晦菴集』 [ctext.org]

黃堅 編, 이장우·박세욱·우재호 역주(2005), 『古文眞寶』 後集, 을유문화사 [krpia. co.kr]

국립민속박물관 홈페이지 [www.nfm.go.kr]

국사편찬위원회, 조선왕조실록 [sillok.history.go.kr]

국사편찬위원회, 한국사데이터베이스 [db.history.go.kr]

문화재청, 국가문화유산포털 [www.heritage.go.kr]

한국학중앙연구원, 민족문화대백과사전 [encykorea.aks.ac.kr]

강관식, 2010, 「明齋 尹拯 초상의 제작 과정과 정치적 함의」, 『미술사학보』 34, 미술사학연구회.

국립현대미술관 편, 2001, 『석지 채용신』, 국립현대미술관.

김기동, 2008, 「시조선양을 통한 호남지역 광산김씨의 위세 강화노력」, 『朝鮮時代史學報』 46, 조선시대사학회.

김봉갑, 2009, 「호남 지역의 기정진 문인집단의 분석」, 『호남문화연구』 44, 전남대학교 호남학연구원.

김승대, 2021a, 『반계 유형원 새로운 조선을 꿈꾸다』, 흐름.

김승대, 2021b, 「지역학 저변으로 바라 본 덕촌 양득중 -남겨진 유적 현황과 과제를 중심으로」, 『한국실학연구』 41, 한국실학학회.

김승대, 2020, 「덕촌 양득중의 가계와 추숭에 관한 연구」, 『양명학』 58, 한국양명학회.

김진아, 2017, 「蔡龍臣筆 崔益鉉 肖像 硏究」, 서울대 석사학위논문.

문동수, 2011, 「사대부 초상화의 재발견: 사후초상」, 『초상화의 비밀』, 국립중앙박물관.

박석무, 1998, 「17~8세기 호남유학의 전통」, 『한국한문학연구』 21, 한국한문학회.

심경보, 2014, 「조선 후기 심의 초상 연구」, 고려대학교 대학원 문화재학 협동과정.

심초롱, 2010, 「尹拯 肖像 硏究」, 서울대학교 석사학위논문.

양득중 저, 박명희·김석태·안동교 역, 2015, 『덕촌집』, 경인문화사.

梁會成 編, 1994, 『濟州梁氏學圃公長子秉節公派譜』, 발행처 불명.

양진희, 2010, 「석지 채용신의 회화 연구」, 한국학중앙연구원 석사학위논문.

유명종, 1977, 「덕촌 양득중의 실학사상: 양명학과 실사구시의 절충」, 『한국학보』 6, 일지사.

이상성, 2007, 「明齋 尹拯과 德村 梁得中의 學問 交遊考」, 『韓國思想과 文化』 20, 한국사상문화학회.

이성훈, 2019, 「조선 후기 사대부 초상화의 제작 및 봉안 연구」, 서울대 박사학위 논문.

전북도립미술관, 2012, 『채용신과 한국의 초상미술 이상과 허상에 꽃피다』, 전북 도립미술관.

정하정, 2020, 「18세기 전반 羅州林氏家門文人의 散文硏究-林象鼎, 林象德, 林象 元을 중심으로」, 고려대 박사학위논문.

조선미, 2001, 「채용신의 생애와 예술-초상화를 중심으로」, 『석지 채용신』, 국립 현대미술관.

채용신 저, 이두희·이충구 공역, 2004, 『석강실기』, 국학자료원.

허영환, 2001, 「석지 채용신 연구」, 『석지 채용신』, 국립현대미술관.

최윤정, 2020, 「덕촌 양득중의 시대 인식과 대응 양상」, 『이화어문논집』 51, 이화 어문학회.

한정길, 2013, 「덕촌 양득중 학문의 양명학적 성격에 관한 연구」, 『양명학』 34, 한국양명학회.

찾아보기

실사구시 제창자 양득중

초판 인쇄   2021년 8월 16일
초판 발행   2021년 8월 25일

지 은 이   김태희·김승대·김용흠·최윤정·이경화
기   획   경기문화재단 실학박물관
            (담당 김명우)
            12283 경기도 남양주시 조안면 다산로747번길 16
            전화 031-579-6000-1   http://www.silhakmuseum.or.kr

발 행 인   한정희
발 행 처   경인문화사
편 집 부   김지선 유지혜 박지현 한주연 이다빈
마 케 팅   유인순 전병관 하재일
출판번호   제406-1973-000003호
주   소   경기도 파주시 회동길 445-1 경인빌딩 B동 4층
대표전화   031-955-9300
팩   스   031-955-9310
홈페이지   www.kyunginp.co.kr
이 메 일   kyungin@kyunginp.co.kr

ISBN 978-89-499-4980-2 93910
값 24,000원